민음 한국사 조선03

17세기

대동의 길

문중양
염정섭
오상학
이경구
한명기
지음

강응천
편저

이 책을 쓴 사람들

한명기 (명지대학교 사학과 교수, 1부)
문중양 (서울대학교 국사학과 교수, 1부 특별면)
염정섭 (한림대학교 사학과 교수, 2부)
이경구 (한림대학교 한림과학원 교수, 3부)
오상학 (제주대학교 지리교육과 교수, 지도 총괄)

강응천 (문사철 대표, 편저)

이 책을 만든 사람들

책임 편집   정연경
아트디렉터   김용한
아트에디터   김원용
인포그래픽디자인 노상용
디자인   조혜림
검수   황치영

민음 한국사 조선03

17세기

대동의 길

문중양
염정섭
오상학
이경구
한명기
지음

강응천
편저

17세기의 서 序

『17세기─대동의 길』은 21세기의 시각에서 지난 수천 년의 한국사를 세기별로 되돌아보고 성찰하는 '민음 한국사' 시리즈의 조선 시대 편 셋째 권이다. 방대한 시리즈의 첫 편을 조선에서 시작한 것은 상대적으로 풍부한 자료와 연구 성과 때문이기도 하지만 무엇보다도 21세기 오늘의 현실적 관심에서 비롯된 측면이 크다.

오늘날 세계의 뚜렷한 흐름 가운데 하나는 인류가 근대를 새롭게 사유하고 있다는 것이다. 오랫동안 수많은 사람에게 근대는 황금알을 낳는 거위이거나 오매불망 동경하는 파랑새였다. 다른 나라를 살필 것도 없이 19세기 말 이래 한국사는 끊임없이 근대를 갈구하며 그 파랑새를 손에 넣기 위해 때로는 자신의 목숨을 던지기도 하고 때로는 남의 목숨을 빼앗기도 하던 군상의 피와 땀으로 얼룩져 있다.

근대가 자본주의 경제와 그에 기반한 정치·사회·문화 등의 체제라고 한다면, 한국 사회가 이미 근대에 도달했을 뿐 아니라 그 최전선에서 달려 나가고 있다는 것을 부정할 사람은 많지 않을 것이다. 그러나 그러한 최첨단 사회에 살면서 우리는 묻는다. 도대체 근대는 어디에 있는가? 우리는 정말 그토록 희구하던 근대에 살고 있는 것인가? 그리고 다시 묻는다. 근대는 도대체 무엇이었단 말인가?

그리하여 마침내 우리 시선은 '전근대'의 마지막 시대였던, 근대를 갈구한 이들이 그토록 저주하고 경멸하던 조선 500년으로 향하고 있다. 그 500년이 정녕 남들은 근대를 향해 달려갈 때 정체나 퇴보를 감수하기만 하던 시간이었을까? 근대를 향해 질주하면서 우리는 무언가를 빼놓거나 지나친 것은 아니었을까? 근대를 우회하거나 추월할 '가지 않은 길'이 그 500년 어디엔가 숨어 있는 것은 아닐까? 『17세기─대동의 길』은 바로 그런 질문을 던지며 조심스러우면서도 호기심에 가득 찬 눈빛으로 조선 500년의 세 번째 세기에 발을 디딘다.

왕조사의 관점에서 조선의 17세기는 애매한 지점에 자리 잡고 있다. 혹자는 '중기'라 하고 혹자는 인조반정[1623]을 기준으로 그 이전을 '전기', 이후를 '후기'라 한다. 그러다 보니 17세기는 왕왕 과도기로 취급되고 18세기를 준비하던 시기로 슬쩍 넘어가곤 한다. 굴욕과 내홍으로 얼룩진, 재미없는 시기라는 인상을 주었던 것도 사실이다.

그랬던 17세기가 현대 한국인의 각광을 받게 된 것은 이 시기 명청 교체明淸交替라는 역사적 사건이 이른바 G2로 불리는 미중 대립을 연상시키며 당대 조선의 대응에 대한 관심을 불러일으켰기 때문이다. 미증유의 국제 정세 변동기를 맞아 그 변화의 한가운데 있는 작은 나라가 어떻게 이를 헤쳐 나갈 것인가? 이 질문 앞에 17세기 조선은 시퍼렇게 살아 있는 사례로 100년 동안 출렁이고 있었다.

명청 교체만이 아니다. 네덜란드 상인 하멜이 제주 해안에 떠내려오던 1653년[효종 4] 조선은 서양식 역법을 적용한 시헌력時憲曆을 채택했다. 그것은 서로 다른 세계관을 가진 동서 문명의 만남과 상호작용이라는 거대한 역사적 흐름을 상징하는 사건이었다. 유구한 전통과 새로운 문명 사이에서 갈등하고 고민하는 것은 17세기에 국한되지 않고 그때와 오늘을 이어 주는 역사적 과제로 내려오고 있다.

이 같은 전환기를 맞은 사회는 자신을 돌아보며 우리는 누구인가, 이 변화에 어떻게 대처할 것인가 묻게 마련이다. 조선이 17세기를 다 바쳐 가면서 모색한 해결책 가운데 하나는 조선 시대 최대의 개혁으로도 일컬어지는 '대동법'이다. 이상적 사회를 의미하는 '대동'과의 현실적 거리는 분명하지만, 대동법 시행을 비롯해 위기를 딛고 거듭나려는 조선의 몸부림을 지켜보면 한 가지는 분명해진다. 17세기가 지루한 과도기가 아니라 다양한 도전을 맞아 역동적으로 움직이던 시대였다는 것이다. 『17세기—대동의 길』에서 함께 그 역동적인 시대상을 확인해 보자.

03. 조선의 선택

17세기를 나가며

17세기의 세계

이마두利瑪竇, 탕약망湯若望, 남회인南懷仁. 이들은 17세기 중국사에 큰 발자취를 남긴 인물인 동시에 교황청에 기록된 가톨릭의 위인이기도 하다. 그들의 본래 이름은 마테오 리치, 아담 샬, 페르디난트 페르비스트로 각각 이탈리아, 독일, 벨기에 출신의 예수회 선교사였다. 그들이 17세기 중국에 가톨릭과 함께 천문 지식을 전파한 것은 이들의 두 이름처럼 유럽과 동아시아의 문명 교류사에 새로운 시대를 열었다. 그때 그들의 손은 동아시아가 알고 있던 천하와 전혀 다른 세계를 보여 주는 지구의를 어루만지고 있었다.

명에서 만든 지구의 하늘은 둥글고 땅은 평평하다는 생각을 갖고 있던 동아시아 사람들은 17세기 들어 서양의 천문학을 접하고 지구가 둥글다는 새로운 세계관과 만나게 되었다. 사진은 1623년 북경에서 만든 목제 지구의로, 중국에서 제작한 현존 지구의로는 가장 오래된 것이다.

「곤여만국전도」와 신세계

1602년^{선조 35} 마테오 리치는 중국인이 알던 것보다 훨씬 더 넓고 다원적인 세계를 새 지도에 담아 만력제에게 바쳤다. 그 지도의 이름은 「곤여만국전도」였다.

이탈리아의 지도학자 보르도네의 도법을 사용해 전 세계를 타원형 지도에 표현했다. 중국인의 천하관을 고려해 중앙 경선을 태평양에 두고 중국을 중앙에 오도록 배치했다. 지도 안팎에 각종 지지(地誌), 천문 관련 주기 등을 수록해 넓은 세계를 처음 접하는 중국인의 이해를 돕고자 했다. 1708년 조선에서 제작된 「회입(繪入) 곤여만국전도」 필사본. 서울대학교박물관 소장.

마테오 리치가 중국 본토에 들어간 것은 1583년^{선조 16}이었다. 그전까지 동아시아에서 가톨릭이 활발하게 전파되던 곳은 일본이었다. 일본에는 16세기 중반 에스파냐 출신 예수회 선교사 프란시스코 사비에르가 인도를 거쳐 입국한 이래 수많은 선교사가 들어가 있었다. 그러나 17세기 에도 시대를 맞아 일본의 크리스트교는 철퇴를 맞았다.

북경의 가톨릭 교회 선교 초기 북경에 건립된 네 성당 가운데 1610년 가장 먼저 등장한 남당. 조선 사신의 숙소인 옥하관과 가까워 조선인이 서양 선교사와 접촉할 수 있었다. 의화단 사건 (1900) 때 파괴되었다가 새로 건립되었다.

에도 막부는 포르투갈, 에스파냐 상인들의 활동과 크리스트교의 평등 교리가 봉건제를 위협한다고 판단했다. 그리하여 1613년^{광해군 5} 크리스트교 금지령을 내려 교회를 파괴하고 개종하지 않는 140여 명의 크리스트교도를 마닐라와 마카오로 추방했다. 1629년^{인조 7}에는 예수나 마리아의 그림을 밟게 하는 후미에^{踏繪}를 실시해 이를 거부한 3000여 명의 크리스트교도를 죽였다. 1637년^{인조 15} 시마바라^{島原}에서 2만 명의 농민과 결합한 크리스트교도의 반란이 일어나자 무자비한 대살육이 벌어져 일본에서 크리스트교는 절멸하다시피 했다. 또한 포르투갈, 에스파냐와의 교역을 전면 금지하고, 종교적 색깔을 고집하지 않는 네덜란드 상인만 나가사키 앞바다의 고립된 인공 섬 데지마^{出島}에 출입하도록 했다.

17세기 일본의 유일한 숨통 데지마 일본의 쇄국정책으로 영업을 금지당한 네덜란드의 무역상사가 이곳으로 이전한 후 200여 년 동안 일본 유일의 해외 무역 창구였다. 사진은 1647년에 그린 나가사키 지도의 한 부분. 부채 모양의 섬이 데지마이다.

이처럼 일본이 쇄국정책을 펴는 동안 동아시아 선교의 중심은 중국으로 옮겨졌다. 중국 선교를 위해 광동에 들어갔다 열병에 걸려 죽은 사비에르를 계승해 뜻을 이룬 사람이 바로 마테오 리치였다. 그는 광동의 조경^{肇慶}에서 6년간 중국어, 중국 고전, 중국 풍속을 배웠다. 중국

조선에 온 네덜란드인의 기록 1653년 제주도에 표착한 네덜란드 동인도회사 소속 선원 하멜은 억류되었다가 1666년 탈출했다. 하멜의 기행문이 수록된 공문서(오른쪽)와 하멜기념관.

문화의 가늠키 어려운 폭과 깊이를 절감한 그는 조급하게 선교를 서두르지 않았다. 서광계徐光啓, 이지조李之藻 등 중국의 유학자와 교유하면서 유교 문화를 최대한 존중했을 뿐 아니라 그 자신이 중화 문명에 감화되는 모습마저 보였다. 아담 샬, 페르디난트 페르비스트도 같은 태도를 견지했다.

신중한 접근 덕에 중국의 가톨릭 신자는 조금씩 늘어났다. 1580년대 중반 20여 명, 1605년경 1000여 명에서 명청 교체가 일어난 1644년인조 22에는 무려 15만 명에 근접했다. 마테오 리치가 1603년선조 36 한문으로 쓴 교리서『천주실의天主實義』는 일본과 조선에도 전해져 학자들의 탐구 대상이 되었을 뿐 아니라 많은 사람을 가톨릭으로 이끄는 동아시아의 성전聖典이 되었다.

가톨릭이 일부 지식인과 소외 계층의 마음을 사로잡았다면 지도층에 큰 영향을 미친 것은 선교사들과 함께 들어온 과학기술이었다. 마테오 리치는 지구의, 프리즘, 자명종 등 과학 기구를 사대부와 황족에게 선물해 그들의 환심을 샀다. 만력제가 마테오 리치에게 북경에서 살도록 허락한 것도 천문 역법에 대한 그의 해박한 지식에 마음이 끌렸기 때문이다.

마테오 리치는 천하의 중심을 자부하던 중국인의 세계관에 충격을 가했다. 하늘은 둥글고 땅은 네모나다는 천하관은 지구의 앞에서 흔들렸다. 천하가 둥근 공 모양이라면 중화와 같은 중심이 따로 있을 리 없기 때문이다. 지구의를 평면에 펼친「곤여만국전도」는 발행 즉시 조선과 일본에 소개되어 세계관의 수정을 재촉했다. 13세기에 중국을 방문한 이탈리아인 마르코 폴로는 중국 문명에 압도당할 뿐 이렇다 할 영향을 주지 못했으나, 그로부터 4세기 뒤 중국을 찾은 이탈리아인 마테오 리치는 여전히 거대한 중국 문명 앞에서도 기 죽지 않고 그곳에 새로운 문명의 바람을 불어넣고 있었다. 도대체 유럽에서 무슨 일이 일어난 것일까?

마테오 리치와 아담 샬 1667년 이탈리아 로마에서 출판된『중국 도해서』의 첫머리에 실린 그림. 아담 샬(왼쪽)과 마테오 리치가 중국의 지도를 소개하고 있다.

튤립과 함께 춤을

1636년^{인조 14} 네덜란드에서는 인류가 일찍이 보지 못한 진기한 광경이 벌어졌다. 투기 바람이 불어 튤립 한 송이가 집 한 채 값으로 부풀어 오른 것이다. 서유럽은 바야흐로 이 튤립처럼 부풀어 오를 준비를 하고 있었다.

「튤립 투기의 풍자」(오른쪽) 투기 열풍을 꼬집는 그림으로, 원숭이들이 튤립을 거래하는 모습과 거품이 붕괴한 후 비참한 모습을 그렸다. 값이 폭락한 튤립에 오줌을 누는 원숭이, 법정에 끌려온 원숭이와 빚에 눌려 자살했을 것으로 짐작되는 원숭이의 장례식이 그려져 있다. 17세기, 안 브뤼헐 2세의 그림.
「꽃이 있는 정물」(위) 흰 바탕에 빨강 무늬의 튤립이 역사상 가장 비싼 튤립으로 기록된 품종이다. 이름은 '셈페르 아우구스투스(영원한 황제)'. 1639년, 한스 볼론기어 그림.

세계 최초의 증권거래소 네덜란드 동인도회사는 이곳에서 주식을 팔아 동양과 무역하는 데 필요한 막대한 자금을 마련했다.

마테오 리치, 아담 샬 등에게 성스러운 임무를 맡겨 중국에 파견한 17세기 유럽은 튤립 투기처럼 세속적인 욕망이 거품으로 끓어오르는 도가니였다. 마테오 리치가 「곤여만국전도」를 만든 1602년 네덜란드에 세계 최초의 근대적 증권거래소가 설립되었고, 영국·네덜란드·프랑스는 경쟁적으로 동인도회사를 세워 아시아 각지에서 상업적 이권을 선취하기 위한 각축을 벌였다. 예수회 선교사들은 이처럼 상업 자본이 개척하는 루트를 따라 성경과 지구의를 들고 나아갔다.

일본과 중국에 선교사를 파견한 예수회는 종교개혁에 대한 가톨릭 측의 대응으로 생겨났다. 일본 가톨릭의 아버지 프란시스코 사비에르가 이그나티우스 로욜라와 함께 세운 예수회는 가톨릭의 내부 개혁을 추구하며 프로테스탄트의 공격에 맞섰다. 16세기부터 전개되어 온 종교개혁은 17세기 들어 삼십년전쟁이라는 최후의 대결로 불타 올랐다. 가톨릭의 보루인 에스파냐와 합스부르크 왕가가 독일을 가톨릭으로 통일하려 하자 1618년^{광해군 10} 프로테스탄트를 지지하는 제후들이 반란을 일으키면서 일어난 전쟁이었다. 에스파냐에 맞서 유럽의 패권을 차지하려는 프랑스가 개입하면서 전 유럽으로 번진 이 전쟁은 1648년^{인조 26} 베스트팔렌조약과 함께 프랑스와 프로테스탄트의 승리로 끝났다. 가톨릭과 프로테스탄트 사이에 세력균형이 이루어지고 네덜란드, 스위스 등이 독립해 요즘과 비슷한 국경선이 확정되는 등 삼십년전쟁은 오늘의 유럽을 만든 전쟁으로 일컬어진다.

17세기 동아시아에 들어온 선교사들이 유럽 크리스트교의 일부만 대변했듯이 그들과 함께 전래된 서양 과학도 지난 세기부터 발전하던 과학혁명의 전모를 담은 것은 아니었다. 아담 샬이 중국에 갖고 들어간 지구의는 대항해시대의 확장된 지식을 반영했을 뿐 과학혁명이 낳은 새로운 세계관을 포함한 것은 아니었다. 코페르니쿠스가 제기한 태양중심설은 아직 유럽에서도 받아들여지지 않았

다운스해전 1639년 네덜란드가 영국 해협에서 에스파냐의 무적함대에 승리를 거둔 전투이다. 이후 네덜란드는 80년에 걸친 기나긴 전쟁을 마무리하며 1648년 독립을 이룩했다. 에스파냐는 이 전쟁뿐 아니라 삼십년전쟁까지 겪으며 유럽 최강국의 위치에서 추락했다.

을 뿐 아니라 오히려 1633년^{인조 11} 시작된 갈릴레이의 종교재판으로 기나긴 투쟁의 여정에 들어서 있었다. 17세기가 저물어 갈 무렵^{1687년} 영국의 뉴턴이 제시한 만유인력의 법칙은 오랫동안 유럽을 지배해 온 지구중심설이 설 자리를 빼앗고 근대 세계를 제패하게 될 기계론적 우주관을 만천하에 공표한다.

천상계와 지상계에서 동일한 인력의 법칙이 작용한다는 만유인력의 법칙과 더불어 영국에서 새로운 민주주의 실험이 시작된 것은 우연이 아니다. 만인 위에 군림하는 초월적인 절대 권력을 부정하며 1642년^{인조 20} 강경한 공화정^{청교도혁명}, 1688년^{숙종 14} 온건한 입헌군주정^{명예혁명}을 창출한 영국의 두 차례 시민혁명은 아마도 17세기 유럽이 인류를 위해 만들어 낸 최상의 시제품일 것이다.

뉴턴 미적분법과 만유인력의 법칙을 창시하고, 1687년 『자연철학의 수학적 원리(프린키피아)』를 출판했다. '자연은 일정한 법칙에 따라 운동하는 복잡하고 거대한 기계'라는 역학적 자연관으로 18세기 계몽사상의 발전에 지대한 영향을 주었다.

「찰스 1세의 처형」 왕권신수설을 신봉한 찰스 1세는 1628년 의회가 권리청원을 제출하자 의회를 해산하고 11년간 소집하지 않다가 청교도혁명 시 크롬웰이 이끄는 의회군에 잡혀 처형되었다. 그후 영국은 공화제로 바뀌었으나, 크롬웰 사망 후 왕정복고가 이루어진다. 1649년, 존 위솝 그림.

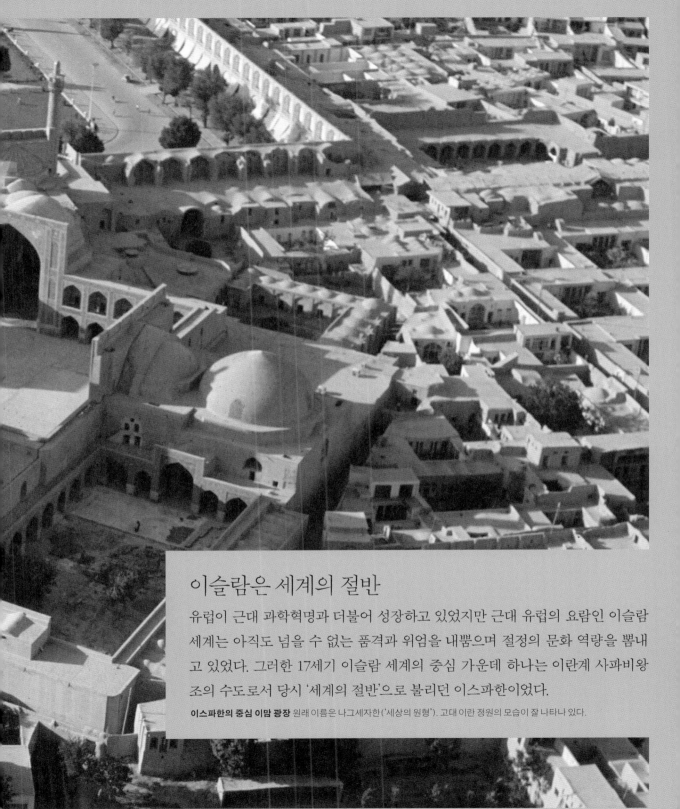

이슬람은 세계의 절반

유럽이 근대 과학혁명과 더불어 성장하고 있었지만 근대 유럽의 요람인 이슬람 세계는 아직도 넘을 수 없는 품격과 위엄을 내뿜으며 절정의 문화 역량을 뿜내고 있었다. 그러한 17세기 이슬람 세계의 중심 가운데 하나는 이란계 사파비왕조의 수도로서 당시 '세계의 절반'으로 불리던 이스파한이었다.

이스파한의 중심 이맘 광장 원래 이름은 나그세자한('세상의 원형'). 고대 이란 정원의 모습이 잘 나타나 있다.

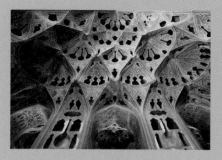

사파비왕조의 알리카푸 궁전 음악 감상실 알리카푸 궁전은 음악 애호가 아바스 1세가 휴식을 취하고 외국의 손님들을 접대하던 궁전. 17세기 초 건설되었다. 이란의 이스파한에 있으며, 이맘 광장이 한눈에 내려다보인다.

17세기에 왕권이 절정기를 맞이한 것은 유럽의 현상만이 아니었다. 전제 왕권은 이슬람 세계에서도 정점을 찍고 있었다.

오스만튀르크제국의 군주는 셀림 1세^{재위 1512~1520} 때부터 종교적 지도자인 칼리파와 정치적 지배자인 술탄을 겸하는 제정일치의 지배자로 자리매김되었다. 종래의 원칙에 따르면 이슬람 왕조의 군주들은 칼리파의 승인을 받아야 했다. 그러나 오스만튀르크제국과 대립각을 세우며 이란 지역에 등장한 사파비왕조의 군주는 그럴 생각도 없었고 필요도 없었다. 그는 전통적인 이슬람 군주의 호칭인 '술탄' 대신 이란의 전통에 뿌리박은 '샤'를 사용했다. 티무르의 혈통을 자임하는 무굴제국 황제 역시 칼리파와 아무 상관없이 '샤'라는 호칭으로 불렸다. '술탄칼리파'와 두 '샤'는 각기 군주권을 강화해 나가고 이를 바탕으로 이슬람 문화의 정통을 차지하기 위한 경쟁을 벌였다.

17세기 이슬람 세계가 남긴 가장 괄목할 만한 유산은 절대 권력자들이 문화 역량을 망라해 창조한 아름다운 건축물들이다. 오스만튀르크가 이 시기에 선보인 것은 이스탄불의 '블루 모스크'였다. 내부가 파란색과 녹색의 타일로 장식되어 그 이름으로 불리는 이 사원은, 보스포루스 해협을 내려다보는 쉴레이마니예 모스크와 더불어 이슬람 문화의 수준과 제국의 위엄을 과시해 왔다.

앞서 살펴 본 사파비왕조의 이맘 광장은 이 왕조의 전성기를 구가한 제5대 아바스 1세^{재위 1587~1629}의 작품으로, 오늘날 전 세계의 광장 가운데 중국 베이징의 톈안먼 광장에 이어 두 번째로 큰 스케일을 자랑한다. 관료제를 재정비해 중앙집권 체제를 완비한 아바스 1세는 16세기 전야에 이스파한으로 수도를 옮긴 뒤 그곳에 이맘 광장을 조성하고 한껏 물오른 시아파 이슬람 왕조의 문화 역량을 집대성시켰다. 오스만튀르크제국이 그 우

오스만튀르크제국의 블루 모스크 정식 명칭은 술탄 아흐메드 모스크. 제국의 제14대 술탄 아흐메드 1세가 1609~1616년에 지었다. 사원 앞의 정원에는 언제나 화사한 꽃이 피어 있어 사람들에게 편안한 휴식처를 제공한다.

위를 조금씩 잃어 가며 쇠퇴의 조짐을 보일 때 이스파한은 '세계의 절반'에 걸맞은 광채를 뿜어내고 있었다.

한편 무굴제국도 지배 체제를 정비한 아크바르 황제로부터 자한기르, 샤자한을 지나 데칸의 이슬람 왕조들을 정복해 최대 판도를 이룬 아우랑제브로 이어지며 17세기에 전성기를 맞았다. 그 전성기의 문화 역량을 상징하는 것이 '인류 역사상 가장 아름다운 건물'이라는 말까지 듣는 타지마할이다. 샤자한이 사랑하던 황후 뭄타즈 마할 단 한 사람을 위해 지은 이 장엄한 무덤은 오늘날 모든 인류의 보물로 자무나 강가에 우뚝 서 있다.

이슬람과 서유럽의 각축지, 자카르타 16세기경 서부 자와의 파자자란왕국의 영토로, 특산물인 야자 열매를 실어 내는 리웅 강 하구의 항구였다. 이 항구는 1527년 이슬람교 국가인 반탐에 의해 자야카르타로 개명되었다. 16세기 말에 자와에 진출한 네덜란드는 이곳에 성채를 건설하고 운하를 만들어 시가를 건설한 뒤 네덜란드 식민 세력을 위한 최대 거점으로 삼았고, 지명을 바타비아라고 했다. 사진은 1669년에 그려진 지도이다.

타지마할 인도 아그라 남쪽, 자무나 강가에 자리 잡은 궁전 형식의 묘지. 샤자한이 황후 뭄타즈 마할을 추모해 지었다. 외국의 건축가와 전문 기술자들을 불러오고, 기능공 2만 명을 동원해 22년간의 대공사를 벌인 끝에 완성했다. 순백의 대리석으로 지어 태양의 각도에 따라 하루에도 몇 번씩 빛깔을 달리하고 완벽한 좌우대칭으로 균형미와 신비로움을 간직한 '찬란한 무덤'이다.

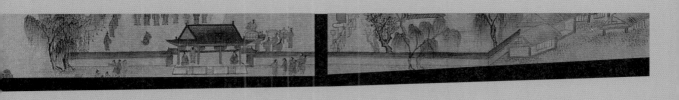

넓어지고 다양해지는 동아시아

명청 교체는 단순한 왕조의 교체가 아니었다. 동아시아 세계의 성격과 범위를 바꿔 놓은
거대한 변혁으로, 조선을 비롯한 각국에 새로운 과제를 던졌다.

왼쪽 위부터 반시계 방향으로 조선 북쪽 변경을 그린 「북새선운도」, 명을 무너뜨린 이자성의 동상, 티베트의 포탈라 궁 앞에서 기도 드리는 여인,
허준의 「동의보감」, 에도 시대 일본의 호상(豪商) 미쓰이 에치고야(三井越後屋), 나가사키에 입항하는 네덜란드 배, 조선통신사가 묵던 일본 히
코네 시의 소안사(宗安寺), 조선통신사를 접대하던 일본의 배를 그린 「국서누선도」, 1689년 청-러시아 국경선을 표시한 1796년의 지도.

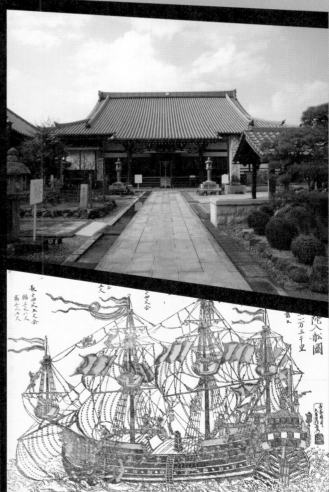

마테오 리치를 출발점으로 하는 동서 문명의 만남은 세계사의 흐름에서는 매우 중요한 위치를 차지하지만, 17세기만을 놓고 보면 동아시아의 역사적 풍경 속에서 거의 보이지 않는 점에 불과했다. 이 시기에 동아시아를 거대한 변화 속으로 몰아넣은 것은 마테오 리치의 「곤여만국전도」도 아니고 아담 샬의 지구의도

명청 교체의 관문, 산해관 만리장성의 동쪽 끝 지점. 동쪽 성루에는 천하제일관(天下第一關)이라는 현판이 걸려 있다. 명말 이곳을 지키던 오삼계는 북경을 함락한 이자성의 농민군을 물리치기 위해 청군에게 문을 열어주었다.

아니었다. 14세기 이래 자타가 공인하는 동아시아의 중심으로 안정된 체제를 과시해 왔던 명이 무너지고 변방의 유목 세력이 그 중심으로 치고 들어온 사건이었다.

명청 교체로 불리는 이 사건은 명을 중심으로 한 유교 문명권, 즉 중화 체제를 천하 유일의 문명권이라 생각하고 그 일원으로 자부하던 조선에게는 하늘이 무너지는 참사였다. 조선의 사대부들은 이제 중국이 오랑캐의 손에 들어갔으니 중화 문명을 꽃피울 곳은 조선밖에 없다고 생각했다. 시기와 뉘앙스의 차이는 있지만 이러한 인식은 유교 문명의 세례를 받은 베트남과 일본에서도 비슷하게 전개되었다.

강희제 청의 제4대 황제(재위 1661~1722). 삼번의 난을 평정하고 세금과 조운을 정비해 내정을 안정시키고 영토를 넓혔다. 『고금도서집성』, 『강희자전』 등을 편찬하고, 중국 최초로 위도를 적은 지도인 「황여전람도」를 작성케 했다. 강희제로부터 옹정제, 건륭제로 이어지는 3대가 청의 전성기였다.

반면 중국을 점령한 만주족이나 명에 의해 중원으로부터 쫓겨나 북아시아의 초원 지대로 돌아가 있던 몽골족은 전혀 다른 시선으로 세상을 볼 수밖에 없었다. 그들에게 명청 교체는 명에 의해 농경 정착민에게 넘어갔던 동북아시아의 주도권이 다시 유목 세력에게 돌아온 역사적 사건이었다. 몽골제국 때처럼 북아시아 초원 지대와 농경 지대를 통합한 세계가 부활한 것이다.

명을 정복한 청은 중국을 효율적으로 통치하기 위해 유교에 기반한 명왕조를 그대로 계승하는 노선을 취했다. 그렇다고 해

포탈라 궁전 17세기 중반 달라이라마 5세가 해발 3600미터의 홍산(紅山)에 지은 티베트 전통 건축의 걸작. 외관 13층, 실제 9층이고 전체 높이 117미터, 동서 길이 360미터, 총면적 10만 제곱미터에 이른다. 건물 꼭대기에는 황금빛 궁전 세 채가 있고 그 아래로 다섯 기의 황금 탑이 세워져 있다. 유네스코 세계 문화유산으로 등재되었다.

서 그들이 만주족 고유의 문화를 포기한 것도 아니고 그들이 믿던 불교를 버린 것도 아니었다. 동아시아에서는 중국에 남아 있고 조선, 일본, 베트남에서 유지되는 유교 문명권과 중국의 만주족 지배자, 몽골, 티베트를 잇는 불교 문화권이 양립했다. 이 시기에 미얀마, 타이, 캄보디아 등 동남아시아 역시 드넓은 불교 세계의 일원을 이루고 있었다.

1644년 북경을 접수한 청은 서서히 명의 잔존 세력을 처리하고 중국에서 확고한 지배권을 확립해 나갔다. 강희제가 제위에 올랐을 때는 더 이상 명이 중원을 회복하리라는 기대는 할 수 없었다. 뒤집힌 천하가 확립된 것이다. 중화의 일원인 조선이 오랑캐인 청의 속국이 된 천하대란의 시대, 믿을 것은 유교밖에 없었던 조선의 사대부들은 무엇을 해야 했던가?

사대부는 유학자이기 때문에 만약 그들이 유교를 포기한다면 그들의 존립 기반은 무너지고 만다. 따라서 그들은 자신의 길을 가지 않으면 안 되었다. 조선의 17세기는 절체절명의 위기 속에서 생존을 모색한 사대부들의 사투의 기록이 아닐 수 없다.

17세기 초 일본의 오사카 오사카 성과 주변의 선착장, 거리 풍경이 선명하게 채색된 그림으로 1596~1615년에 그린 것으로 추측된다. 오사카 성은 1583년 도요토미 히데요시가 수운이 편리한 우에마치 대지에 거점을 마련하기 위해 세웠다. 이후 오사카는 농업과 상업이 크게 발전했으며, 에도 시대에는 에도·교토와 더불어 일본의 3대 도시로 일컬어졌다.

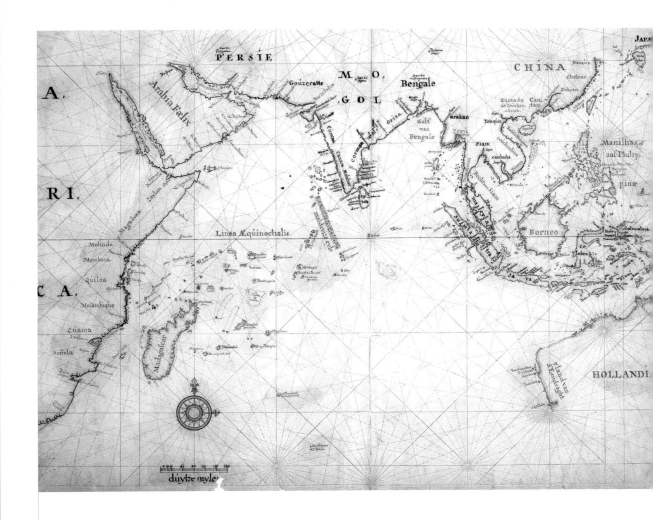

1602
명, 『금병매』 완성

1603
일본, 에도 시대 시작

1607
북아메리카에
제임스타운 건설

1607
허균,
『홍길동전』 저술

1608
대동법 실시

1610
허준,
『동의보감』 저술

1618
독일, 삼십년전쟁
(~1648) 시작

1623
인조반정

1627
정묘호란

1620
메이플라워호,
아메리카 도착

1628
영국, 권리청원
승인

1633
상평통보 주조

1636
병자호란

1633
로마에서
갈릴레이 재판

1644
청,
중국 전역 차지

1637
데카르트,
『방법서설』 저술

1642
청교도혁명

천하대란과 동서양의 만남

17세기의 세계를 유럽, 이슬람 세계, 동아시아로 구분한다면 상대적으로 가장 안정된 지역이 이슬람 세계였다. 오스만튀르크 제국, 사파비왕조, 무굴제국이 솥발처럼 버티며 서로 싸우기도 하고 지역적인 분쟁에 휘말리기도 했지만 전반적으로는 안정되고 풍요로웠다.

그에 비해 유럽과 동아시아는 한 세기 내내 시끄러웠다. 유럽은 상업의 주도권이 이동하는 길을 따라 에스파냐의 패권이 네덜란드, 프랑스, 영국으로 옮겨 가면서 대륙을 뒤흔드는 전쟁을 겪었다. 종교개혁과 연동된 삼십년전쟁은 오늘날에 이르는 유럽의 정치적, 경제적 지형을 결정한 사건이었다.

동아시아는 역사상 마지막 유목민 정복자가 중화 문명을 집어삼키는 천하대란을 한 세기 내내 겪었다. 당시로서는 불행하게도 중화 문명권에 속해 있던 조선은 이 천하대란에 직접 휘말려 두 차례나 침략을 당하고 국왕이 오랑캐의 수장 앞에 무릎을 꿇는 전대미문의 치욕을 당해야 했다. 이런 대란을 겪으면서 동아시아의 정치적, 경제적 지형 역시 크게 변했다.

이처럼 같은 시기에 비슷한 패권 경쟁을 겪고 있던 동서양은 상업적 이익과 종교적 열정을 앞세운 모험가들을 통해 따로 발전해 오던 각자의 문명을 한데 놓고 비교하기도 하고 융합시키기도 할 수 있는 계기를 맞았다. 당시에는 명확히 의식하지 못했지만 이것은 두 세계를 뒤흔든 패권 경쟁보다 훨씬 더 심대한 영향을 후대의 역사에 미쳤다.

17세기에 열린 서세동점의 막
1665년에 제작된 네덜란드 동인도회사의 무역 지도. 아프리카의 희망봉으로부터 일본에 이르는 무역 거점이 표시되어 있다. 특히 동인도회사가 설립된 곳은 지명이 검은색으로 적혀 있다.

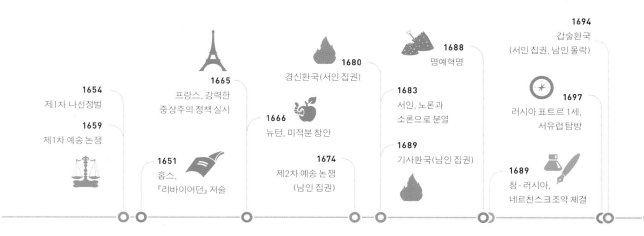

1654
제1차 나선정벌

1659
제1차 예송 논쟁

1651
홉스, 『리바이어던』 저술

1665
프랑스, 강력한 중상주의 정책 실시

1666
뉴턴, 미적분 창안

1674
제2차 예송 논쟁 (남인 집권)

1680
경신환국(서인 집권)

1683
서인, 노론과 소론으로 분열

1688
명예혁명

1689
기사환국(남인 집권)

1689
청·러시아, 네르친스크조약 체결

1694
갑술환국 (서인 집권, 남인 몰락)

1697
러시아 표트르 1세, 서유럽 탐방

변화의 축, 남한산성 동아시아 역사를 바꾼 명청 교체의 대변동은 이곳 남한산성을 하나의 축으로 삼아 일어났다. 명을 정복하기 전에 조선을 침공한 청군을 맞아 인조와 신료들은 이곳에서 45일 간 농성한 끝에 항복했다. 성안에는 숭렬전, 연무관, 침과정(枕戈亭) 등이 있고, 백제의 토기, 기와 조각이 발견되었다. 경기도 광주시 중부면. 경기도의 도립 공원이다. 사적 제57호.

01
변화하는 동아시아

16세기 말

17세기 초는 동아시아의 기존 질서가 근본적으로 바뀌어 가던 격동기였다. 격동의 핵심은 명청 교체. 14세기 후반 이래 동아시아의 패권국으로 군림한 명이 신흥 강국 청의 도전에 밀려 무너지고 있었다. 그런데 반세기 이상 계속된 명청 교체의 진행 과정 속에서 당사자인 명과 청뿐 아니라 조선, 일본, 몽골 등 인접 국가가 모두 격변의 소용돌이 속으로 휘말려 들어가게 된다.

본래 명의 지배 아래 있던 건주여진의 누르하치가 주변의 여진족을 아우르기 시작한 것은 1583년이다. 명 중심의 책봉 체제 바깥에 있던 일본이 명을 정복하겠다며 임진왜란을 일으킨 것이 1592년^{선조 25}, 누르하치가 후금^{後金}을 건국한 것이 1616년^{광해군 8}, 후금이 선전포고를 통해 공식적으로 명에 도전을 선언한 것이 1618년이고, 이후 명과의 대결에서 연전연승하던 후금이 국호를 청으로 바꾸고 제국 성립을 선포한 뒤 곧바로 조선 침략에 나선 것이 1636년이었다. 결국 명이 멸망하고 산해관을 통과한 청이 북경을 접수한 것은 불과 8년 뒤인 1644년.

이 같은 명청 교체의 소용돌이에 가장 큰 피해를 본 나라는 단연 조선이었다. 14세기 후반 명이 동아시아의 패권국으로 등장한 이래 일본은 책봉 체제 바깥에 위치한 화외지국^{化外之國}으로 치부되었다. 그런데 그 일본이 16세기 중반 이후 굴기하더니 패권국 명에 도전하겠다고 선언한다. 1585년^{선조 18} 무렵부터 명 정복을 공언하던 일본은 조선을 자기편으로 끌어들이려 했고, 조선이 거부하자 침략에 나섰다. 일본 굴기의 피해가 먼저 조선으로 밀려온 셈이다. 1598년^{선조 31} 임진왜란이 끝나 한숨 돌리는가 싶었으나 고통은 끝나지 않았다. '늑대가 사라지고 나니 호랑이가 나타난' 격이었다. 이번에는 누르하치의 여진 세력이 굴기해 조선과 명을 위협했다.

요컨대 임진왜란이 끝난 직후에도 조선이 처한 '복배수적^{腹背受敵}'의 상황은 재현되었다. 복배수적이란 정면과 배후에 모두 적을 두고 있는 조선의 엄혹한 지정학적 현실을 지칭하는 용어다. 말하자면 남왜^{南倭}가 물러갈 기미를 보이자 이번에는 북로^{北虜}가 위협하기 시작한 것이다. 1606년^{선조 39} 선조가 명에 보낸 주문^{奏文}을 보면 다음과 같은 내용이 나온다.

신은 성상의 재조지은(再造之恩)을 곡진히 입었습니다. 신이 늘 감격해 보답하려 하지만 방도가 없습니다. 그런데 불행히도 남방의 근심(南憂)이 그치지 않았는데 북방의 경보(北警)는 더 다급해졌습니다. 비록 마음을 다해 막으려 하지만 기세가 나뉘고 힘이 약한지라 잿더미 가운데 스스로 보전하지 못할까 두렵습니다. 천지 부모에게 호소하지 않고는 근심을 나라 밖으로 떨쳐 내는 것이 진실로 어렵습니다.

임진왜란이 끝난 지 채 10년이 되지 않은 시점, 누르하치가 이끄는 건주여진의 위협이 확연히 커져 가는 상황에 대해 조선이 느끼고 있던 위기의식이 생생하다. 위의 기사는 명의 도움을 받아 누르하치의 위협을 견제하려는 조선의 의도를 품고 있는 내용이다. 그와 동시에 당시 조선이 맞닥뜨리고 있던 복배수적의 상황이 생생하게 드러나 있기도 하다.

누르하치의 굴기에서 비롯된 명청 교체는 1583년부터 1644년까지 60여 년간 이어진다. 이 시기 격동에 휘말린 관련 국가 가운데 조선은 시종일관 명을 '상국'으로 섬기고 충순하게 사대하던 번국(藩國)이었다. 일본은 15세기 초 명으로부터 책봉을 받았지만 이후 '변심해' 급기야 명을 정복하겠다고 도전한 국가였다. 청 역시 애초 명의 지배 아래 있었으나 17세기 초 세력이 급격히 커지면서 역시 명에 도전한 국가였다. 몽골은 부족별로 명에 대해 우호와 적대가 무상한 태도를 보였다.

명과 관련된 여러 국가의 다양한 면모를 고려할 때 병자호란을 맞아 '청군에 의해 남한산성이 포위된 상황', '조선이 청에 맞서 끝까지 저항하는 상황', 또 '조선이 청에게 항복하는 상황'은 결코 조선과 청만의 문제일 수 없었다. 명과 일본, 심지어는 몽골까지도 남한산성을 예의 주시할 수밖에 없는 필연성이 존재하고 있었다. 그리고 '남한산성'의 결과는 서울, 가도, 심양, 산해관, 북경을 거쳐 쓰시마와 에도까지 파장을 미칠 수밖에 없었다. 이렇듯 1636년 병자호란과 남한산성은 동아시아 제국(諸國)의 이목이 집중된 '국제적 전장'이자 '문제적 장소'였다. 이제 명청 교체를 염두에 두면서 병자호란의 진행 양상과 그것이 지닌 국제성의 실상을 좀 더 구체적으로 살펴보기로 하자.

1.
위기의 중화 제국

청 태조 누르하치 건주여진의 한 추장에 지나지 않았던 누르하치는 1583년에 군사를 일으켜 건주여진을 통일하고 1616년에는 여진 대부분을 통일해 국호를 후금이라 했다. 명과 대립하며 1625년에 심양으로 도읍을 옮겼으나, 다음 해에 병으로 사망했다. 누르하치가 확립한 기초 위에 그의 아들 홍타이지가 세력을 확장해 1636년 국호를 대청(大淸)이라 했다.

누르하치가
북방의 강자로
떠오르다

임진왜란이 일어나기 직전부터 명의 동북 지방에서는 건주여진 소속의 누르하치 세력이 굴기하고 있었다. 1589년^{선조 22} 건주여진을 통일한 누르하치는 1592년 임진왜란으로 위기에 처한 조선에 원병을 보내겠다고 제의해 조선을 긴장시켰다. 세력이 더욱 커진 누르하치는 1616년 후금을 건국해 독립 국가를 이끌겠다는 지향을 분명히 했다. 1618년 명에 선전포고한 후금은 1636년 청 제국으로 변신하더니 그해 조선을 침략해 굴복시켰다. 그리고 마침내 1644년 산해관을 넘은 뒤 북경으로 진입해 이미 무너져 있던 명을 대신해 중원의 주인으로 떠오른다.

중국사에서 여진족의 존재와 위세가 뚜렷하게 떠오른 것은 12세기 초였다. 1115년^{고려 예종 10} 완옌부의 지도자 아구다는 금^金을 건국해 거란족의 요^遼와 북송^{北宋}을 압박했다. 금은 1125년^{고려 인종 3} 요를 멸망시키고, 이듬해 북송의 수도 개봉에 침입해 휘종과 흠종 부자를 납치하기에 이르렀다. 이를 '정강의 변'이라 한다.

거란족들 사이에는 일찍부터 "여진족이 1만 명이 되면 천하가 감당할 수 없다."라는 속언이 돌고 있었다. 정강의 변을 겪은 뒤 장강 이남으로 물러나 국가의 맥을 유지하던 남송^{南宋}은 금에 조공하고 세폐^{歲幣}1를 바치는 굴욕적인 상황을 맞았다. 남송은 이후 간헐적으로 금을 공격하려고 시도했지만 번번이 실패해 화약을 맺으며 수세를 면치 못했다. 그랬던 금도 1234년^{고려 고종 21} 더 강력한 몽골을 만나 멸망하고 여진족은 화북과 만주 일대로 뿔뿔이 흩어졌다.

1368년 원을 고비 사막 북쪽으로 몰아내고 중원을 장악한 명은 송의 전철을 염두에 두고 여진족을 달래기 위해 애썼다. 명은 만주 일대에 거주하던 여진족을 크게 건주, 해서, 야인 등으로 나누어 파악했다. 명의 영락제는 만주 지역의 여진족을 장악하기 위해 요동도지휘사사와 누르간도사를 설치했다. 명은 여진족의 거주 지역에 위소^{衛所}를 개설

1 **세폐** 중국 역대 왕조가 북방의 유목국가에 일정액의 물자를 바치기로 한 외교적 화친 정책.

타크시와 기오창가의 무덤 후금의 도성이던 허투아라의 싱 징라오청(興京老城)에 있는 누르하치 조상들의 무덤. 아버 지 타크시와 할아버지 기오창가를 비롯한 누르하치의 4대 에 걸친 조상이 이곳에 모셔져 있다.

하고, 조공을 바치는 여진족 수장들에게 지휘, 천호, 백호, 진무 등의 관직을 주었다. 명 황제와 여진의 각 위^衛 사이에는 군신 관계가 맺어졌고, 북경에 와서 조공하는 여진 인들에게 답례로 비단 등을 회사^{回賜}하고 무역을 허용했다. 또 15세기 중반에는 만주 의 개원, 무순 등에 마시^{馬市2}를 개설해 그들의 교역 욕구를 충족시켜 주었다.

명은 여진을 어르고 달래면서 두 가지를 염두에 두고 있었다. 하나는 여진 부족들 을 통제해 아구다와 같은 패자가 다시 등장하는 상황을 막는 것이다. 다른 하나는 여 진족을 활용해 북방의 강적 몽골을 견제하는 것이다. 그 같은 목적을 달성하려면 여 진족을 '너무 강하지도, 너무 약하지도 않은' 상태로 유지하는 것이 중요했다.

명은 요동도지휘사사와 누르간도사를 통해 여진 부족들을 군사적으로 지배하는 동시에 생필품 교역을 통제해 경제적으로도 그들을 장악하려 했다. 당시 여진족은 만 주 각지의 교역장에서 인삼, 모피, 진주 등 특산물을 가지고 명 상인과 생필품을 교역 했다. 그런데 이 교역에는 명 황제 명의의 칙서를 소지한 여진 부족만 참여할 수 있었 다. 칙서가 없거나 그것을 박탈당한 부족은 교역할 수 없었다.

여진족을 지배하려는 명의 정책은 16세기 후반까지는 우여곡절 속에서도 효력을 발휘했다. 만력 연간^{1573~1619} 여진족을 통제하는 데 중심 역할을 한 인물은 이여송^{李如松} 의 부친인 이성량^{李成梁}이었다. 이성량은 전후 30년 동안 요동총병 등으로 재임하면서 여진 세력을 복속시키는 데 수완을 발휘했다. 당시 건주좌위 소속이던 누르하치 집안 은 이성량과 특수한 관계를 맺고 있었다.

1583년 건주여진 소속의 왕고와 그의 아들 아타이가 잇 따라 명의 지배에 반기를 들자 이성량은 그들을 진압하기 위 해 출전한다. 그런데 아타이를 진압하는 작전에는 누르하치 뿐 아니라 그의 부친 타크시, 할아버지 기오창가도 명군의

2 **마시** 유목민에게 말 등을 사기 위해 요동, 대동 선부(大同宣府) 등에 설치한 정기시장. '남선북 마(南船北馬)'라는 속담처럼 말은 화북의 교통 과 군사의 필수품이었으나, 중국에서는 좋은 말 이 나지 않아, 예로부터 북방에서 수입했다.

허투아라 한왕침궁 현판 허투아라에 세워진 흥경노성은 중국 라오닝 성 신빈 만족자치현의 융링 진 라오청 촌에 있는 성터로 청왕조의 발상지이다. 1636년 국호를 후금에서 청으로 바꾼 뒤에 청왕조가 발흥한 곳이라는 뜻에서 '싱징(興京)'이라 불렸다. 전각의 현판을 만주 문자와 한자로 함께 표기했다.

일원으로 동참했다. 그런데 아타이를 공격하던 중 타크시와 기오창가가 명군에게 살해되는 참변[3]이 일어난다.

누르하치는 명에 원한을 품지 않을 수 없었다. 이성량은 배상 차원에서 누르하치에게 칙서 30통과 말 30필을 제공했다. 할아버지와 아버지의 '피값'으로 얻은 다량의 칙서를 바탕으로 누르하치는 지역의 교역권을 장악해 경제적 실력자로 부상했다. 누르하치는 1583년부터 주변의 건주여진 부족들을 공략해 나가더니 1587년[선조 20] 지금의 랴오닝 성 신빈 현에 퍼아라라는 근거지를 마련했다. 그때 명은 1589년 누르하치에게 도독첨사 벼슬을 내렸다. 그러나 누르하치가 정치적으로도 건주여진의 패자로 떠오르는 조짐을 보이자 놀란 명은 본격적으로 그를 견제하려 한다.

1592년 임진왜란이 일어난 것은 누르하치에게 또 다른 기회였다. 요동 지역에 있던 명군 대부분이 조선으로 출전하면서 여진에 대한 명의 통제력은 아무래도 약화될 수밖에 없었다. 1593년[선조 26] 누르하치는 고륵산에서 해서여진, 몽골의 코르친 부족 등 9부 연합군의 공격을 격퇴했다. 이 전투의 승리를 계기로 누르하치는 사실상 만주 지역의 패자로 떠올랐다. 이후 누르하치는 거침없는 기세로 해서여진의 하다부[1601], 호이파부[1607], 울라부[1613]를 잇따라 멸망시켰다. 누르하치의 강력한 공세에 밀려 존망의 위기에 내몰린 해서여진의 예허부는 명에 구원을 요청했다.

잇따른 승전을 통해 인구와 영토가 늘어나고 자신감이 커지면서 누르하치는 내부 정비에 눈을 돌렸다. 1599년[선조 32] 만주 문자를 창제하고, 1603년에는 허투아라에 흥경노성興京老城이라는 새로운 근거지를 마련했다. 1615년[광해군 7]에는 팔기제八旗制를 정비했다. 팔기제는 '니루'라는 기본 단위를 토대로 만들어진 통치 조직이다. 300명으로 구성된 니루 다섯 개를 자란, 다섯 개의 자

3 타크시와 기오창가의 죽음 아타이의 아내가 기오창가의 손녀였으므로 타크시와 기오창가는 그녀를 구하기 위해 아타이의 성으로 들어갔다. 그때 성을 함락시킨 명군이 대학살을 감행했고, 두 사람도 적으로 오인되어 살해당하고 말았다.

01. 변화하는 동아시아 |

란을 구사 또는 기旗라고 불렀다. 모든 여진 주민은 '나가면 병사가 되고 들어오면 백성이 되는' 군민軍民 복합 공동체인 기에 편제되었다. 누르하치는 이어 1616년 국호를 대금大金, 연호를 천명天命이라 칭해 독립 국가의 지향을 드러냈다.

명은 '제2의 아구다'로 확실하게 떠오른 누르하치를 견제할 방책의 마련에 부심하게 되었다. 명은 해서여진의 예허부를 지원해 누르하치의 건주여진을 견제토록 하는 한편, 명 상인들이 누르하치의 건주여진과 교역하는 것도 통제했다. 경제적 제재를 통해 누르하치의 목줄을 조이려는 조치였다. 누르하치가 만주 일대에서 개간 등을 확대해 경제적 곤경을 벗어나려 하자 명은 누르하치가 시하柴河, 삼차하三岔河 등지에서 경작하는 것을 방해하고 나섰다. 건주여진을 경제적으로 고사시키려는 전략이었다.

팔기제 지연적으로 연결된 300명을 1니루로 하는 행정·군사 조직. 5니루가 1자란, 5자란이 1구사, 즉 1기(旗)를 이룬다. 팔기는 왼쪽부터 차례로 정황(正黃), 양황(鑲黃), 정백(正白), 양백(鑲白), 정홍(正紅), 양홍(鑲紅), 정남(正藍), 양남(鑲藍)이다.

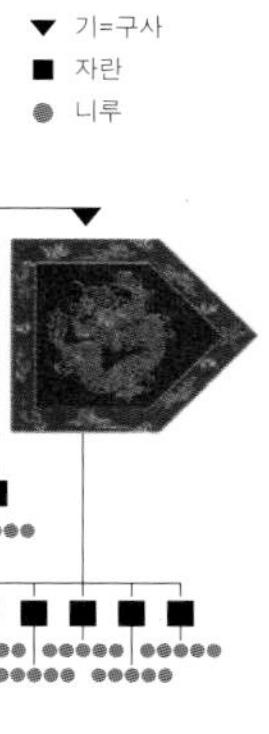

▼ 기=구사
■ 자란
● 니루

조선,
누르하치의 여진을
괄목상대하다

조선을 건국한 태조 이성계의 집안과 여진족의 관계는 일찍부터 밀접했다. 이성계의
고조부와 증조부는 원 간섭기 다루가치⁴로서 두만강 부근과 함흥평야 일대의 여진
족을 통제하는 역할을 맡았다. 이성계의 부친 이자춘도 동북면 일대의 여진족과 긴밀
한 관계를 유지했다. 이성계가 고려 말 조정에서 정치적 입지를 굳히는 과정에는 이지
란李之蘭을 비롯한 동북면 출신 여진인의 협조가 중요한 바탕이 되기도 했다.

　이 같은 역사적 배경에서 조선은 건국 직후부터 두만강 부근의 여진족을 '울타리
藩籬'로 여겨 회유하고자 했다. 여진족 추장들의 조공을 받고 회사품을 하사하는 한편
경성, 경원, 만포 등지에서 교역하도록 허용했다. 조선은 여진인에게 생필품과 농기구,
소 등을 넘겨주고 그들로부터 말, 모피 등을 구입했다. 조선에서 건너간 소와 철제 농
기구는 여진 지역의 농경화를 촉진하는 데 이바지했다.

　조선은 일찍부터 여진인을 야인野人이라 부르며 그들의 '상국'이자 '부모국'으로 자
임했다. 여진족 추장들의 상경과 숙위宿衛⁵를 허용하고 벼슬을 내렸다. 또 그들을 회유
하고 통제하는 과정에서 '은혜'와 '위엄'을 어떻게 조화시킬 것인지를 놓고 부심하기도
했다. 비교적 순조롭던 조선과 여진의 관계는 명의 영락제가 만주 지역에 본격적으로
손을 뻗치면서 동요하기 시작했다.

　명은 애초부터 조선에 조공하고 있던 여진족까지 회유해 복속시키려 했다. 한 예
로 1405년태종 5 명은 회령에 거주하던 여진족인 오도리의 추장 동맹가티무르에게 건
주위도독지휘사 벼슬을 내렸다. 동맹가티무르가 회유를 받
아들여 명으로 귀순하자 조선은 경원의 무역소를 폐지해 보
복했다. 1423년세종 5 동맹가티무르가 다시 회령으로 귀환하
자 세종은 그들을 우대하면서 주변의 여진족을 회유하려 시
도했다. 1432년세종 14 건주위의 이만주李滿住가 여연閭延 지역을

4 **다루가치** 원이 고려의 내정을 간섭하기 위해
설치한 민정(民政) 담당관.
5 **숙위** 황제를 호위한다는 명목으로 속국의 왕
족들이 볼모로 가서 머물던 일. 조선 국왕이 황
제는 아니나 여진 추장에 대해 황제에 준하는 역
할을 자임했다.

「장양공정토시전부호도」 장양공 이일이 함경도 지역을 침략하던 여진족 시전 부락을 정벌하는 모습을 그린 그림이다. 여진족 시전 부락 일대의 지세가 잘 드러나 있고, 전투하는 자세와 움직임이 다양하게 그려져 있다. 육군박물관 소장. 서울특별시 유형문화재 제304호.

침략하자 1433년^{세종 15} 조선군은 파저강^{지금의 랴오닝 성 훈장 강} 일대까지 원정해 이만주를 공략했다. 조선은 이어 1437년^{세종 19} 4군과 6진을 설치해 평안도와 함경도 일대의 여진족을 복속시키려 했다.

조선이 여진족에게 공세를 취하자 명은 민감하게 반응했다. 조선이 이러한 명의 반응을 주시하면서 여진족 처리를 놓고 고심하던 1449년^{세종 31} '토목보^{土木堡}의 변'이 일어났다. 정통제가 오이라트 몽골의 추장 에센에게 포로로 잡힌 치욕적인 사건이었다. 이처럼 명이 수세에 처하자 여진족에 대한 통제력은 약화될 수밖에 없었다. 명은 발호하는 여진 세력을 협공하자고 조선에 제의했다. 조선은 명의 요청을 받아들여 1467년^{세조 13} 건주위를 공격했다. 이 원정을 통해 조선군은 이만주 일족을 제거한다. 1479년^{성종 10}에도 윤필상 등을 보내 건주여진을 토벌했다.

16세기에도 조선과 여진족의 관계는 우여곡절을 거듭했다. 여진족은 이만주의 복수를 한다는 등의 명분을 내세워 간헐적으로 침략을 자행했다. 또 당시 여진족 지역에서 모피 획득 붐이 일어나면서 여진족 사냥꾼들이 조선 영내로 진입하는 일도 잦아졌다. 반면 16세기 이후 조선 북변 지역의 사회경제적 상황이 피폐해지고 민호가 줄어들면서 여진족을 통제하는 것은 어려워졌다. 이미 15세기 말부터 북변의 주민들 가운데는 기근 등으로 인한 생활고, 군역 부담, 지방관의 학정 등을 피해 여진 지역으로 귀순하는 사람들이 나타나고 있었다. 모피 무역 등으로 경제적 호황을 누리던 여진 지역이 오히려 조선인을 끌어들이고 있었던 것이다.

1583년 두만강 유역 출신의 여진족 추장 이탕개가 경원 일대를 침략하는 사건이 벌어졌다. 조선은 자신의 '울타리'로 여겼던 여진족의 반란에 위기의식을 느끼고 북변 방어를 강화하기 위해 부심했다. 1592년 임진왜란이 일어나 가토 기요마사^{加藤淸正}가 이끄는 일본군이 회령 등지로 진입하자 두만강 일대의 여진족 가운데는 그 틈을 타 함

홍이포 네덜란드의 대포를 모방해 만든 중국식 대포이다. 1604년 명은 네덜란드와 전쟁을 치르며 네덜란드인을 '홍모이(붉은 머리를 한 오랑캐)', 네덜란드인들이 사용하던 대포를 '홍이포'라 불렀다. 홍이포의 성능에 압도된 중국인들은 홍이포를 수입해 복제품을 만들었다. 중국역사박물관 소장.

경도 지역을 분탕질하는 자들도 나타났다.

임진왜란을 계기로 조선과 여진의 관계는 새로운 국면으로 진입하게 되었다. 한창 굴기하던 누르하치의 영향력이 조선에 복속한 여진족을 향해 밀려왔기 때문이다. 1591년^{선조 24} 무렵 조선의 국경 지역까지 세력을 뻗쳐 조선에 복속한 여진족을 흡수한 누르하치는 일본군의 북상에 민감하게 반응했다. 조선 조정이 의주로 피란해 있던 1592년 9월, 명의 병부는 요동도사를 통해 '누르하치가 왜란으로 곤경에 처한 조선을 돕기 위해 수만 명의 병력을 파견하겠다'고 제의한 사실을 조선에 전했다. 조선 조정은 누르하치의 제의를 놓고 고민하다가 이를 거절했다. 유성룡 등은 당^唐이 안녹산의 반란을 진압하기 위해 회흘^{回紇, 위구르}, 토번^{土蕃, 티베트} 등에게 청원했다가 화를 입은 고사를 들어 누르하치의 제의를 받아들이는 데 반대한 것이다. 그러나 조선은 이 같은 파병 제의를 통해 누르하치의 강성함을 인지하게 되었다.

누르하치는 1595년^{선조 28}에도 조선인을 쇄환⁶하겠다면서 통교를 제의했다. 조선은 누르하치의 동향을 명에 통보하는 한편, 이후 누르하치 집단과 사달을 일으키지 않으려고 노력했다. 선조는 1595년 신충일을 명군 장수와 함께 허투아라에 파견해 그들의 동태를 탐지했다. 당시 신충일이 남긴 견문 보고서가 유명한 『건주기정도기^{建州紀程圖記}』이다. 선조는 또 변방의 관리들에게 삼을 캐러 국경을 넘어오는 여진인을 죽이지 말라고 지시하는가 하면, 그들의 월경으로 마찰이 일어나는 것을 막기 위해 건주여진 측에 영향력을 행사해 달라고 명군 지휘관들에게 요청하기도 했다. 이미 임진왜란으로 위기에 처한 상황에서, 세력이 일취월장하고 있는 누르하치 세력과 충돌하지 않으려는 고육지책이었다.

6 **쇄환** 일반 백성이나 노비 등이 원거주지를 이탈해 흩어졌을 때 이들을 찾아 원거주지로 돌려보내는 일.

동아시아를 호령한 유목 제국 약사^{略史}

스키타이, 흉노, 돌궐 등 유목민은 중국과 한반도의 정주민 왕조가 강력한 시기에는 그 나라에 복속해 살아갔지만, 혼란기에는 정주민을 위협하고 지배했다. 그들은 번개 같은 기동성에서 나오는 전투력으로 짧은 시간에 강력한 제국을 이룩하곤 했다.

아시아를 호령한 유목민의 계보는 초원의 전설 스키타이로부터 시작한다. 튀르크 계통으로 알려진 흉노匈奴는 동아시아 최초의 유목 국가로 서기전 3세기부터 서기 1세기에 걸쳐 제국을 건설하고 한漢과 맞섰다.

한이 멸망한 후 북쪽에서 내려와 국가를 세운 다섯 유목민을 오호胡라 하는데 이들을 통일하고 중원에 북위386~534를 세운 것이 선

비족이었다. 한편 북아시아에서는 몽골 계통의 유연제국5~6세기, 튀르크 계통의 돌궐제국552~744, 위구르왕국744~840 등 유목민 왕조가 활동을 이어 갔다.

10세기에 급성장한 거란족은 중국을 점령해 최초의 정복 왕조인 요916~1125를 세웠다. 요는 중국식 연호와 국호를 선포했으나 수도를 중국 본토로 옮기지 않은 채 북중국을 통치했다. 한때는 국호를 거란으로 변경하기도 하고 거란 문자를 만드는 등 고유의 문화를 유지하려고 노력했다.

요에 이어 등장한 정복 왕조는 여진족의 금1115~1234이었다. 여진족은 고구려, 발해에 복속했던 말갈족의 후예로 11세기 말 여러 부족을 통일한 뒤 요와 싸워 이겼다. 금이 북중국을 차지하는 바람에 한족의 통일 왕조 송은 강남으로 밀려 내려가 남송으로 존속해야 했다. 금은 요와 달리 중원에 도읍을 두어 북경에 도읍한 최초의 왕조가 되었다. 중국 본토 깊숙이 진출한 금은 한화漢化 정책을

거란족의 요

여진족의 금

펼쳐 여진어와 여진 문자는 서서히 잊혀 갔다. 본래 여진족으로부터 조공을 받으며 '부모의 나라'로 불리던 고려는 금 건국 후에는 반대로 금에 조공을 바치고 '신하의 나라'를 자처해야 했다.

요, 금으로 이어지는 정복 왕조는 사상 유례없는 대제국인 몽골제국의 예고편에 불과했다. 몽골족은 위구르왕국이 무너진 뒤 몽골 초원으로 진출해 급성장했다. 칭기즈칸이 초원의 여러 부족을 통일한 뒤 금에 이어 서역 여러 나라를 정복해 세운 몽골제국은 곧 남송마저 정복해 원元. 1271~1368을 건국함으로써 사상 최초로 중국 전역을 차지한 정복 왕조가 되었다. 유라시아 대륙의 국경을 거의 다 없애 버린 몽골제국에서 동서 문물의 교류가 활발해지자 중국의 발명품들이 유럽에 전해져 르네상스의 원인이 되기도 했다.

여진족의 후예가 만주족으로 이름을 바꾸고 17세기에 세운 청淸은 중국 역사상 마지막 왕조이자 정복 왕조였다. 그들은 몽골제국에 멸망한 금을 잇는다는 의미에서 처음에는 왕조 이름을 후금으로 정하기도 했다. '만주'는 여진족이 신봉하던 문수보살을 가리킨다고 하며 그 후 중국 동북 지역을 가리키는 지명으로도 쓰였다. 수십만 명에 불과한 만주족이 수억 명의 한족을 300년 가까이 통치할 수 있었던 것은 강압과 회유를 교묘히 섞어 단단한 체제를 만들었기 때문이다. 청은 내몽골과 티베트를 정복해 그들의 발원지인 만주를 포괄하는 광대한 영토를 이룩했으며 이 자산은 그대로 현대 중국으로 이어졌다. 청이 없었으면 오늘날 한반도의 50배에 이르는 중국도 없었을 것이다.

최후의 유목 제국 청은 영국, 프랑스, 미국, 일본 등 열강에 의해 반식민지로 전락한 뒤 쑨원이 주도하는 민중 혁명에 의해 역사의 뒤켠으로 사라졌다. 그러나 만주를 장악한 일본은 청의 마지막 황제 푸이를 이용해 괴뢰국 만주를 세움으로써 대제국의 최후를 모독했다.

몽골제국과 원

몽골제국 원 고려

만주족의 청

청 조선

01. 변화하는 동아시아 |

2.
광해군식 외교

『광해군일기』 정족산본 조선 제 15대 광해군 재위 기간의 역사를 기록한 책. 광해군이 폐위되었기 때문에 실록이라 하지 않고 일기로 이름지었다. 중초본(中草本, 태백 산본) 64책과 정초본(正草本, 정 족산본) 39책의 두 종류가 남아 있 다. 실록 편찬을 완료하면 초초(初草)와 중초는 물에 씻어 버리고 정 초본을 인쇄해 사고에 보관하는 것 이 관례였으나, 『광해군일기』는 중 초본을 버리지 않고 64책으로 꾸 며 태백산 사고에 보관했다. 『광해 군일기』를 포함한 『조선왕조실록』 은 국보 제151호이며, 유네스코 세 계 기록유산으로 등재되었다.

조선의 제15대 국왕 광해군은 즉위 직후부터 누르하치의 굴기에 따른 명과 후금의 대결 양상을 예의 주시했다. 임진왜란 당시 분조^{分朝1}와 무군사^{撫軍司2}를 이끌고 북변과 남방을 주유한 광해군은 전쟁의 참상을 누구보다 더 잘 아는 인물이었다. 그는 왜란 이후 세력이 급격히 커지던 후금과의 갈등을 회피하려고 다각적인 노력을 기울였다. 1609년^{광해군 1} '영원히 함께할 수 없는 원수^{萬世不共之讐}'로 여겼던 일본과 국교를 정상화한 것도 후금의 위협에 대처하는 데 집중하려는 포석이었다.

광해군은 크게 세 방향에서 대후금 정책을 펼쳐 나갔다. 먼저 후금의 동향을 파악하고 관련 정보를 수집하는 한편, 조선의 내부 정보가 유출되지 않도록 세심한 주의를 기울였다. 또 후금에 대해 유연한 자세를 취하면서 그들을 기미^{羈縻3}하려 노력했다. 광해군은 과거 고려가 송, 요, 금 사이에서 취한 현실적이고 실리적인 외교 자세를 높이 평가하면서 명과 후금 사이의 대결 구도에 휘말리지 않으려고 노력했다. 나아가 후금이 침략해 오는 최악의 상황을 염두에 두고 군사적 대비책을 마련하는 데도 부심했다. 화기도감에서 조총 등 각종 화포류를 제작하고, 일본에 조총과 장검 등의 수입을 타진하기도 했다. 또 병력 확보를 위해 무과를 실시하고, 관무재^{觀武才4} 등을 수시로 열어 군사들을 조련하는 데도 힘을 기울였다.

광해군 대 중반 이후 명과 후금의 관계는 최악의 상황으로 치달았다. 명이 후금을 경제적으로 고사시키려 하자 누르하치는 반발했다. 급기야 1618년 누르하치는 이른바 일곱 가지 원한을 내걸고 명에 선전포고한 뒤 무순을 공격해 점령했다. 무순의 성주 이영방^{李永芳}은 제대로 저항도 하지 않고 후금군에 투항했다. 무순은 본래 여진족이 명 상인들과 교역을 벌

1 **분조** 임진왜란 때 임시로 세운 조정. 선조는 요동으로 망명하기 위해 의주 방면으로 가면서 왕세자인 광해군으로 하여금 본국에 남아 종묘사직을 받들어 나라를 다스리라는 왕명을 내렸다. 이때 만들어진 소조정이 분조로, 선조가 있던 의주 행재소의 원조정에 대한 대칭 개념이다.
2 **무군사** 1593년 명군의 요청으로 설치한 왕세자의 행영(行營). 일본과의 강화 회담이 본격화되고 대부분의 명군이 조선에서 철수하는 상황에서 만들어졌다.
3 **기미** 기는 말의 굴레, 미는 소의 고삐로, 상대를 견제만 할 뿐 직접 지배하지 않는 정책. 주로 당이 이민족을 지배하기 위해 실시했다.
4 **관무재** 조선 시대에 특별히 왕의 명령이 있을 때 시행한 무과.

해서여진의 예허부 여진족은 거주 지역에 따라 건주여진, 해서여진, 야인여진 등으로 나뉘어져 있었는데, 해서여진 중 예허부가 제일 강했다. 1593년 예허는 다른 여진 부락 등과 연합해 누르하치를 공격했으나 참패했다. 몇 년 후 누르하치는 여진 부족을 통일했다.

이던 요충지였다. 그처럼 중요한 지역을 공격했다는 것은 누르하치가 작심하고 명에 정면으로 도전하고 나선 것을 의미했다.

　무순이 함락되고 이영방이 투항했다는 소식이 전해지자 명 내부는 들끓었다. 신료들은 누르하치를 제압하고 요동을 방어하기 위한 갖가지 대책을 황제에게 상주했다. 명은 누르하치의 근거지인 허투아라를 공격하기 위해 원정군 동원에 착수하는 한편, 해서여진의 예허부와 조선에도 병력을 동원해 자신들의 원정에 동참하라고 요구했다. 명은 조선의 파병을 요구하면서 임진왜란 당시 자신들이 "망해 가던 조선을 다시 살려주었다."라는 이른바 재조지은再造之恩을 명분으로 내세웠다. 1618년 윤 4월, 명의 병부시랑 왕가수汪可受가 조선에 보내온 격문은 다음과 같은 내용을 담고 있다.

건주의 소추小醜, 보잘것없는 오랑캐가 바닷가 연안의 좁은 땅을 근거지로 삼아 보잘것없는 여러 추장을 선동해 대대로 입은 극은極恩을 잊고 감히 쥐새끼처럼 엿보는 일을 은밀히 도모해 왔습니다…… 이에 황상皇上께서 크게 노하시어 기필코 섬멸할 계책을 정해 사방의 정예병을 동원해 6월에 작전을 시작하려 하시는데 군량이 산처럼 쌓이고 군대의 사기가 우레와 같으니 저 오랑캐의 운명도 얼마 남지 않았습니다…… 나라를 세운 250여 년 동안 조선은 줄곧 보호를 받아 왔습니다. 왕년에 조선이 왜노倭奴의 변란을 겪자마자 본조에서 즉시 10만 군사를 파견해 몇 년 동안 사력을 다해 왜노를 쓸어 버렸는데, 이는 조선이 대대로 충성을 바쳐 온 만큼 왕에게 계속 기업을 이어갈 수 있게 해 주어야겠다고 생각했기 때문입니다…… 수만 병력을 일으켜 노추를 협공하면 반드시 승리를 거둘 텐데 이렇게 하는 것이야말로 왕께서 본조에 보답하는 길이자 나라에 무궁한 복을 안겨 주는 일이 될 것입니다…… 격문이 도착하는 즉시 왕께서는 신하들과 토의하신 뒤 빨리 군병을 정돈해 대기하다가 기일에 맞춰 나아가 토벌하는 데 실수가 없도록 하십시오.

한왕 대아문 중국 랴오닝 성의 후금 고성 허투아라 중심 부인 칸의 대아문. 싱징라오청은 1616년 누르하치가 후금을 건국했을 때의 도성이며, 1622년 랴오양(遼陽)으로 천도할 때까지 6년 동안 후금의 수도로 기능했다.

격문에서 드러나듯이 명은 조선을 이용해 누르하치를 제압하려 했다. 전형적인 이이제이책이었다. 명의 급사중 관응진官應震은 조선과 예허에서 병력을 동원해야 한다고 주장하면서 아예 두 나라를 순이順夷라고 지칭했다. '고분고분한 오랑캐'라는 뜻이다. 명이 이처럼 여진과는 또 다른 '오랑캐' 조선과 예허에 '아쉬운 소리'를 한 까닭은 무엇일까? 당시 명은 '중화'의 위상에 걸맞은 군사력을 갖고 있지 못했다. 군사력의 바탕이 되는 재정이 휘청거렸기 때문이다. 명은 후금 방어에 들어가는 국방비가 총 세입의 절반 가까이나 되는 상황에서 증세에 나설 수밖에 없었고, 그 때문에 백성의 고통이 커졌다. 실제로 명은 1618년 4월 무순이 함락된 직후부터 병력 동원에 나섰지만 몇 개월이 지나도 10만 명을 채우지 못했다. 이 같은 처지에서 조선에 대한 원병 요청은 절박한 것이었다.

원병을 보내라는 명의 요구를 놓고 조선 조정에서는 논란이 빚어졌다. 광해군은 조선의 피폐한 현실을 들어 요구를 거부하려 했고, 비변사 신료들은 '재조지은에 대한 보답' 등을 내세워 받아들여야 한다고 했다.

광해군은 우선 파병을 요구하는 문서를 보낸 주체가 명의 황제가 아니라 왕가수 등 신하라는 사실부터 문제 삼았다. 황제가 칙서를 내린 것이 아니므로 요구를 받아들일 수 없다고 했다. 광해군은 또한 조선의 약한 병력을 보내 봤자 명에 별 도움이 되지 않을 것이라는 점을 내세워 파병을 회피하려 했다. 그리하여 그런 의도를 담은 문서를 소지한 사신들을 줄줄이 요동과 북경으로 파견했다. 사신들이 가져간 외교 문서에는 '조선은 사방에서 적에게 둘러싸여 있다', '임진왜란의 피해에서 아직 회복되지 못해 군사력이 미약하다', '일본의 재침 위협이 여전히 존재한다'는 등의 내용이 담겨 있었다.

대부분의 신료는 광해군과 정반대의 주장을 폈다. 그들은 조선이 명의 번국이라

는 사실을 강조한 뒤, 조선이 원병을 파견하되 명의 지휘에 따라야 한다고 주장했다. 그들은 또한 명은 '조선의 부모국'이라고 전제하고, 명이 임진왜란 당시 베풀어 준 '재조지은'에 보답하기 위해서도 원병을 보내야 한다고 주장했다.

> 명은 우리에게 부모의 나라이며 우리에게 재조지은을 베풀었습니다. 지금 밖으로부터 수모를 당해 군대를 요청했는데 우리의 도리로 보건대 어찌 달려가 구원하지 않겠습니까?······ 대체大體로 본다면 '부모와 자식의 의리'가 있고, 사사로운 정으로 따지면 반드시 갚아야 할 의리가 있으니 이로 보나 저로 보나 응원하지 않을 수 없는 것입니다.

이것이 집권 대북파의 영수 이이첨 등 신료들의 생각이었다. '의리로 보면 임금이고 은혜로 치면 부모'인 명을 위하는 것이라면 설사 나라가 망하더라도 원병을 보내야 한다고 강조하는 사람도 있었다.

명의 압박과 대다수 신료의 채근 속에서도 파병을 회피하려 한 광해군의 시도는 명군 경략經略사령관 양호楊鎬에 의해 무산되었다. 정유재란에 참전해 조선의 내부 사정에 밝은 그는 "조선이 '재조지은'에 보답할 생각은 하지 않고 무익한 외교 문서만 왕복시키고 있다."라고 질타한 뒤 병력을 파견하라고 겁박했다. 1619년광해군 11 광해군은 결국 1만 5000여 명의 병력을 파견할 수밖에 없었다.

도원수 강홍립과 부원수 김경서가 이끄는 조선군은 압록강을 건넌 뒤 명군 총병 유정
劉綎의 휘하에 배속되었다. 유정 등 명군 지휘관들은 조선군이 사세를 관망하면서 전
투에 소극적인 태도를 보이지나 않을까 몹시 우려했다. 그들 가운데는 심지어 강홍립
등에게 칼을 빼 들고 빨리 전진하라고 재촉하는 사람이 있을 정도였다. 이처럼 명군
지휘부의 채근과 성화에 떠밀린 조선군은 입고 있던 군장을 벗어던지거나 운반하던
군량을 포기한 채 명군을 따라가야 하는 상황으로 내몰렸다.

　　광해군은 병력을 요동으로 들여보내기 이전부터, 명군 지휘부가 조선군에게 전진
하라고 다그칠 것을 예상하고 있었다. 형조참판 출신의 문관 강홍립을 도원수로 임명
한 것은 바로 이 같은 예상과 관련이 있었다. 강홍립은 본래 어전통사御前通事 출신으로
중국어 회화에 능통한 인물이었다. 광해군은 명군 지휘부와 직접 대화할 수 있는 강
홍립을 통해 조선군이 명군 지휘부에게 일방적으로 휘둘리는 것을 막으려 했다. 광해
군은 또 출전을 앞둔 강홍립을 접견할 때 "패하지 않는 전투가 되도록 하라."라고 지침
을 내린 바 있었다. 명의 압력 때문에 어쩔 수 없이 파병하면서도 조선군의 피해를 최
소화하려 했던 것이다.

　　명군 지휘부의 압박에 떠밀려 허투아라를 향해 전진하던 조선군은 1619년 심하
深河에서 벌어진 전투에서 후금군에게 참패하고 강홍립은 남은 병력을 이끌고 투항했
다. 일찍이 일본인 학자 다가와 고조田川孝三가 "광해군은 애초부터 강홍립에게 밀지를
내려 후금군에게 투항하라고 지시했다."라고 주장한 이래 '조선군의 고의적인 항복'은
정설처럼 알려져 왔다. 하지만 심하전투 당시 조선군의 인명 피해가 7000~8000명
에 이르렀다는 『광해군일기』의 기록을 고려하면 이 주장을 온전히 믿기는 쉽지 않다.
애초부터 항복할 계획이었다면 수천 명이 죽을 때까지 기다려야 했을지 의심스럽기
때문이다.

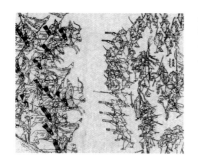
싸얼후전투 명과 후금이 1619년 싸얼후 산에서 벌인 전투를 묘사한 그림. 왼쪽에서 말을 타고 활을 당기는 쪽이 후금군이고, 오른쪽에서 총포를 겨누고 있는 쪽이 명군이다. 싸얼후전투는 후금의 일방적인 승리로 끝났다.

인조반정 이후 심광세를 비롯한 서인들 가운데는 '광해군과 그를 추종하는 신하들이 오랑캐에게 출병 기일을 누설하는 바람에 명군이 원정을 망치고 궁극에는 요동 전체를 상실하게 되었다'고 주장하는 사람도 있었다. 이 주장을 부연하면 '강홍립과 광해군 때문에 명이 망했다'는 이야기가 될 수도 있다. 하지만 당시 원정군의 주체가 명군이었다는 사실, 명군의 전력이나 작전 능력이 형편없었다는 사실 등을 고려하면 이 같은 주장은 받아들이기 곤란하다.

중국에서는 심하전투를 포함해 허투아라를 공략하려던 명군이 참패한 일련의 전투를 보통 싸얼후전투라고 부른다. 그런데 서광계[5], 황인우黃仁宇 등 싸얼후전투를 연구한 학자들에 따르면 명군이 후금군을 이기는 것은 애초부터 거의 불가능했다. 우선 병력이 매우 적었다. 명군 지휘부는 애초 47만 명을 동원한다고 허풍을 쳤지만 조선과 예허의 지원병을 합쳐도 10만 명이 채 되지 않았다. 그나마 병력의 대부분은 제대로 훈련받지 못한 오합지졸이었다. 명군의 무기와 장비도 열악했다. 강홍립의 보고에 따르면 유정의 부대는 대포조차 없었다. 이 때문에 명군 지휘부는 조선군 화기수들을 들여보내라 닦달할 정도였다. 지휘관들끼리 사이도 좋지 않았고 작전도 엉망이었다. 명군은 병력을 넷으로 나눠 1619년 3월 1일 네 방향에서 일제히 허투아라를 향해 진격하기로 약속했다. 하지만 좌익북로군을 이끌던 총병 두송杜松이 약속을 어기고 하루 먼저 출발했다가 싸얼후 산에서 후금군 복병의 역습에 걸려 전멸당한다. 이후 명군의 나머지 병력도 모두 후금군에게 각개격파되고 말았으니, 그중 하나가 심하전투였다. 전공을 탐해 약속을 어긴 두송도 문제였지만, 얼마 되지 않는 병력을 집중시켜도 승리를 자신할 수 없는 상황에서 병력을 넷으로 분산시킨 것이 근본적인 실책이었다. 총사령관인 경략 양호가 네 명의 현장 지휘관들을 제대로 감독하지 못한 책임도 컸다.

5 서광계 명의 학자이자 정치가(1562~1633). 호는 현호(玄扈). 마테오 리치와 함께 번역한 『측량법의(測量法義)』 외에 『기하원본』, 『숭정역서』 등의 역서가 있고, 편저로『농정전서』가 있다.

김응하 강홍립을 따라 후금 정벌에 나섰다가 명이 대패하자, 후금의 대군을 맞아 고군분투하다가 패배하고 전사했다. 만력제는 특별히 조서를 내려 김응하를 요동백(遼東伯)에 봉했으며, 조선에서도 영의정을 추증했다.

이 같은 실상을 염두에 두고 서광계는 명군이 후금군의 상대가 되지 못했다고 단언했고, 황인우는 명군은 그저 후금군이 실수를 저지르기만을 바랄 수밖에 없는 상태였다고 진단했다. 그는 더 나아가 '싸얼후 패전은 황제의 태만함, 격렬한 당쟁, 환관의 발호, 재정의 고갈 등 당시 명이 안고 있던 구조적이고 총체적인 문제점에서 비롯된 당연한 결과'라고 분석했다. 조선군은 결국 이처럼 '준비되지 않은' 명군 지휘부의 강요와 닦달에 떠밀려 군량 보급로도 확보하지 못한 채 무리하게 행군하다가 후금군의 기습을 받아야 했던 셈이다.

싸얼후전투, 나아가 심하전투의 실상이 이러함에도 불구하고 인조반정 이후 심광세 등이 패전의 모든 책임을 강홍립과 광해군에게 돌린 까닭은 무엇일까? 그것은 정변인조반정을 일으켜 광해군 정권을 전복시킨 것을 정당화하려는 정치적 의도에서 비롯된 것이라고 할 수밖에 없다.

광해군은 '전후 외교'에서도 수완을 발휘했다. 당시 요동 등지의 명군 지휘관들 가운데는 '조선군이 고의적으로 항복했다'고 의심하는 사람들이 있었다. 광해군은 이같은 의심을 불식시키기 위해 노력했다. 그와 관련해 광해군은 먼저 심하전투에서 전사한 김응하를 현창하는 사업을 벌였다. 김응하는 심하전투 당시 후금군의 화살에 맞아 죽어가던 와중에도 칼을 빼들고 끝까지 분전해 후금 장수들조차 극찬했다는 용장이었다. 전쟁이 끝난 뒤 광해군은 김응하를 추모하는 시집을 만들도록 지시했다. 그리고 시집 『충렬록』을 요동 지역에도 유포시켰다. 또 명 사신들이 상경하는 길목에 김응하를 모신 사당을 세우고, 사신들이 왕래할 때 사당 주변에 사람들을 모아 놓고 통곡하는 장면을 연출하기도 했다. 김응하 추모를 통해 심하전투 당시 '조선군도 목숨을 바쳐 분전했다'는 것, '조선이 거국적으로 그를 추모하고 있다는 것'을 강조함으로써 '강홍립이 고의적으로 항복했다'고 여기는 명의 의심을 해소하려는 계책이었다. 여

「파진대적도」 압록강을 건넌 강홍립 휘하의 조선 원정군이 후금군과 맞서고 있는 장면을 묘사한 1619년 그림. 조선군은 조총병이 전면에 포진하고 있다. 임진왜란 이후 조총병이 핵심병으로 기능하고 있음을 보여 준다. 김응하의 전승을 기리는 문집인 『충렬록』에 실려 있다.

기에는 평소 "외교를 펼칠 때는 사술詐術을 피하지 않는다."라는 그의 지론이 반영되어 있었다.

광해군은 또 명이 조선에서 재차 원병을 동원하려는 것을 차단하는 데 부심했다. 광해군은 후금군에게 포로가 되었다가 귀환한 도망병들의 견문 내용을 명에 알리는 한편, 조선군이 원정에 동참한 데 원한을 품은 후금이 보복 차원에서 조선을 침략할 가능성이 높다는 사실을 환기시켰다. 그러면서 조선의 의주, 창성 등과 압록강을 사이에 놓고 마주 보는 관전, 진강 등지에 병력을 배치해 달라고 명에 요청했다. '조선이 후금의 침략을 받을 위기에 처해 있다'는 사실을 환기시켜 명의 구원을 요청하는 한편, 명이 재징병을 요구하는 것을 원천적으로 차단하려는 의도에서 비롯된 조처였다.

심하전투 패전 이후 조선에 대한 후금의 의구심을 푸는 것은 만만한 문제가 아니었다. 일찍이 강홍립은 후금군에 투항할 때 '조선의 참전은 명이 베푼 재조지은에 보답하려고 어쩔 수 없이 단행된 조처'임을 강조한 바 있다. 누르하치는 강홍립의 변명을 용인하는 태도를 보였다. 하지만 상황은 간단치 않았다. 누르하치는 심하전투가 끝난 직후인 1619년 3월, 조선에 보낸 국서에서 회유와 협박을 동시에 늘어놓았다. 그는 과거 금의 대정제大定帝 시절, 고려의 반역자 조유충[6]이 40여 성을 들어 금에 투항하려 했지만 금이 고려가 금과 송 사이에서 중립을 지킨 것을 높이 평가해 조유충을 받아들이지 않은 사실을 환기시켰다. 그러면서 후금은 본래 조선과 원한이 없었다는 것, 명이 유아독존적인 자세로 후금을 능멸해 천도天道를 어기고 있다는 것 등을 강조하면서 향후 조선이 어떤 향배를 취할 것인지 힐문했다. 함께 명에 맞설 것인지 아니면 다시 명을 도울 것인지를 선택하라는 협박이기도 했다.

실제로 심하전투 이후 후금의 위세는 더욱 커졌다. 후금

6 조유충 고려의 무신정변 직후인 1174년 반란을 일으킨 병부상서 겸 서경유수 조위총을 가리킨다. 정중부, 이의방 등 무신들을 응징하고자 난을 일으켰으나 토벌군에게 패배한 뒤 금에 원병을 요청했다. 1176년 서경이 함락된 뒤 처형당했다.

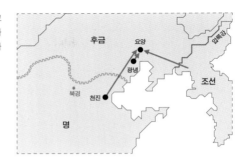

삼방포치책 기동력이 뛰어난 후금의 공격에 대응하지 말고 성과 요새를 중심으로 방어를 굳건히 하며 요양을 위협하자는 전략이다. 장군 왕화정은 이 계책에 반대해 후금군과 정면으로 맞붙었다가 대패하고 말았다.

은 1621년^{광해군 13} 요동을 완전히 점령했다. 이제 북경과 가까운 요서까지 후금군의 위협에 노출되자 다급해진 명은 '배후 거점' 조선을 더 확실하게 끌어들이려 했다. 1621년 6월, 요동 경략 웅정필熊廷弼은 삼방포치책三方布置策이라는 새로운 전략을 내놓았다. 광녕 등지의 방어 태세를 강화하고, 천진과 산동의 수군을 이용하고, 조선을 시켜 압록강 부근에서 후금을 견제한다는 전략이었다. 수세에 처할수록 조선을 이이제이의 수단으로 활용하려는 명의 욕구는 커질 수밖에 없었다. 그해 명은 감군어사 양지원梁之垣을 조선에 보내 다시 원병을 파견하라고 요구했다. 광해군은 확답을 피하며 요구를 따르지 않았다.

광해군은 명의 재징병 요구를 거부하는 한편, 후금과의 관계를 원만히 유지하려고 노력했다. 광해군은 누르하치를 '제2의 아구다'로 인식하고 있었다. 명군이 후금군을 당해 낼 수 없으므로 후금과 사달을 만드는 것은 피해야 한다는 것이 그의 일관된 생각이었다. 광해군은 명의 감시를 피해 만포 등지에서 후금과 접촉했다. 명이 원병을 다시 보내라고 요구한 1621년 광해군은 만포첨사 정충신을 허투아라로 보내 후금 내부 정탐을 시도하고 각종 현안에 대해 의견을 교환했다.

광해군은 '조선의 능력으로는 후금을 감당할 수 없음에도 고담준론을 내세워 적의 실상을 헤아리지 못하고 있다'며 신료들을 질타하고, 고려가 했던 것처럼 '자강自强을 위해 시간을 벌어야 한다'고 강조했다. 그러려면 모험적인 강경책을 피하고 명과 후금의 정보를 잘 수집해야 한다고 역설했다. 광해군은 명의 정세를 파악하고자 당시 조선으로 몰려오던 요민遼民, 요동 출신 난민들과 비밀리에 접촉해 관련 정보를 파악하라고 지시했다. 또 조선의 내부 정보가 후금으로 유출되는 것을 막기 위해 보안을 강조했다. 1621년 광해군이 함경도 관찰사 이홍주에게 내린 전교 속에는 그와 관련된 노심초사가 잘 드러나 있다.

본도의 방비가 형편없어 내가 늘 걱정하고 있다. 봉화 올리는 것을 조심하고, 기찰譏察을 엄하게 하며, 군사와 백성을 돌봐 주고, 무기를 보수하며 군사를 훈련시키고, 갑옷과 투구, 조총, 화기 등을 모두 자세히 살펴 정밀하게 만들도록 하라. 이 적들은 정탐을 잘하니 간첩들이 안에서 호응하는 것과 같은 문제와 우리나라 사람으로서 오랑캐 땅으로 달아난 자에 대한 문제를 남북 제도諸道에 거듭 강조해서 각별히 이들을 잡아 보고하라.

광해군이 보기에 명과 후금이 첨예하게 맞서고 있는 위기 상황에서 종사를 보전하는 길은 신중하게 처신하면서 자강을 꾀하는 것뿐이었다. 하지만 그것은 화이론을 바탕으로 후금을 '오랑캐'로 멸시하고 있던 신료들과 갈등을 야기할 수밖에 없는 사안이었다.

중원의 형세가 참으로 위급하다. 이런 때에는 안으로 자강하면서 밖으로 견제하는 계책을 써서 한결같이 고려가 했던 것처럼 한다면 나라를 보전할 수 있을 것이다. 그런데 요즘 우리나라 인심을 보면 안으로 일을 힘쓰지 않고 밖으로 큰소리치는 것만 일삼고 있다. 조정 신하들의 의견을 보건대, 무장들이 올린 의견은 모두 압록강으로 나아가 결전을 벌이자는 것이니 매우 가상하다. 그렇다면 지금 무사들은 어찌해 서쪽 변경을 죽을 곳이라도 되는 듯이 두려워하는가? 고려가 했던 것에 너무도 미치지 못하니, 부질없는 헛소리일 뿐이다. 강홍립 등의 편지를 받아 보는 것이 무엇이 구애가 되겠는가? 이것이 과연 적과 화친하자는 뜻이겠는가? 우리나라 사람들이 끝내는 큰소리 때문에 반드시 국사를 망칠 것이다.

태백산본 『광해군일기』의 한 대목이다. 광해군은 심하전투 패전 이후에도 후금에 억류되어 있던 강홍립을 통해 후금의 내부 사정을 보고받고 있었다. 신료들은 그것을 비난하면서 '오랑캐에게 항복한 강홍립의 가족을 살려두고 그로부터 정보까지 전달받고 있다는 사실을 명이 알면 문제가 생길 수 있다'고 아우성을 쳤다.

그런데 주목되는 것은 위의 태백산본 기사 가운데 있는 '이것이 과연 적과 화친하자는 뜻이겠는가?'라는 내용이 정족산본『광해군일기』에는 빠져 있다는 사실이다. 그 이유는 무엇일까? 광해군 스스로 후금과의 화친론자가 아니라고 부정하는 내용을 빼 버린 까닭을 짐작하는 것은 어렵지 않다. 그것은 인조반정 이후『광해군일기』를 찬수한 서인들이 '광해군은 후금과의 화친론자'라고 규정하려는 의도에서 비롯되었을 개연성이 높다.

광해군 묘 조선 제15대 왕 광해군과 그 부인 문화 유씨의 묘소. 1623년 인조반정으로 폐위된 광해군은 그해 3월 광해군으로 강봉되고, 폐비 유씨와 함께 강화도로 유배되었다가 다시 제주도로 옮겨졌다. 1641년 7월 제주도에서 죽어 그 곳에 장사지냈다가 1643년 10월 지금의 묘소로 옮겼다. 경기도 남양주시 진건읍 소재. 사적 제363호.

허균의
『홍길동전』과
율도국

허균의 호는 교산蛟山이다. 교산은 강릉에 있는 야트막한 산으로 꾸불꾸불한 모습이 용이 되지 못한 이무기蛟를 닮았다. 광해군 때의 명신 허균의 생애도 이무기를 닮았다. 그의 가문은 당대 최고 명가 중 하나였다. 부친 허엽은 동인의 영수이고, 이조·병조판서를 역임한 이복형 허성은 남인을 대표하는 인물이었다. 누이는 여류 문인 허난설헌이다.

허균은 1594년선조 27 과거에 급제해 잠깐 벼슬을 살았으나, 기생과 동거하는가 하면 불교를 숭상한다는 이유로 파직과 복직을 반복했다. 그리고 1613년 '칠서지옥七庶之獄'으로 위기를 맞았다. 박응서, 서양갑, 심우영 등 일곱 명의 서자가 반란을 일으키려다 처형당한 이 사건은 영창대군의 제거로 이어졌다. 허균은 바로 이들과 친분이 있었다. 이때 허균은 안전을 위해 대북 세력의 영수인 이이첨에게 자신을 의탁하고 그 덕에 호조참의, 형조판서 등을 지낼 수 있었다.

영창대군과 연루된 칠서지옥을 의식해서인지 허균은 대북 세력의 전면에 나서 인목왕후의 폐비를 주장했다. 허균의 주장은 관철되었으나 이로 인해 수많은 정적을 만든 끝에 1618년 한 역모 사건에 연루되고 말았다. 외적이 쳐들어온다는 헛소문을 퍼뜨려 민심을 흉흉하게 하고는 반란을 일으키려 했다는 혐의였다. 허균은 끝까지 그 혐의를 부인했지만 창덕궁 인정문 앞에서 국문을 받은 끝에 결국 처형되었다.

허균 역모 사건의 진실은 알 수 없으나 그의 사상은 당대의 한계를 뛰어넘는 면모가 있었다. 그는 "남녀 간의 정욕은 하늘이 준 것이며, 남녀유별의 윤리는 성인의 가르침이다. 성인은 하늘보다 한 등급 아래다. 성인을 따르느라 하늘을 어길 수는 없다."라고 하며 전라도 부안의 매창과 같은 유명한 기생과 정신적 교감을 나누는 파격적 행보를 보이기도 했다.

또한 「유재론遺才論」에서 "하늘이 인재를 태어나게 함은 본래 한 시대의 쓰임을 위한 것이니 인재를 버리는 것은 하늘을 거역하는 것이다."라면서 "우리나라에서는 서얼이라서 인재를 버리고, 어머니가 개가했다고 해서 인재를 버린다."라고 개탄하고 있다. 실제 삶에서도 그는 신분적 한계로 인해 불운한 삶을 살고 있던 서자들과 교유하며 지냈다.

이러한 그의 사상을 잘 표현해 주는 것이 최초의 한글 소설로 꼽히는 『홍길동전』이다. 이 소설의 주인공 홍길동은 '아비를 아비라 부르지 못하고 형을 형이라 부르지 못하는' 서자이다. 그는 활빈당이 되어 부정한 방법으로 재물을 모은 양반들을 괴롭히고 백성들을 도와준다. 그러다가 조선을 떠난 길동은 구름을 타고 남경으로 향하다가 우연히 율도국이라는 이상적인 나라를 보게 되어 행로를 바꾼다. 길동은 남경 근처의 섬에서 군사를 키운 뒤 율도국에 들어가 새로운 나라를 세우고 왕위에 오른다. 길동 왕이 덕으로 극진한 정치를 펼치자 율도국은 백성이 편안한 삶을 누리는 진짜 이상향이 된다.

허균이 이상향으로 삼은 율도국은 실제로는 존재하지 않는 상상의 섬이다. 그러나 당시의 역사적 사정을 감안하면 율도국은 유구왕국지금의 일본 오키나와을 모델로 삼았을 가능성이 매우 높다. 유구국은 동아시아의 중개 무역국으로 번영을 누리며 1389년고려 창왕 즉위부터 1500년연산군 6까지 서른일곱 차례나 사신을 보낼 만큼 한반도와도 밀접한 관계를 맺고 있었다. 그러나 16세기 들어 해상 무역의 주도권이 서양 세력에게 넘어가면서 조선과

유구의 직접적인 접촉은 단절되었다. 그 후 조선에서 유구국의 이미지는 '갈 수 없는 바다 밖의 상업 국가'로 변하고, 점차 큰 보물 창고가 있는 보물섬이자 이상향이 되어 갔다.

이러한 이상향의 이미지는 1611년광해군 3에 일어난 약탈 사건으로 더욱 심화되었다. 그해에 제주 목사 이기빈이 제주도에 표착한 유구국의 배를 약탈한 것이다. 이 사건은 그 후 점점 각색되어 유구국 사신은 유구국 왕자로, 배에 실려 있던 재화는 보물로 둔갑했다. 이중환의 『택리지』1751에는 그 배에 물을 넣기만 하면 술로 바꿔 주는 주천석酒泉石, 거미줄로 짠 어떤 크기의 물건이든 덮을 수 있는 만산장萬山帳이 들어 있었다고 기록되어 있다. 광해군 시대의 인물인 허균이 유구국을 율도국의 모티브로 삼을 만한 정황이 있었던 것이다.

유구국 지도 명 후기의 관료이자 지리학자인 정약증이 그린 유구국 지도를 수입해 18세기에 모사한 『천하지도』의 「유구국도」(왼쪽)는 유구의 방위, 위치 등 항해 관련 정보보다는 왕성, 항만, 사원 등을 중시한 도시 지도였다. 또 『해동지도』에 그려진 「유구국지도」는 유구의 도읍지가 있는 본 섬과 주변 섬을 소략하게 묘사했다. 여기서 특별히 눈에 띄는 것은 도읍지의 성곽에서 900리 떨어진 곳에 있는 국고(國庫)와 그 핵심 시설인 보고(寶庫)이다. 17세기 이후 조선은 유구국을 현실에서는 의미 없는 상상 속의 보물섬으로 인식했던 것이다. 「유구국도」는 영남대학교박물관, 「유구국지도」는 규장각한국학연구원 소장.

3.
남한산성

척화신 오달제의 「묵매도」 오달제는 병자호란이
일어나자 청과의 화해를 강하게 반대했다. 청에
끌려가 모진 협박을 당했으나 굴하지 않고 29세
에 결국 죽임을 당했다. 그의 매화 그림은 능숙한
필력으로 활달하게 획을 그어 높고 깨끗한 충절
의 뜻과 기백을 보여 준다. 국립중앙박물관 소장.
비단에 먹. 세로 104.9센티미터, 가로 56.4센티
미터.

심하전투 패전 이후 광해군은 명과 후금 사이의 대결에 휘말려들지 않으려 했다. 한편으로는 다시 지원군을 보내라는 명의 요구를 거부하면서 한편으로는 '조선군의 참전이 어쩔 수 없이 이루어진 것'임을 강조하며 후금을 자극하지 않으려 했다. 하지만 명과 후금의 양단에 걸쳤던 광해군의 대외 정책은 서인이나 남인 신료들로부터 커다란 반발을 샀다.

더욱이 광해군이 왕권을 강화하는 과정에서 '폐모살제廢母殺弟'를 자행하고 경덕궁慶德宮, 지금의 경희궁 건설을 비롯한 토목 사업에 집착하자 민심 또한 이반되었다. 폐모살제란 무엇인가? 선조는 말년에 인목왕후훗날의 인목대비가 영창대군을 낳자 서자 출신인 광해군 대신 영창대군을 후계자로 삼으려는 뜻을 품었다. 우여곡절 끝에 왕위에 오른 광해군은 후환을 없애라는 대북파의 요구에 따라 1613년 영창대군을 서인으로 강등하고 강화에 위리안치했다. 영창대군은 이듬해 살해당했다. 1618년에는 이이첨 등의 폐모론에 따라 인목대비를 역시 서인으로 내리고 서궁경운궁, 지금의 덕수궁에 유폐시켰다.

1623년인조 1 3월 이 같은 광해군의 '패륜 행위'를 문제 삼아 김류, 이귀 등 서인들이 중심이 되고 광해군의 조카인 능양군훗날의 인조이 주도한 정변이 일어났다. 반군은 신속히 창의문을 돌파하고 창덕궁을 장악해 정변을 성공시켰다. 대궐 밖으로 피신했던 광해군은 곧 체포되어 강화로 유배되었다. 정변을 주도한 능양군이 제16대 인조재위 1623~1649로 즉위하니, 이것이 곧 인조반정이다. 이후 조선을 둘러싼 명과 후금의 관계는 또 다른 소용돌이에 휘말리게 되었다.

조선에서 정변이 일어나 광해군이 폐위되고 인조가 즉위했다는 소식을 들었을 때 명이 보인 반응은 어떠했을까? 명 조정의 관리들은 황제의 승인 없이 이루어진 조선의 왕위 교체를 일단 '찬탈'로 규정했다. 그것은 명의 공식 기록인 『희종실록』에서 인조반정을 언급하면서 "조선 국왕 이혼이 조카 이종에게 찬탈당했다."라고 기술한 데

모문룡 사당 모문룡은 누르하치가 요동을 공략하자 광녕순무 왕화정의 휘하로 들어갔고, 후에 좌도독에 임명되었다. 전횡을 일삼다가 원숭환에게 참살되었다.

서 단적으로 드러난다.

　명 조정의 신료들 가운데는 이 같은 부정적인 인식을 바탕으로 정변을 주도한 세력을 응징하고 광해군을 원상복구시켜야 한다고 주장하는 인물들이 적지 않았다. 대체로 동림당東林黨[1] 계열의 신료들이 그 같은 주장을 폈다. 1623년 6월, 등래순무 원가립袁可立은 인조반정의 발생 사실을 알리고 인조의 즉위를 승인받기 위해 북경으로 향하던 조선 주문사奏聞使 일행을 만났다. 그때 원가립은 '명의 승인 없이 함부로 광해군을 폐위시킨 역적들의 죄를 다스려야 한다'고 성토했다. 주문사 일행을 접견한 명의 대학사 섭향고葉向高 등 예부와 병부의 관리들도 인조를 조선 국왕으로 인정하는 데 몹시 부정적인 반응을 보였다. 주문사 일행은 '명이 새 국왕을 빨리 책봉해 주어야만 조선이 후금과 대결하는 데 적극적으로 나설 수 있다'는 명분을 내세워 명 조정 신료의 부정적인 반응을 무마하려 했다.

　그런데 명 조정 일각에는 조선에서 일어난 정변을 부정적으로 인식하면서도 인조를 승인할 수밖에 없다고 여기는 인사들도 적지 않았다. 후금의 위협 때문에 요동 정세가 날로 급박해지는 상황에서 조선의 협조가 절실했기 때문이다. 특히 호부시랑 필자엄畢自嚴 같은 이는 '조선의 새 정권을 시켜 후금과 싸우도록 하되 그 공로가 드러난 이후에 인조를 책봉하자'는 조건부 책봉론을 제기하기도 했다. 인조반정을 불법적인 찬탈이라 질타하되, 조선 새 정권의 '약점'을 이용해 후금과 대결하는 데 적극적으로 끌어들이자는 구상이었다. 요컨대 명분과 실리를 모두 챙기겠다는 감량이었다.

　필자엄 등은 특히 인조를 승인해 주는 대가로 조선이 당시 평안도 앞바다의 가도에 있던 모문룡毛文龍을 접제接濟[2]하는 부담을 떠안도록 요구했다. 모문룡은 1621년 후금이 요동을

1 **동림당** 명 말에 동림서원(東林書院)을 중심으로 세론을 형성해 정계와 학계에서 활약한 사대부들의 당파. 만력제 때 장거정의 강압 정치에 반대하던 이들은 천계제, 숭정제 때 국정을 농단하는 위충현 등 환관 세력과 대립했다.
2 **접제** 살림살이에 필요한 물건을 차려서 살아갈 방도를 세워 주는 것.

인조반정의 일등 공신 이귀 조선 중기의 문신. 임진왜란 당시 체찰사 유성룡을 도와 각 읍을 순회하며 군졸을 모집하고 양곡을 개성으로 운반하는 일을 맡아 서울 수복전에 큰 공을 세웠다. 1623년 인조반정을 주도해 김류, 김자점, 최명길 등과 함께 정사공신 1등에 책록되었다. 초상은 국립중앙박물관 소장, 세로 74.0센티미터, 가로 53.0센티미터.

공격하자 조선의 서북 지역으로 쫓겨 왔던 명의 장수였다. 주목되는 것은 명 조정이 인조를 승인하는 과정에서 모문룡이 한 역할이다. 일찍이 광해군은 모문룡을 '뜨거운 감자'로 여겨 가도로 밀어 넣었을 뿐 아니라 그의 이런 저런 접제 요구를 거부했다. 자연히 광해군에게 반감을 품었던 모문룡은 반정을 통해 인조가 즉위했다는 소식에 고무되었고, 명 조정의 요로에 인조를 책봉해야 한다고 강조했다. 인조반정이 일어날 무렵 명 조정은 사실상 환관 위충현^{魏忠賢3}이 이끄는 엄당^{閹黨}이 장악하고 있었다. 엄당의 일원이던 모문룡은 인조를 책봉해 주면 조선의 새 정권을 길들여 활용할 수 있다고 계산했던 것이다. 1625년^{인조3} 1월, 명의 숭정제는 인조를 책봉한다는 칙유를 모문룡에게 내리고, 그 사실을 조선에 알리라고 지시했다. 모문룡이 인조의 책봉을 이끌어 낸 주역으로 떠오르는 순간이었다. 책봉사로 조선에 온 왕민정^{王敏政}, 호양보^{胡良輔}는 위충현 휘하의 환관들이었다. 그들의 모습에서 인조를 승인하는 과정에 드리워진 엄당의 영향력을 잘 알 수 있다.

명의 책봉은 사실상 '조건부 승인'이었다. '인조와 새 정권이 명에게 충성을 다해야만 책봉해 준다'는 전제를 달고 있었다. 그나마 책봉을 결정하기까지 2년 이상 시간을 끌었다. 그 시간 동안 명은 '명분'과 '현실'을 놓고 고민한 끝에 '조선의 정변이 불법 찬탈임에도 불구하고 새 정권이 책봉을 간청하면서 오랑캐와 싸우겠다고 다짐하기에 봉전^{封典, 책봉}의 은혜를 베풀기로 했다'는 명분을 만들어 냈다. 명은 이제 조선에게 기존의 '재조지은'뿐 아니라 '봉전지은'을 베푼 존재로 떠올랐다. 두 '은혜'에 보답하려면 조선은 모문룡의 군사 활동을 적극적으로 지원하고 후금과 대결하는 데 적극적으로 나서야만 했다. 광해군 대와는 전혀 다른 상황이 펼쳐지고 있었다.

3 **위충현** 명 말의 환관으로 천계제의 총애를 받아 비밀경찰인 동창(東廠)의 우두머리가 되었다. 동림당과 맞서는 엄당을 이끌며 동림당 관료들을 탄압하고 정치를 농단해 명의 멸망을 촉진했다.

모문룡과 가도를
인계 철선으로
정묘호란이 일어나다

1625년 6월, 인조는 명 황제로부터 정식으로 책봉을 받았다. 이제 인조가 일으킨 정변은 '찬탈'이 아니라 '반정'이 되었고, 인조는 선조의 뒤를 이은 지존의 정통성을 확보하게 되었다. 하지만 책봉을 받는 과정에서 조선이 치른 대가는 엄청난 것이었다. 당장 책봉사로 온 왕민정 등은 조선에 머무는 동안 약 16만 냥 이상의 은화와 수천 근의 인삼을 뇌물로 받아 챙겼다. 가뜩이나 열악했던 조선의 재정을 휘청거리게 할 정도의 거액이었다.

그것뿐이 아니었다. 조선은 인조의 책봉 과정에서 모문룡이 베푼 '은혜'에 보답하기 위해 1623년에만 약 6만 석의 양곡을 가도에 지원했다. 1626년^{인조 4}에는 15만 석에 이르렀다. 모문룡에게 보내는 양곡을 조달하기 위해 경기도, 강원도, 하삼도 등의 토지에 아예 '모량^{毛糧}'이라 불리는 특별세를 부과하기도 했다. 급기야 "온 나라 양곡의 절반이 모문룡에게 넘어가고 있다."라는 볼멘소리가 나올 정도였다.

조선에 대해 '은인'으로 자임하고 있던 모문룡과 모병^{毛兵, 모문룡의 군대}이 끼치는 민폐도 극심했다. '요동 수복'을 표방한 모문룡은 수시로 조선에 모병을 상륙시켜 군사 행동을 벌이고, 그 과정에서 군량 등을 요구하거나 약탈을 일삼았다. 그들은 청천강 이북 곳곳에 둔전^{屯田4}을 설치했다. 모문룡의 존재를 믿고 후금 치하의 요동 난민들이 대거 조선으로 몰려들었다. 10만 명이 넘는 이들 요민은 청천강 이북 지역을 횡행하면서 약탈을 일삼았다. 모병과 요민이 끼치는 민폐가 워낙 커서 조선의 신료들 가운데는 그들을 '제2의 홍건적'이라고 부르는 사람도 있었다. 그럼에도 인조 정권은 모문룡에게 별다른 항의조차 하지 못했다. 항의는커녕 1624년^{인조 2}에는 평안도 안주에 모문룡을 기리는 송덕비를 세웠을 정도였다. 요컨대 인조 정권은 모문룡에게 '코가 꿰이는' 처지에 몰렸던 것이다.

후금은 인조반정 이전부터 모문룡과 가도를 '목에 걸린 가시'

4 **둔전** 변경이나 군사 요지에 주둔한 군대의 군량을 마련하고자 설치한 토지. 군인이 직접 경작하기도 하고 농민에게 경작시켜 수확량의 일부를 거두어 가기도 했다.

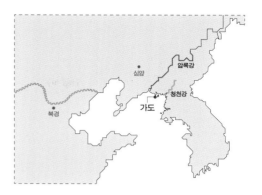

가도와 심양 모문룡이 요동도사로 있던 1621년 후금이 요동을 공격하자 조선의 평안도 철산군 앞바다에 있는 가도로 쫓겨 왔다. 조선은 후금을 견제할 목적으로 명과 손을 잡고 모문룡이 가도에 진을 치고 전쟁 준비하는 것을 비밀리에 후원했다.

처럼 여기고 있었다. 압록강의 지척에 머물면서 자신들의 배후를 위협하는 데다 요동의 한인들이 모문룡의 자장에 이끌려 대거 유출되자 후금은 격앙되었다. 누르하치는 1621년 조선에 국서를 보내 요민들을 쇄환하라고 요구한 뒤, 이를 거부하면 후환이 있을 것이라고 협박한 바 있다. 이듬해에는 모문룡 일당을 제거하기 위해 군대를 이끌고 조선의 임반, 가산 등지를 기습 공격하기도 했다. 당시 모문룡은 황급히 조선인 복장으로 갈아입고 피신해 용케 목숨을 부지했지만, 이 공격으로 500여 명의 모병이 피살되는 참변이 일어났다.

그러던 참에 새로 들어선 인조 정권이 광해군 정권보다 훨씬 더 적극적으로 모문룡을 원조하고 요민의 조선 유입을 방관하자 후금의 불만은 고조되었다. 특히 인조반정 이후 모병이 청천강 이북 지역에서 대거 둔전을 경작하고, 모병이 '요동 수복'을 운운하며 수시로 평안도 일원에 상륙해 후금을 자극하자, 양자의 충돌 가능성은 날로 고조되었다. 인조반정 이후 모문룡과 가도는 후금의 조선 침략을 유발하는 '화근'이자 '인계 철선'이 되어 가고 있었다.

모문룡이 끼치는 폐해 때문에 조선이 몸살을 앓고 있을 무렵, 후금은 본격적으로 요동 시대를 맞이하고 있었다. 1619년 싸얼후전투 승리 이후 승승장구하던 후금은 1625년 수도를 요동의 한복판 심양瀋陽으로 옮겼다. 자신감이 넘친 누르하치는 여세를 몰아 1626년 영원寧遠, 지금의 랴오닝 성 싱청 시을 공격했다. 하지만 병력의 월등한 우세를 바탕으로 승리를 자신했던 누르하치의 기세는 그곳에서 좌절하고 말았다. 영원성을 지키던 순무 원숭환袁崇煥은 마카오에서 도입한 최신 화포인 홍이포紅夷砲를 활용해 후금군의 공성을 효과적으로 제압했다. 부상당한 채 퇴각하던 누르하치는 곧 이어 사망하고 말았다.

누르하치가 죽은 뒤 그의 여덟 번째 아들 홍타이지가 칸으로 즉위했다. 하지만 즉

청 태종 홍타이지 청 제2대 황제, 시호는 문황제이다. 문관(文館)·육부(六部)를 설치하는 등 조직 정비에 힘썼고, 청의 기초를 확립하는 데 공적이 크다. 내몽골을 평정해 국호를 대청이라 하고, 조선을 침공했다. 중국 랴오닝 성 선양 북릉에 묻혀 있다.

위 직후의 홍타이지는 명목상으로만 '최고 지도자'였을 뿐 실제 권력은 미약했다. 홍타이지는 자신보다 연장자였던 다이산, 아민, 망굴타이 등의 견제를 받으며 권력을 분점하고 있었다. 특히 사촌형 아민은 홍타이지의 즉위에 불만을 품고, 휘하의 기인旗人들을 이끌고 독립하겠다고 선언했다. 자칫하면 연맹체로 구성된 후금의 팔기 조직이 와해될 수도 있는 상황이었다. 홍타이지의 정치적 지도력이 시험받고 있었다.

　홍타이지가 해결해야 할 과제는 그뿐이 아니었다. 누르하치의 실패가 상징하듯이 후금의 서진西進은 영원성의 원숭환에게 막혀 있는 상태였다. 후금은 경제적으로도 위기를 맞았다. 명과의 교역이 끊긴 상태에서 홍타이지의 즉위 직후 극심한 기근 때문에 신음하고 있었다. 곡물 등 생필품 가격이 폭등하고 아사자가 속출했다.

　홍타이지는 1627년인조 5 조선을 침략해 당면한 난제들을 돌파하려 한다. 그것이 곧 정묘호란이다. 홍타이지가 정묘호란을 도발한 목적은 복합적이었다. 가장 큰 목적은 '목에 걸린 가시' 모문룡을 제거하는 것이었다. 또 조선을 협박해 생필품의 교역 루트를 확보하는 것도 중요했다. 홍타이지는 또 조선 침략군의 사령관에 아민을 임명했다. 그의 능력과 충성심을 시험할 수 있는 절묘한 인선이었다.

　1627년 1월, 정묘호란을 도발한 후금군은 승승장구했다. 당시 후금군을 따라 참전한 강홍립의 증언에 따르면 '조선군은 후금군의 깃발만 보고서도 무너지는' 형편이었다. 1624년 이괄의 난[5]을 진압하는 과정에서 상당한 군사력을 소모한 조선군은 후금군의 상대가 되지 못했다. 후금군은 순식간에 황해도까지 남하하고 인조는 강화도로 파천했다. 후금군도 한계를 안고 있었다. 개전 초기 모문룡을 제거하는 데 실패한 데다 전쟁이 장기화하면 배후에 있는 원숭환의 위

5 **이괄의 난** 인조반정에서 결정적인 역할을 한 이괄은 논공행상 과정에서 김류, 이귀, 김자점 등 서인 공신보다 한 등급 아래인 정사공신 2등에 봉해졌다. 이괄은 평안도 영변으로 파견되어 후금의 침략에 대비하던 중 중앙에서 그가 역모를 하고 있다는 고변과 함께 문초가 진행되자 자신을 압송하러 온 금부도사 고덕률을 죽이고 반란을 일으켰다. 한때 서울을 점령한 이괄군을 진압하기 위해 북방의 군대가 동원되는 바람에 방어 체계가 약해진 것은 정묘호란 때 효율적으로 대응하지 못한 원인이 되었다.

협이 부담스러울 수밖에 없었다. 후금군은 서울로의 진격을 멈추고 조선에 화의를 제의했다.

우여곡절 끝에 조선과 후금은 화약을 체결했다. 양국은 서로 형제가 되기로 맹세한 뒤, 후금군이 철수하는 대신 조선은 면포 1만 5000필 등을 세폐로 제공하고 후금과 교역한다는 약속을 했다. 하지만 양국이 지향하는 목표는 근본적으로 달랐다. 그것은 미봉된 평화였다.

후금의 심양 고궁 중국 라오닝 성 선양에 있는 청 고궁으로, 1955년 선양고궁박물관이 되었다. 초대 황제 누르하치와 제2대 홍타이지가 건립했으며, 1625년에 착공해 1636년에 완공되었다. 수도의 황궁으로 건립되었으나 제3대 순치제가 북경으로 천도한 뒤로는 황제가 순회할 때 머무는 곳으로 이용되었다. 90채의 건물과 20개의 정원으로 이루어져 있다. 베이징 고궁박물원에 포함되어 유네스코 세계 문화유산으로 등재되었다.

동상이몽 속
잃어버린 10년

정묘호란을 맞아 후금과 화약을 맺음으로써 조선은 대외적으로 이중의 정체성을 갖게 되었다. 조선은 이제 명의 신하인 동시에 후금의 아우가 되었다. 비록 형제 관계를 맺었지만 애초부터 조선과 후금이 화약을 바라보는 인식은 전혀 달랐다. 조선의 조야는 여전히 화이론을 바탕으로 후금을 오랑캐라 멸시했다. 그들의 무력을 감당하지 못해 형제 관계를 맺었지만, 그것은 어디까지나 '미천한 오랑캐와 마지 못해 맺은 임시방편權道'일 뿐이었다.

후금은 후금대로 정묘호란 당시 조선에 은혜를 베풀었다고 생각했다. 그들은 '마음만 먹으면 완전히 정복할 수 있었음에도 조선을 배려해 화약을 맺었다'고 으스댔다. 그러면서 조선으로부터 진짜 형으로 대접받으려 했다. 이렇게 화약을 바라보는 태도가 동상이몽인 상태에서 정묘호란 이후의 양국 관계는 시종일관 불안한 상태로 근근이 유지될 수밖에 없었다.

정묘호란 이후 조선은 명과 후금, 두 나라와 모두 원만한 관계를 유지하려고 노력했다. 하지만 쉽지 않았다. 우선 가도의 모문룡이 조선과 후금의 관계를 끊임없이 방해하고 있었다. 모문룡은 정묘호란이 끝난 뒤 명 조정에 올린 주문奏文에서 '조선이 자신을 해치기 위해 후금군을 끌어들였는데 자신이 그들을 물리쳤다'고 허풍을 쳤다. 또 '명의 은혜를 배신하고 오랑캐와 화친했다'며 조선을 힐난하고 양국을 왕래하는 후금 사자들을 중간에서 습격하는 등 사달을 일으켰다. 모문룡의 방해와 습격에 격앙된 후금은 '모문룡과 관계를 끊으라'고 조선을 채근하는 한편, 병력을 동원해 모병과 일전을 불사하겠다는 자세를 보였다. 그리하여 청천강 일원에서 모병과 후금군 사이에서 일촉즉발의 위기 상황이 빚어지고 있었다.

후금은 조선에 대해 불만이 많았다. 그들은 조선이 자신들과 화약을 맺을 때 제시한 약조를 지키지 않는다고 반발했다. 조선이 시장을 여는 데 소극적인 데다 횟수를

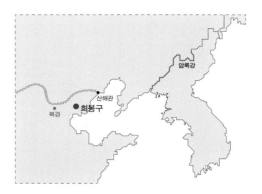

희봉구 명 태조 주원장 때 서달 장군이 연산에 세운 32개의 주요 관문 중 하나이다. 서쪽 성의 담장과 만리장성의 본체가 연결되어 있다. 교통의 요충지이자 난공불락의 요새로, 예로부터 전술가들이 손에 넣고자 했던 지역이었다. 홍타이지는 이곳을 통해 명의 황성을 기습한 뒤 반간계로 원숭환이 처형되도록 했다.

늘려 주지 않는 것, 조선이 보내는 세폐의 양이 계속 줄어들고 있는 것, 조선이 후금 사신들을 푸대접하고 있는 것 등을 문제 삼으며 개선을 요구했다. 요컨대 조선이 자신들에게 '형 대접'을 제대로 해 주지 않는 것을 성토한 것이다.

후금과 화약을 맺은 조선은 내부적으로 심각한 후유증에 시달리고 있었다. 인조 정권이 후금과 화친한 것은 '명을 배신하고 오랑캐와 화친했으므로 광해군 정권을 타도한다'는 인조반정의 명분을 무색하게 만드는 일이었기 때문이다. 급기야 1627년 9월, 강원도 횡성의 유학 이인거가 "오랑캐와 화약을 맺은 주화파 간신들을 타도한다."라는 명분으로 거병하는 사태까지 빚어졌다. 또 윤황 등 척화파 신료들은 '후금과 형제관계를 맺은 것은 화친이 아니라 사실상 항복한 것'이라 인조를 매도했다. 인조와 반정공신들은 명분적으로 곤경에 처할 수밖에 없었고, 주변의 따가운 여론 때문에라도 후금과의 약조를 제대로 이행할 수 없는 처지에 놓여 있었다.

그런데 무엇보다 조선을 곤혹스럽게 한 것은 정묘호란 이후에도 명과 후금의 군사적 대결이 지속되는 사실, 그리고 양자의 싸움에서 후금이 계속 명을 이기고 있는 현실이었다. 이 같은 상황에서 조선이 '부모국' 명, '형제국' 후금과 모두 원만한 관계를 유지하려고 아무리 노력해도 결과는 뻔한 것이었다. 조선은 결국 어느 한쪽을 선택할 수밖에 없는 벼랑 끝으로 내몰리게 되어 있었다. 특히 군사적으로 명을 압도하고 있던 후금은 조선으로부터 명과 대등한, 또는 그 이상의 '대접'을 받고 싶다는 유혹에 빠져 조선에 대한 요구 수준을 계속 높여 왔다. '끼여 있는 약소국' 조선의 고민이 깊어갈 수밖에 없었다.

그렇다면 정묘호란 이후의 명과 후금의 대결 양상은 어떠했는가? 1627년 조선과 화약을 맺는 데 성공한 홍타이지는 이후 명과 몽골을 공략하는 데 집중했다. 특히 주목되는 것은 1629년 몽골 부족을 길잡이로 앞세워 만리장성 외곽의 희봉구喜峰口를 통

원숭환 명 말의 장군으로, 영원성을 개축하고 홍이포를 배치하는 등 후금의 침략에 맞서 요동 방어에 공을 세웠으나 모반의 누명을 쓰고 처형되었다. 원숭환이 죽은 뒤 병사들의 사기가 급격히 저하되어 명 장수들이 잇달아 후금에 투항했다. 한족들에게 반청흥한(反淸興漢)의 영웅으로 숭앙되었다.

해 북경의 황성을 기습한 사건이었다. 당시 산해관 바깥의 영원을 지키고 있던 원숭환은 허를 찔렸다. 미친 듯이 황성으로 달려온 원숭환의 반격에 밀려 황성 공략에는 실패했지만, 후금군은 북경 주변의 준화遵化, 영평永平, 난주灤州 등지를 초토화시키고 막대한 인력과 가축을 획득했다. 졸지에 황성까지 위협받는 위기 상황이 벌어지자 숭정제는 격노했다. 또 당시 명 조정에 있던 엄당의 잔당[6]들은 원숭환과 그와 연결된 동림당의 고위 신료들에게 모든 책임을 돌렸다. 그 같은 상황에서 홍타이지는 절묘한 반간계反間計를 구상한다. 황성 부근에서 사로잡은 명의 환관들에게 '원숭환이 미리 후금과 내통했다'는 조작된 정보를 흘린 뒤 풀어 준 것이다. 급기야 숭정제는 원숭환을 처형해 버린다. 홍타이지는 1629년의 황성 기습 작전을 통해 '피 한 방울 흘리지 않고' 명의 또 다른 '장성'을 무너뜨리는 데 성공한 것이다.

홍타이지의 황성 기습 사건은 조선과 후금의 관계에도 파장을 미쳤다. 황성이 포위되었다는 소식이 전해지자 조선 조정에서는 '황제께서 오랑캐 때문에 위기에 처했음에도 조선은 해야 할 도리를 다하지 못하고 있다'는 자괴감과 함께 '오랑캐' 후금에 대한 적개심이 높아졌다.

그 와중에 1630년인조 8 가도에서 유흥치劉興治 등이 반란을 일으켜 가도의 책임자 진계성陳繼盛[7]을 살해하는 사건이 빚어졌다. 조선은 격앙했다. 인조는 유흥치를 '반적叛賊'으로 규정하고 토벌군을 파견했다. '역적 유흥치를 응징해 황은에 보답하고 싶다'는 것이 명분이었다. 유흥치가 산동 쪽으로 도주하는 바람에 토벌은 미수에 그치고 말았다. 그러나 황성 기습 사건을 계기로 조선의 숭명 의식은 새삼 고양되었다. '제후로서 부모국 명을 위해 무엇인가 해야 한다'는 의무감도 높아졌다. 유흥치 토벌은

6 **엄당의 잔당** 엄당의 수괴인 위충현은 1627년 숭정제가 즉위하자 탄핵을 당해 유배가던 중 자살했으며 숭정제는 그의 시신을 도륙했다. 이때 엄당은 큰 타격을 입었으나 여전히 환관 중심으로 세력을 유지해 동림당과 당쟁을 벌여 나갔다.

7 **가도의 책임자 진계성** 가도의 맹주였던 모문룡은 엄당의 일원으로 온갖 횡포를 부리다가 1629년 숭정제의 신임을 받은 원숭환에 의해 처형당했다. 따라서 1630년에는 새로 임명된 진계성이 가도를 책임지고 있었다.

범문정 청 태조 누르하치부터 홍타이지, 순치제, 강희제 네 명의 황제를 모시며 정치적 상황이 안정되는 데 크게 기여했다. 살육과 약탈을 엄금하고 군기를 세워 인심을 얻을 것, 조세를 감면하고 과거를 거행할 것, 둔전을 개간해 농업 생산을 회복할 것 등을 건의 했다.

향후 조선이 명 쪽으로 기울어질 수밖에 없음을 암시하는 해프닝으로 막을 내렸다.

홍타이지는 이후에도 명을 수시로 공략했다. 1631년에는 대릉하성大凌河城을 공격해 함락시키고 성을 지키던 조대수祖大壽의 투항을 이끌어 냈다. 이 무렵 요서 지역을 지키던 명군 지휘관들 가운데는 후금으로 귀순하는 사람들이 적지 않았다. 이들 지휘관을 비롯한 한인 출신의 귀순자를 보통 이신貳臣이라 부른다. 홍타이지는 이신을 우대하고 적절히 기용해 자신의 정치적 기반을 강화하고 후금의 국가 역량을 증강하는 데 활용했다. 또 명으로부터 귀순한 이신들은 후금에서 입지를 굳히고자 홍타이지에게 협력하고 충성을 다했다. 원숭환을 제거하는 과정에서 반간계를 구상한 것도 이신 범문정范文程이었다. 대릉하성을 공략하기 직전인 1631년 후금에서 홍이포를 제작한 주체도 한인 출신 기술자들이었다. 요컨대 이신들의 투항과 활약이 '부메랑'이 되어 명을 무너뜨리고 있었던 셈이다.

1633년은 명과 후금의 대결 구도, 그리고 양국 사이에 '끼여 있던' 조선에게 결정적으로 중요한 해였다. 그해 후금은 수군과 병선을 확보해 군사력을 획기적으로 증강했다. 이미 1631년인조 9 무렵부터 후금은 가도의 동강진을 제압하기 위해 조선에 수군과 함선을 빌려 달라고 요청하곤 했다. 조선은 당연히 거부했다. 1633년 홍타이지는 다시 한 번 수군과 병선을 빌려 달라고 요구했다. 후금은 조선 수군의 역량을 아주 높이 평가하고 있었다. 명 수군보다 훨씬 더 뛰어나다고 찬양할 정도였다. '수군과 병선을 빌려 주면 조선에 대한 과거의 원한을 모두 잊을 수 있다'고까지 했다. 후금의 요구에 격분한 조선은 정묘호란 당시 맺은 형제 관계의 절교까지 결심하는 등 강하게 반발했다.

우여곡절 끝에 절교는 유야무야되었지만 뜻밖의 사태가 벌어진다. 1633년, 산동 일대에서 반란을 일으킨 명군 지휘관 공유덕孔有德과 경중명耿仲明이 토벌군의 공격을 피해 후금으로 귀순했다. 후금으로 향하던 공유덕 등은 수백 척의 병선에 홍이포까지

종실	입팔분공	호소이 친왕(청나라 황실과 외번의 친왕), 도로이 기윤왕, 도로이 버일러, 구사이 버이서, 커시버 투와키야라 구룬버 달리러 궁, 커시버 투와키야라 구룬더 아이실라라 궁
	불입팔공	자쿤 우부 더 도심부하쿠구룬 버 달리러 궁, 자쿤 우부 더 도심부하쿠구룬 더 아이실라라 궁, 구룬 버 달리러 장긴, 구룬 더 아이실라라 장긴, 구룬 버 투와키야라 장긴, 커시버 투와키야라 장긴
	12가 철모자왕	도룽고 친왕, 머르건 친왕, 어르커 친왕, 파풍구 친왕, 우전 친왕, 암발링구 친왕, 근극군왕, 순승군왕, 우르군 친왕, 궁너추커 친왕, 하탄 친왕, 펑션 친왕
	그 외	한산종실
세습		공작, 후작, 백작, 자작, 남작, 경차도위, 기도위, 운기위, 은기위

청 귀족의 작위 종실 작위와 세습 작위로 나뉘고, 종실 작위는 다시 입팔분공(入八分公)과 불입팔공(不入八公)으로 나뉜다. 버일러는 세 번째로 높은 작위이며, 도로이 버일러라고도 한다.

신고 있었다. 깜짝 놀란 명 조정은 주문욱周文郁 등이 이끄는 수군을 보내 공유덕, 경중명 일당을 추격하는 한편, 조선에도 원조를 요구했다. 설상가상으로 후금도 공유덕, 경중명을 돕고자 조선에 군량을 요청했다. 명과 후금으로부터 동시에 원조를 요청받는 곤란한 상황을 맞아 조선은 결국 명을 선택했다. 주문욱의 수군에게 군량을 공급하는 한편, 압록강 부근에서 공유덕을 엄호하던 후금군과 전투까지 벌였다. 하지만 조명 연합군은 공유덕 일당의 후금 귀순을 저지하지 못했다. 조선군이 명의 편을 들고 후금군과 교전까지 벌이자 홍타이지는 격분했다. 정묘호란 이후 어렵사리 유지되던 양국의 화친 관계가 사실상 파탄으로 끝나는 순간이었다.

공유덕 덕분에 수군과 병선을 확보하게 된 후금은 '호랑이가 날개를 단' 격이 되었다. 후금은 이제 '철옹성' 산해관을 우회해 명을 공략할 수 있게 되었다. 수군을 이용하면 압록강에서 해로를 통해 여순, 천진, 산동 등지를 직접 공격할 수 있었다. 후금이 수군을 갖게 되면서 '유사시 강화도로 파천해 후금군에 저항한다'는 조선의 전략에도 근본적인 차질이 빚어질 수밖에 없었다. 실제로 후금은 공유덕이 귀순한 직후 수군을 활용해 명의 여순을 함락시켰다. 이윽고 1633년 6월, 홍타이지는 버일러들을 소집해 전략 회의를 열었다. 조선, 명, 몽골 가운데 어느 나라를 먼저 공략할 것인지 논의하는 자리였다. 대다수 버일러는 '조선은 이미 손 안의 물건이므로 명과 몽골을 제압한 뒤 나중에 도모하자'는 의견을 제시했다. 그렇다 하더라도 후금의 칼날이 조선으로 다가오는 것은 이제 시간문제일 뿐이었다.

수군과 병선을 확보한 후금은 명과 몽골을 자유자재로 공략했다. 1634년^{인조 12} 홍타이지는 차하르 몽골[8] 원정에 나서 내몽골 지역을 장악했다. 1635년^{인조 13}에는 차하르 몽골의 유민들이 귀순해 차하르의 릭단칸이 갖고 있던 국새를 홍타이지에게 바쳤다. 릭단칸은 원 순제^{順帝}의 후예였으니 그의 국새를 얻었다는 것은 각별한 의미를 지니고 있었다. 홍타이지는 이제 과거 대원 제국이 장악했던 내륙 아시아와 중화 세계의 지배자라는 명분을 얻게 되었다. 후금의 신료들은 대원의 국새를 얻음으로써 천명^{天命}이 돌아왔다고 여기고 홍타이지에게 제위에 오를 것을 권했다.

1636년 2월, 후금에서 벼슬하고 있던 만몽한^{滿蒙漢} 출신 신료들은 심양 고궁에 모여 홍타이지를 채근했다. 특히 공유덕 등 이신들은 '대원 제국의 국새를 얻고 여러 나라가 귀부한 것은 하늘의 뜻이 이미 정해졌음을 의미한다'며 홍타이지에게 황제가 되라고 촉구했다. 홍타이지의 맏형인 다이산까지 나서 제위에 오르라고 권하고 충성을 맹세하자 사양하던 홍타이지는 동요했다. 그런데 이 대목에서 홍타이지는 갑자기 조선을 거론했다. 홍타이지는 '조선이 형제국이니 대호^{大號}를 바루는 문제에 대해 조선과도 상의해야 한다'고 강조했다. 홍타이지는 만몽한 출신 신료뿐 아니라 '아우' 조선도 자신에게 제위에 오르라고 권해 주기를 기대한 것이다. 순진한 생각이었다. 이윽고 후금은 홍타이지의 명을 받아 같은 달, 용골대^{龍骨大}와 몽골 출신 버일러들을 조선에 파견하기로 결정했다.

용골대 일행이 의주에 도착해 그들이 소지한 국서의 내용이 알려지자 조선의 조야는 술렁였다. 실제로 홍타이지의 칭제^{稱帝} 소식을 들었을 때 여진족을 '오랑캐'이자 '금수'로 여기던 신료들은 공황 상태에 빠졌다. "하늘에 두 태양이 있을 수 없듯이 명 황제 이외에 또 다른 황제는 있을 수 없다."라는

8 차하르 몽골 1487년 몽골 지역을 지배하게 된 다얀칸은 내몽골을 통일한 뒤 영토를 좌우로 나누고 좌익의 차하르 1만 호를 직할했다. 이것이 차하르 몽골의 기원이다. 다얀은 대원(大元)의 음역으로 원의 영광을 되찾겠다는 뜻에서 지은 이름이다.

자금성 건청문 현판 건청문은 자금성 내정의 중심인 건청궁의 문이다. 현판에 한자와 만주어를 함께 표기했다. 건청궁은 1420년에 세워졌고, 1655년 순치제 때 중건되었다. 남에서 북으로 건청문, 건청궁, 교태전, 곤녕궁, 곤녕문 순으로 늘어서 있으며 건청궁은 황제, 곤녕궁은 황후의 거소이다.

것이 그들의 지론이었다. 홍익한 등 척화파들은 '용골대 일행의 입경을 저지하되, 그럼에도 들어오면 일행의 목을 베어 명으로 보내고 결사 항전을 벌이자'고 했다. '오랑캐가 칭제하는 것 자체를 인정할 수 없으니 정묘화약을 파기하고 전쟁도 불사해야 한다'고 강조했다.

반면 최명길을 비롯한 주화파들의 입장은 조금 달랐다. 그들도 후금을 '오랑캐'로 인식하는 것은 똑같았다. 하지만 그들은 정묘년에 맺은 '형제 관계'를 유지하기 위해 노력하면서 '시간을 벌자'고 주장했다. 당시 한성에 와 있던 명의 감군어사 황손무도 "조선의 미약한 군사력으로는 후금과 맞설 수 없다."라며 화친을 유지하라고 권유했다. 그러나 척화파가 주도하던 조정의 분위기는 결국 청과 절교하는 방향으로 흘러갔다. 양 파 사이에서 고민하던 인조는 결국 척화파의 손을 들어주었다. 후금의 용골대 일행은 조선의 험악한 분위기에 놀라 심양으로 도주했다.

그런데 용골대 일행은 도주하는 도중 의외의 소득을 얻었다. 인조는 후금과 절교하기로 결심한 뒤, 평안도의 지방관들에게 후금군의 침략에 대비하라고 지시하는 유시諭示를 내렸다. 그 유시를 평안도 관찰사에게 전달하려고 내려가던 전령이 용골대 일행에게 붙잡힌 것이다. 유시에는 '정묘호란 당시에는 어쩔 수 없이 오랑캐와 강화를 맺었으나, 세력이 커진 오랑캐가 조선을 무시하므로 관계를 끊기로 했다'는 내용이 담겨 있었다. 이제 후금은 조선의 본심을 확실히 알게 되었다. 더 이상 협상의 여지는 없었다.

그해 3월, 홍타이지는 만몽한의 신료들이 도열한 가운데 제위에 올랐다. 국호를 대청大淸, 연호를 숭덕崇德으로 고치고 관온인성황제寬溫仁聖皇帝라 자칭했다. 당시 심양의 즉위식장에는 조선에서 온 춘신사春信使9 나덕헌과 이확도 참석해 있었

9 춘신사 조선이 봄에 후금으로 보낸 사신. 정묘화약 때 후금과 형제국의 맹약을 맺은 조선은 매년 봄 가을에 심양으로 사신을 보내 조공을 바쳤다. 따라서 나덕헌과 이확은 정례 사절단일 뿐 황제 즉위를 축하하러 간 특사가 아니었다.

김윤겸의 「호병도」 김윤겸은 진경산수화풍의 영향을 받은 화가로, 두 사람의 청 병사를 사실적으로 묘사했다. 인물의 얼굴과 옷 주름에 명암이 표현되어 있어 작 가가 당시 중국을 통해 들어온 서양화법을 받아들였다는 것을 알 수 있다. 국립 중앙박물관 소장. 종이에 채색. 세로 30.6센티미터, 가로 28.2센티미터.

다. 하지만 두 사람은 홍타이지에 대한 배례拜禮를 끝까지 거부했다. 황제국 명에 대한 일편단심이 투철했기 때문이다. 그들은 주변의 청 관인들에게 무수히 얻어맞고도 '오 랑캐' 홍타이지의 황제 즉위를 인정하지 않았다. 이로써 용골대 일행의 도주로 이미 파탄을 예고한 양국 관계는 돌아올 수 없는 다리를 건너고 말았다.

그해 11월 25일, 홍타이지는 '조선 정벌'을 결심하고 그 이유를 하늘에 고하는 의 식을 열었다. 홍타이지는 정묘년 맹약 이후 조선이 '저지른 과오'를 나열했다. '도망친 요민들을 명으로 넘긴 것', '명에는 병선을 빌려 주면서 후금에게는 그러지 않은 것', '공유덕 등이 귀순할 때 명을 편들고 후금은 돕지 않은 것', '인조의 유시에서 정묘년 화약은 부득이했으나 이제 대의로써 절교한다고 한 것', '조선인들이 맹약을 어기고 국경을 넘어와 산삼을 캐 간 것' 등을 조선 침략의 명분으로 제시했다.

이윽고 12월 9일, 청군은 압록강을 건너 침략을 개시했다. 병자호란이다. 조선이 자신들을 끝까지 황제국으로 인정하지 않은 게 부담스러웠던 데다 명과 최후의 결전 을 앞두고 '뒤를 돌아보아야 하는 염려'를 없애기 위해 자행한 침략이었다.

철기鐵騎라 불리던 청군의 기마대는 질풍같이 남하했다. 조선은 청군이 침략하면 의주에서 개성에 이르는 주공로主攻路 주변의 산성으로 지방군을 들여보내고, 인조와 조정은 강화도로 들어가 항전한다는 계획을 세웠다. 하지만 청군은 평안도 의주의 백 마산성 등 주공로 주변 산성들에 대한 공격을 포기한 채 곧장 서울을 향해 내달렸다. 더욱이 황해도 황주 정방산성에 주둔한 조선군 도원수 김자점은 청군의 침략 사실을 제때 조정에 보고하지 않는 과오를 저질렀다. 급기야 청군 선봉은 12월 14일, 양철평 지금의 서울 은평구 녹번동 부근 부근까지 이르렀다. 강화도로 들어갈 시간 여유를 상실한 조정은 어쩔 수 없이 남한산성으로 들어갔다.

갑자기 들어가게 된 남한산성은 '춥고 배고픈' 곳이었다. 당시 산성에는 대략 1만

청의 역대 황제를 그린 부채 누르하치가 요동 정복의 거점으로 삼았던 허투아라에서 판매하고 있는 기념품. 태조 누르하치부터 선통제까지 청 황제 열두 명의 초상이 그려져 있다. 제2대 황제 홍타이지는 조선에 병자호란이라는 비극을 안겨 주었다.

5000명 정도의 병력밖에 없었고, 군량은 45일 정도만 지나면 고갈될 형편이었다. 더욱이 극심한 추위 때문에 성첩을 지키던 병사들은 동상에 걸려 쓰러지고 있었다. 반면 청은 조선 침략에 무려 약 14만 명의 병력을 동원했다. 청군은 산성을 포위하고 광주, 판교 등 삼남으로 이어지는 길목을 차단했다. 포위된 채 고립된 조선 조정은 외부에서 근왕병이 달려와 구원해 주기를 고대했지만 상황은 여의치 않았다. 도원수 김자점 등은 양평 등지로 들어가 숨어 버리고, 각 도에서 남한산성으로 접근하던 근왕병들은 대부분 청군에 의해 섬멸되었다. 다만 김준룡이 이끌던 호남의 병력과 홍명구, 유림 등이 이끌던 평안도의 병력만이 분전해 청군에게 일정한 타격을 주었을 뿐이다. 그러나 이러한 분전으로 남한산성을 구원하기에는 애초부터 역부족이었다.

조선 조정이 고립무원의 상태에 처한 사실을 인지한 홍타이지는 항복을 요구했다. 그들이 조선에 제시하는 항복 조건은 갈수록 가혹해졌다. 처음에는 왕세자를 내보내라고 했다가, 화의를 깨뜨린 척화신들을 묶어 보내라는 조건을 추가했다. 나중에는 인조가 직접 나와야 한다고까지 했다.

조선 신료들은 '오랑캐에게 항복하는 치욕 대신 옥쇄를 선택하자'는 강경론과 '일단 치욕을 참고 종사와 백성들을 보전하자'는 온건론을 놓고 논란을 벌였다. 하지만 시간이 지날수록 상황은 절망적인 상태로 변해갔다. 급기야 1637년 1월 22일 왕실, 조정 중신의 가족, 그리고 역대 국왕의 신주들이 피신해 있던 강화도마저 청군의 공격 앞에 함락되었다.

남한산성의 저항 의지는 꺾이고 말았다. 그해 1월 30일, 인조는 남한산성의 서문을 나와 송파의 삼전도에서 홍타이지에게 항복한다. 이른바 삼배구고두례三拜九叩頭禮10를 행하고

10 **삼배구고두례** 인조가 삼전도에 도착하자 홍타이지는 그와 함께 배천(拜天) 의식을 행했다. '조선이 한 집안이 되었다'고 하늘에 고하는 의식이었다. 의식을 마치고 홍타이지가 수항단에 오르자 인조는 그 아래 무릎을 꿇은 뒤 '죄'를 고백하고 개과천선하겠다고 다짐했다. 이어 소현세자와 신료들을 이끌고 세 번 절하고 아홉 번 머리를 조아리는 의식을 행했으니, 이것이 바로 삼배구고두례였다.

삼전도비 지금의 서울시 송파구 석촌동에 있는 청태종공덕비이다. 인조가 삼전도에 나아가 항복한 사실을 영원히 기념하기 위해 세운 비이다. 몽고 문자, 만주 문자, 한문의 세 문자로 같은 내용을 적었다. 비신 높이 395센티미터, 너비 140센티미터. 사적 제101호.

홍타이지의 처분을 기다리는 무조건 항복이었다. 『인조실록』은 인조가 항복한 직후 삼전도 주변의 정경을 다음과 같이 기록하고 있다.

> 상上이 발 가운데 앉아 진퇴를 기다렸는데 해질 무렵에야 비로소 도성으로 돌아가도록 했다. 왕세자와 빈궁 및 두 대군과 부인은 모두 남아 있도록 했는데 장차 북쪽으로 데리고 가려는 목적에서였다…… 상이 소파진所波津에서 배를 타고 강을 건넜다. 이 때 나루의 사공들은 거의 다 죽고 빈 배 두 척만이 있었는데, 백관들이 다투어 건너려고 어의御衣를 잡아당기면서까지 배에 올랐다. 상이 건넌 뒤에 칸汗홍타이지이 말을 타고 달려와 얕은 여울로 군사들을 건너게 하고, 뽕나무 밭에 나아가 진을 치게 했다. 그리고 용골대를 시켜 군병을 이끌고 행차를 호위해 길의 좌우를 끼고 상을 인도해 갔다. 사로잡힌 자녀들被擄子女이 바라보고 울부짖으며 모두 말하기를 "우리 임금이시여, 우리 임금이시여. 우리를 버리고 가십니까?"라고 했는데, 길에서 울며 부르짖는 자가 만 명을 헤아렸다.

한 나라의 지존인 인조는 흙바닥에 앉아 홍타이지의 처분을 기다려야 했고, 인질이 되어 심양으로 가야 했던 소현세자와 봉림대군 등은 청군 진영에 남았다. 신료들은 서로 먼저 배에 오르겠다며 인조의 옷자락까지 끌어당기고 있다. '오랑캐 추장'에게 항복한 충격 때문인지 모두 제정신이 아닌 듯한 모습으로 기록되어 있다. 가장 처참한 것은 포로들을 묘사한 장면이다. 청군에게 붙잡혀 잠실 벌판 일대에 억류되어 있던 수만 명의 포로는 인조가 지나가는 모습을 보자 자신들을 구해 달라고 울부짖는다. 하지만 역시 청군에 의해 인도되어 가던 인조는 이들 불쌍한 피로인들을 구해 줄 능력이 없다. 그저 못들은 척 피로인의 호곡을 뒤로 하고 도성을 향해 나아갈 뿐이다.

최명길은 병자호란이 끝난 직후 명에 보낸 외교문서에서 전쟁 중에 청군에게 사로

잡힌 포로의 수가 50만 명이라고 추정했다. 쉽사리 믿을 수 없을 만큼 엄청난 수치이다. 이들 포로는 청군이 철수할 때 심양으로 연행되었다. 청은 그들을 노비 등으로 삼아 노동력으로 활용할 속셈이었다. 포로들이 겪어야 했던 고통은 처절했다. 붙잡히고, 수용되고, 끌려가는 도중에 얼어 죽고, 굶어 죽고, 맞아 죽었다. 심양을 탈출해 조선으로 돌아오려다가 붙잡혀 발꿈치를 잘리기도 했다. 만주 벌판을 가로질러 압록강 연안까지 왔지만 입국이 거부되자 헤엄쳐 강을 건너려다 익사하는 사람도 속출했다. 심양으로 끌려간 포로들 가운데 1644년 이후 북경으로 흘러 들어갔다가 1675년^{숙종 1}에야 탈출을 시도한 안단이란 인물이 있었다. 무려 38년 만에 탈출했건만 끝내 소원을 이루지 못한 채 의주에서 체포되어 청 측에 넘겨지고 말았다.

여성 포로의 상당수는 청군의 첩으로 전락하고, 심양으로 끌려간 여성 포로 중에는 청군 본처로부터 끓는 물세례를 받은 이도 있었다. 조선은 청 측에 몸값을 치르고 포로를 송환하는 속환贖還을 시도했으나, 권력이 있거나 부유한 사람이 아니면 비싼 속환가를 감당하기 어려웠다. 청은 심양을 탈출한 포로들을 돌려보내라고 조선을 협박하고, 그 과정에서 조선 조정은 무고한 백성을 붙잡아 보내기도 했다. 속환이나 도망 등을 통해 귀환한 여성들 대다수는 '정절을 잃었다'는 허물 때문에 고국에서 다시 버림받았다.

요컨대 '포로 문제'야 말로 병자호란이 조선에 남긴 가장 처참한 비극이었다.

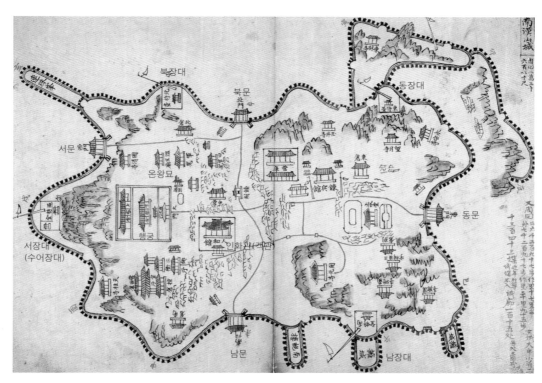

「**남한산성**」『고지도첩』에 수록된 남한산성 지도이다. 남한산성의 성곽과 주요 건물, 도로망을 간략하면서도 상징적으로 그렸다. 성곽은 옹성과 대문을 자세히 표현했고, 행궁을 강조했으며 관청과 창고, 사찰 등을 그렸다. 지금은 서장대인 수어장대만 남아 있으나, 지도에는 동서남북으로 장대가 있었다. 18세기 후반에 그려졌다. 영남대학교박물관 소장.

17세기 유럽의 운명을 가른 삼십년전쟁

17세기에 벌어진 청과 조선, 청과 명의 전쟁이 동아시아의 운명을 가른 것처럼 같은 세기에 벌어진 삼십년전쟁은 유럽의 운명을 가른 대사건이었다. 1618년 지금의 독일 지역에서 시작된 삼십년전쟁은 에스파냐, 프랑스, 스웨덴, 네덜란드 등 당대 유럽의 강대국들을 대거 끌어들여 유럽 최초의 근대적 국제전쟁으로 비화되었다. 1648년 이 전쟁이 끝났을 때 유럽의 국경은 21세기에 보이는 형태의 기본 골격을 갖추게 되었다. 그래서 삼십년전쟁이 근대 유럽을 탄생시켰다고 보는 학자도 있다.

삼십년전쟁을 일으킨 페르디난트 2세
완고한 가톨릭주의자로 신교도 탄압 정책을 강행하고, 루돌프 2세가 신앙의 자유를 인정한 칙령서를 파기해 삼십년전쟁을 일으켰다.

16세기 종교개혁을 일단락 지은 1555년^{명종 10}의 아우크스부르크화의 이후에도 유럽에서 가톨릭과 프로테스탄트의 대립은 그치지 않았다. 그러던 1618년 보헤미아^{지금의 체코} 왕 페르디난트 2세는 가톨릭 절대 신앙을 강요해 프로테스탄트 귀족들의 반발을 불렀다. 1619년 페르디난트 2세가 신성로마제국 황제를 겸하게 되자, 보헤미아의 프로테스탄트 귀족들은 자신들의 국왕을 세우고 페르디난트 2세와 맞서 싸웠으나 패하고 말았다.

페르디난트 2세는 유럽 보수 세력의 보루인 합스부르크 가문 출신이었다. 합스부르크 가문은 당시 유럽 최강이던 에스파냐를 비롯해 오스트리아, 신성로마제국 등 가톨릭 국가들의 황제나 왕을 배출하고 있었다. 페르디난트 2세가 프로테스탄트를 탄압하자 이를 빌미로 세력 확장을 노리던 덴마크, 네덜란드, 프랑스, 스웨덴 등이 프로테스탄트의 보호를 명분으로 신성로마제국에 개입의 손길을 뻗쳤다. 이는 곧 양 세력 간의 무력 대결로 이어져 전쟁은 지금의 독일 지역을 아우르는 신성로마제국 전체로 번졌다.

삼십년전쟁은 16세기부터 유럽을 피로

물들인 숱한 종교 전쟁 가운데 가장 규모가 크고 처참한 살육전이었다. 그런데 삼십년전쟁은 종교 전쟁의 외형을 띠기는 했지만 본질에서는 유럽의 강대국들이 신성로마제국 땅을 놓고 벌인 영토 쟁탈전이자 패권 전쟁이었다. 유럽 중앙에 위치한 신성로마제국은 북해, 발트 해, 라인 강 등을 끼고 있어 산업과 무역의 요지이면서도 강력한 중앙 권력이 없어 주변 강대국들이 탐내는 곳이었다. 30년간 계속된 전쟁으로 신성로마제국의 인구는 900만 명가량이나 줄어든 것으로 추정되고, 이로 말미암아 민심이 흉흉해지고 각지에서 마녀사냥이 행해지기도 했다.

삼십년전쟁을 끝낸 리슐리외 추기경
삼십년전쟁에서 독일의 프로테스탄트와 구스타프 2세를 원조해 합스부르크가에 대적하게 했다. 프랑스의 중앙집권을 확립하고 재정·군제·법률 등에서 여러 개혁을 시도한 유능한 재상이다.

    삼십년전쟁은 유럽의 전쟁 양상을 완전히 바꿔 놓은 역사적 전쟁이었다. 16세기까지의 전쟁은 주로 귀족 가문 간의 분쟁이라는 성격이 강했다. 그러나 삼십년전쟁은 중앙 집권적인 국민국가들 사이의 대결 양상을 띠었다. 1648년 참전국들이 베스트팔렌조약을 체결하고 전쟁을 끝냈을 때 각국의 명암은 확연히 갈렸다. 프랑스와 스웨덴은 신성로마제국 내의 영토를 얻었고, 네덜란드와 스위스는 완전한 독립을 인정받았다. 신성로마제국은 영내 제후국들의 완전한 자치를 허용함으로써 사실상 해체의 길을 걸었다. 신성로마제국과 더불어 합스부르크 가문의 지배를 받던 에스파냐와 오스트리아도 심각한 손해를 입었다. 특히 이 전쟁에 막대한 돈을 쏟아 부은 에스파냐는 파산 지경에 이르고 말았다.

    베스트팔렌조약은 유럽에서 국가의 영토 개념을 분명하게 드러낸 최초의 조약이었다. 또 국가와 국가 간의 관계가 교황, 황제 등의 위계적 관계에서 벗어나 대등하게 인정받은 첫 조약이기도 했다. 아우크스부르크화의에서 루터파와 달리 자유를 얻지 못했던 칼뱅파가 드디어 해금되었다는 종교적 성과는 오히려 부차적으로 느껴진다.

    이처럼 삼십년전쟁이 종교보다 국익을 앞세운 전쟁이었다는 특징은 이 전쟁의 최대 수혜자로 꼽히는 프랑스의 리슐리외에게서 볼 수 있다. 리슐리외는 가톨릭 추기경이었음에도 불구하고 삼십년전쟁에서 프랑스의 이익을 위해 프로테스탄트를 지원했다. 그 덕에 조국 프랑스는 베스트팔렌조약을 통해 에스파냐를 제치고 유럽 최강국의 지위를 획득할 수 있었던 것이다.

4.
1637년 체제

「왕반여지도」 중국의 왕반이 제작한 지도를 바탕으로 17세기 중엽 조선에서 증보해 제작한 세계지도로, 당시 동아시아 정세를 잘 보여 주고 있다. 이전 시기의 지도에 비해 일본의 모습이 정교하게 그려져 있으나 남쪽 유구국의 모습은 단순하게 표현되어 있다. 프랑스 국립도서관 소장.

인조가 삼전도에서 홍타이지에게 항복하고 청과 맹약을 체결하면서 조선은 청의 번국이자 제후국이 되었다. 청은 조선에 '명과 유지하던 기존의 사대 관계를 청산할 것', '청이 명을 공격할 때 군대를 보내 동참할 것', '청에서 도망해 오는 주회인들과 조선에 있는 여진 출신 향화인向化人들을 송환할 것', '해마다 세폐를 보낼 것', '향후 재무장이나 군비 강화를 추진하지 말 것', '일본과 교역을 계속하고 일본 사절을 청으로 인도해 올 것' 등 열두 가지 조건을 강요했다. 변변하게 저항을 해 보지 못한 채 '무조건 항복'한 조선은 그 같은 청의 요구를 받아들일 수밖에 없었다.

청은 인조의 항복을 받은 이후 일단 번국으로서 조선의 독립성을 인정해 주었다. 홍타이지는 또한 조선인도 만주족처럼 머리를 바싹 깎도록薙髮 강제해야 한다는 일부 청 신료의 주장도 받아들이지 않았다. 청은 그러면서도 향후 조선이 변심하는 것을 막기 위한 대책 마련에 부심했다. 그 첫 단추는 인조를 길들이는 것이었다. 청은 그 과정에서 인질로 끌고 온 소현세자와 그가 머물던 심관瀋館[1]을 인조에게서 충성을 이끌어 내는 지렛대로 활용했다. 청은 '인조의 유고 시에 소현세자를 즉위시킨다'고 공언했다. 말하자면 소현세자를 활용해 인조를 견제하겠다는 복안이었다. 그뿐만 아니라 조선이 자신들의 요구에 순응하지 않으면 '인조를 심양으로 입조入朝시킨다'는 이야기를 흘려 인조를 압박했다. 실제로 1639년인조 17 6월, 청의 사신 마부대馬夫大는 조선이 주회인들을 쇄환하는 데 성의를 보이지 않는다는 이유로 인조의 입조를 거론해 조선 조정을 긴장시킨 바 있다.

청은 조선 신료를 길들이는 조처 역시 빼 놓지 않았다. 조선의 항복이 임박한 1637년 1월, 청은 항복을 받아 주는 조건으로 척화신 몇 명을 묶어 보내라고 요구한 바 있다. 조선이 홍익한, 윤집, 오달제 등을 묶어 보내자 청은 이들을 모두 처

1 **심관** 소현세자와 봉림대군이 심양(瀋陽)에 볼모로 잡혀가서 거주하던 관(館). 청은 그곳을 조선 정부의 대리 기관으로 취급해 조선과의 연락과 통보 등 모든 교섭을 담당케 했다. 두 왕자 부부, 시강원 관리 등 300명 이상이 체재하고 있었다.

김상헌의 시조에 등장하는 삼각산 북한산의 핵심을 이루는 산봉으로 백운대, 인수봉, 만경대로 구성되어 있다. 척화의 상징 김상헌은 심양으로 끌려가면서 다음과 같은 시조를 지었다. '가노라 삼각산아 다시 보자 한강수야 / 고국산천을 떠나고자 하랴마는 / 시절이 하 수상하니 올동말동 하여라' 경기도 고양시 북한동에서 서울시 강북구 우이동에 있다. 명승 제10호.

형했다.

맹약 체결 이후에도 조선 신료들에게 공포심을 확산시켜 길들이려는 청의 압박은 계속되었다. 우선 조정 신료의 아들이나 조카를 인질로 심양에 보내게 하되, 해당 신료가 관직에서 물러나면 인질도 교체하도록 조처했다. 또 조선 조정이 청의 요구를 제대로 이행하지 않으면 관련 신료를 색출한 뒤 의주, 심양 등지로 연행해 투옥하는 등의 처벌을 시행했다. 청의 사신들은 수시로 조선에 들어와 반청적 언동을 한 신료를 색출하려 했다. 심지어 병자호란 이후 벼슬을 버리고 낙향한 신료, 상소 등을 통해 시사時事를 비판한 신료까지 색출 대상이었다. 청이 이렇게 '문제 있는' 신료를 색출해 연행하는 일이 지속되면서 조정의 여타 신료는 위축되거나 공포에 떠는 분위기가 조성되었다.

청은 또한 병자호란 이후 조선의 동향을 감시하기 위해 치밀하고 다양한 정보망을 구축했다. 이를 위해 의주 등 국경 지역에 자국인을 수시로 들여보내 조선의 내부 동향을 탐지했다. 또 조선 출신 역관, 역관과 연줄이 닿는 사람들, 청 상인과 무역하는 조선 상인, 피로인 가운데 뽑은 정보원 등 다양한 루트를 활용해 조선 관련 정보를 수집했다. 특히 조선 출신 역관 정명수, 이형장 등은 용골대 등 청 관인과 유착해 그들의 비호를 받으며 조선의 내정을 탐지하고 조선 신료를 길들이는 데 앞장섰다.

그렇다면 조선 군신을 '길들이려는' 청의 정책은 조선에 어떤 영향을 끼치고 인조와 신료는 어떻게 대응했을까? 우선 국왕으로서 '오랑캐 추장' 홍타이지에게 무릎을 꿇은 인조의 권위는 크게 실추될 수밖에 없었다. 항복 이후 신료들 사이에는 조정에 출사하는 것을 기피하는 풍조가 나타났다. 심지어는 '임금은 종묘사직과 함께 죽어야 한다'고 냉소를 보내는 신료도 있었다. 인조는 민감하게 반응했다. 인조는 조정에 나오지 않고 재야에 머물러 있으려는 인사들을 가리켜 '더러운 임금汚君 섬기기를 부끄러워하는 자', '하찮은 조정小朝에 들어가기를 부끄러워하는 자'라 매도하기도 했다.

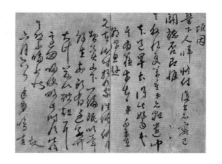

최명길의 간찰 주화의 상징 최명길은 정묘호란 때부터 후금과 화의를 주장했고, 병자호란 때 주화론을 펴 극렬한 비난을 받았다. 전쟁이 끝난 후 조선의 반청적인 움직임이 청에 알려지자 청에 불려가 김상헌 등과 함께 갇혀 있었다. 간찰은 『근묵』에 실려 있다. 성균관대학교 박물관 소장.

그러나 심양에서 탈출해 온 주회인들을 청의 압박에 떠밀려 쇄환해야 하는 상황에 직면하자 인조는 고개를 숙일 수밖에 없었다. 주회인 쇄환에 소극적이라는 이유로 청이 입조론까지 흘리자 1641년인조 19 인조는 백성들에게 사과하는 내용의 유시를 발표했다. 인조는 유시를 통해 "이번 일을 당한 백성들이 아무리 나를 꾸짖고 원망한다 해도 이것은 나의 죄이니 어찌 피할 수 있겠는가?"라고 몸을 낮췄다.

병자호란 이후 인조는 권력을 지키기 위해 철저히 청에 순응하는 자세를 취했다. 그는 항복 이후 척화신들을 조정에서 배제하고 최명길 등 주화파 신료를 중용했다. 나아가 '자강을 도모해 청에 대한 복수를 도모하자'는 신료들의 주장에 응답하지 않고, 청의 연호를 사용하지 않은 신료를 파직시키기도 했다. 1640년인조 18 청이 자신의 '충성심'을 떠보기 위해 원손元孫을 입송시키라고 했을 때에도 철저히 순응하는 자세를 보였다.

인조가 이처럼 친청적 행보를 보이며 왕권을 지키려고 부심하는 와중에 최명길이 영의정으로서 병자호란 이후의 정국을 주도했다. 최명길은 김신국, 심열 등 실무에 능한 관료들을 중용하는 한편, 의정부의 권한을 강화했다. 그리고 낭관郎官의 권한을 축소하고 사헌부와 사간원의 쟁의를 막는 등 개혁을 추진했다. 또 청에 대해 '보안을 유지한다'는 명목으로 군국軍國 중대사와 관련된 문서를 사관들이 보지 못하게 하는 등 새로운 관행을 만들려고 시도했다.

1642년 최명길이 명과 밀통한 사실이 발각되자 인조는 그를 해임하고 김자점과 김류를 중용했다. 이미 언급했듯이 김자점은 병자호란 당시 도원수로 있으면서 청군의 침입 사실을 제때 보고하지 않은 데다 청군과의 전투도 회피한 문제적 인물이었다. 김류 또한 자신의 아들 김경징을 강화도 검찰사로 잘못 추천해 섬의 함락을 초래하고, 산성에서도 수많은 시행착오를 초래해 '군율의 적용 대상'으로 거론된 인물이다. 그럼에도 인조는 이들을 끝까지 비호했을 뿐 아니라 영의정 등에 기용해 자신의 수족으로 활용하고자 했다. 1645년^{인조 23} 무렵에 오면 "인조는 청을 섬기는 것을 부끄러워하는 신하들을 늘 미워했다."라는 기록이 나올 정도였다.

병자호란 이후 인조가 이처럼 친청적 행보를 통해 자신의 왕권을 유지하려고 애쓰는 와중에 조선은 서서히 청의 번국으로 길들여져 갔다. 청의 입장에서 보면 그것은 인조와 소현세자를 경쟁시켜 충성을 다하도록 하는 정책이 성공을 거둔 것을 의미한다. 청은 조선에 요구할 현안이 있으면 심관의 소현세자가 '전결'로 처리해 주기를 기대했다. 하지만 소현세자는 부왕 인조의 눈치를 보면서 이를 회피하곤 했다. 인조는 인조대로 소현세자가 꿋꿋하게 청의 무리한 요구를 차단해 주기를 기대했다. 이 같은 와중에 소현세자는 청 조정과 인조 사이에 끼여 난처한 지경으로 내몰리기도 했다.

하지만 시간이 지나면서 소현세자는 심관 생활에 적응해 갔다. 당시 심양은 새로 떠오르는 패권국의 수도였다. 소현세자는 그곳에서 명청 교체의 현실을 목도하고 청이 지닌 장점을 직시하게 되었다. 반면 최명길 등 조선의 신료가 명과 밀통하는 사건이 터져 나오면서 청 조정에서는 '인조를 입조시키고 왕위 교체를 고려해야 한다'는 주장이 흘러나왔다. 인조는 바짝 긴장했다.

1643년^{인조 21} 순치제^{順治帝}가 즉위한 뒤 청이 소현세자를 조기에 귀국시킨다는 소식이 들려왔다. 입조론 때문에 겁먹었던 인조에게 이제 소현세자는 아들이 아니라 '정적'이자 '경쟁자'로 보였다. 인조는 소현세자를 의심하고 감시하게 되었다. 그 와중에 부자 관계는 파괴되어 갔다. 급기야 1645년 2월, 소현세자가 영구 귀국했을 때 인조의 반응은 싸늘했다. 그리고 귀국 직후 소현세자는 급사한다.[2] 곧이어 세자빈인 강빈 역시 역적으로 몰려 사사되는 비극이 일어났다.

2 **소현세자의 죽음** 『인조실록』은 소현세자가 병사했다고 전하지만 그가 독살되었다는 설도 만만치 않게 전한다. 『인조실록』에 의하면 소현세자의 주검은 까맣게 변해 있었고 일곱 군데 혈(穴)에서 출혈이 있었다고 한다. 이는 사약을 마시고 사망한 사람들에게 나타나는 현상이었다. 또 세자가 사망하면 치료를 맡은 어의가 문책을 받는데 인조는 오히려 그를 두둔했다고 전한다.

P. Adam Schall Germanus I. Ordinis Mandarinus

소현세자의 친구 아담 샬 독일 예수회 신부로 중국에서 활약한 선교사이며, 중국식 이름은 탕약망이다. 천문과 역법에 밝아 1645년에 청의 흠천감정(천문대장)을 맡았고 『시헌력』을 완성했다. 청에 볼모로 가 있던 소현세자는 아담 샬과 친분을 맺어 천문 서적과 과학 서적, 천구의 등을 선물로 받고 서양 문물에 대한 이해를 높일 수 있었다. 두 사람은 서로 거처를 방문해 대화를 나눴고 서신을 주고받았다고 한다.

병자호란은
명청 교체의
기반

병자호란을 통해 조선을 굴복시킴으로써 청이 얻은 성과는 적지 않았다. 우선 명과 최후의 결전을 앞두고 '뒤를 돌아보아야 하는 우려'를 덜었을 뿐 아니라 조선의 군사력을 활용할 수 있게 되었다. 구체적으로 조선의 수군과 화기수들, 그리고 조선의 수송 능력을 명과의 전쟁에서 동원할 수 있게 된 것이다. 싸얼후전투 이후 명과 후금이 조선의 향배에 신경을 곤두세운 가장 중요한 이유 가운데 하나는 조선의 수군이었다. 명은 조선이 후금에게 정복되면 후금이 조선 수군을 이용해 발해만 일대와 강남 지역까지 위협할 것으로 보았다.

홍타이지는 조선의 항복을 받아 내면서 '명 정벌에 병력과 주사^{舟師, 수군}를 동원하면 기한을 어기지 말 것', '가도 정벌에 조총수와 궁수들을 제공하고 병선 50척을 동원할 것', '청군이 귀환할 때 호궤^{犒饋3}할 것' 등을 요구했다. 이윽고 1637년 2월, 홍타이지는 휘하 장수들에게 가도를 공략할 것을 지시했다. 공유덕 등은 한강 하구에서 황해로 진입해 가도 원정에 나섰다. 조선은 가도 공략전에 성의를 다해 협조할 수밖에 없었다. 그것은 새로 번국이 된 조선이 향후 청에게 '충성'을 다할 것인지 가늠하는 시금석이었기 때문이다.

실제로 가도의 동강진을 함락시키는 과정에서 조선군의 역할은 결정적이었다. 당시 가도를 방어하던 명군은 섬 주위에 화포를 촘촘히 배치하는 등 결사 항전의 태세를 보였다. 그 때문에 상륙이 여의치 않은 상황에서 청군 지휘부는 조선군 지휘부에 작전을 자문했고, 임경업 등은 우회해 기습할 계책을 제시했다. 1637년 4월 8일, 공유덕 등은 조선 수군의 큰 배에 타고 공격을 주도해 동강진을 함락시켰다.

조선군이 작전을 제시하고 공유덕이 조선 병선에 승선한 것이 상징하듯이 조선이 병자호란에서 청에게 굴복한 것이 가도의 운명을 사실상 결정했다. 조선군이 청군과 함께 들이닥치자 가도의 한인들 사이에서는

3 **호궤** 군사들에게 음식을 주어 위로함.

『**임장군전**』 임경업의 일생을 소재로 한 작자 미상의 고전소설. 임경업은 조선을 대표하는 명장으로 백성의 신망을 받았고, 명군과 청군에도 명성이 높았다. 청과 싸우다 생포되었으며, 인조의 요청으로 조선으로 압송되어 김자점의 밀명을 받은 형리에게 장살되었다. 국립중앙도서관 소장.

"명이 조선에 무슨 원수진 일이 있다고 이러느냐."라는 절규가 터져 나왔다고 한다.

가도 공략전에서 조선 수군과 화기수의 효용성을 확인한 청은 명의 금주^{錦州}를 공략하는 원정에도 조선군을 동원하려 했다. 이 요구를 접한 조선의 고민은 컸다. 병력 동원에 따른 사회경제적 부담이 컸기 때문이다. 게다가 과거 '상국'으로 섬기던 명을 공격하는 것은 '차마 할 수 없는 기막힌 일'이었다. 그해 6월, 조선은 사은사^{謝恩使} 이성구를 심양에 보내 더 이상의 징병을 면제해 달라고 요청하려 했다. 하지만 이성구 일행은 청 측의 서슬에 질려 이야기를 꺼내 보지도 못했다. 이윽고 이듬해 5월, 청은 병력 5000명의 징발을 요구해 왔다. 성균관 유생들까지 들고일어나 '재조지은'을 배신하는 행위인 파병을 하지 말라고 절규했다. 인조가 "남한산성에서 죽지 못한 것이 한스럽다."라고 비통한 심경을 토로할 지경이었다. 그렇게 동원된 조선군은 지정된 기한에 심양에 도착하지 못했다. 압록강 물이 불어나 제때 건너지 못했기 때문이다.

청은 1639년 11월에도 조선에 수군 6000명을 동원해 공미^{貢米} 1만 포를 소릉하와 대릉하 지역으로 운송하라고 요구했다. 1641년 1월에는 어영군^{御營軍} 1000명, 화기수 500명 등 모두 1500명의 전투 병력을 금주 지역에 보내라고 요구했다. 그 무렵 조선은 극심한 흉년 때문에 병력 동원에 따른 비용을 마련하는 데 고통을 겪었다. 또 파병 군사들이 이동하는 동안 연도에서 민폐를 자행하는가 하면 국경을 넘기 전에 도주하는 군사도 속출했다. 무엇보다 문제가 된 것은 금주성 원정이 4년이나 이어졌다는 점이다. 장기전이 되자 청은 조선에 군량을 요구해 이를 마련하고 운송하는 과정에서 조선 백성은 심각한 고통을 겪어야 했다.

금주는 산해관을 향해 치고 들어가는 현관이었다. 청군은 금주성을 포위하는 한편 주변 송산^{松山}, 행산^{杏山}과의 연결을 차단하는 작전을 펼쳤다. 1641년 7월, 금주가 포위되자 명은 이부상서 홍승주^{洪承疇}가 이끄는 13만 명의 병력을 송산으로 보냈다. 하지

조총 조선 시대의 휴대용 소화기(小火器). 1589년 일본에 다녀온 사신들이 쓰시마 도주에게 몇 자루 받아온 것이 시초이다. 임진왜란 이후 조총의 성능을 개선하는 데 꾸준히 노력해 1657년에는 청에서 조총을 무역해 줄 것을 요청하기도 했다. 전쟁기념관 소장.

만 홍타이지는 송산성으로 연결되는 보급로를 끊고 고립시키는 지구전을 폈다. 급기야 1642년 2월, 홍승주의 부하까지 청군과 내통하면서 송산성은 함락되고 홍승주는 투항했다. 송산이 무너지자 행산, 금주도 잇따라 함락되었다. 청은 이제 금주, 송산, 행산 등을 장악함으로써 산해관을 돌파해 북경으로 진입할 기반을 마련하게 된다.

그렇다면 금주 전투에 동원된 조선군은 어떤 역할을 했을까? 1500명에 불과한 조선군의 병력은 미약했지만 화기수들의 활약은 만만치 않았다. 뒤에 인평대군[4]은 '금주전 당시 조선군의 사격 솜씨가 매우 뛰어났고, 그 때문에 명군이 청군의 목에 건 상금보다 조선군에 건 상금이 배나 많았다'고 회고할 정도였다. 특히 주목되는 것은 1642년 홍타이지에게 투항한 홍승주 등이 명군의 패전 원인을 조선군에 돌렸다는 사실이다.[5]

청의 입장에서 조선을 항복시킨 것은 '제국 통합'을 지향하는 과정에서 정신적 걸림돌을 제거한 것이기도 했다. 만몽한을 아우르는 제국으로 등장해 명과 최후의 대결을 앞둔 청에게 조선으로부터 '제국'으로 인정받는 것은 중요한 의미가 있었다. 그런데 조선은 애초부터 청에게 고개를 숙이려 들지 않았다. 그것은 조선과 명의 특수한 관계 때문이었다. 조선은 건국 초부터 명을 '상국'이자 '부모의 나라'로 섬겨온 반면 청은 '오랑캐'로 여겨 업신여기고 있었다. 1636년 청이 칭제건원한 뒤에도 조선은 태도를 바꾸지 않았다. 용골대 등이 홍타이지를 황제로 추대하자고 권유하려고 조선에 갔을 때 척화신들이 나서서 그의 목을 베라고 성토했던 것이나 홍타이지의 즉위식장에서 나덕헌 등이 배례를 거부한 데서 드러나듯이 명을 향한 조선의 일편단심은 강고한 것이었다.

4 **인평대군** 인조의 셋째 아들. 1650년 이후 네 차례에 걸쳐 사은사로 청에 다녀왔다. 병자호란의 국치를 읊은 시가 전한다. 제자백가에 정통하고 서예와 그림에 뛰어났다.
5 **조선 화기수** 금주전투를 통해 조선군 화기수들의 역량을 확인한 청은 1651년과 1658년 나선정벌(羅禪征伐)에도 조선 화기수를 징발해 러시아군의 흑룡강 진출을 방어하는 데 투입했다. 청이 병자호란을 통해 조선을 제압하고 얻은 군사적 성과가 상당히 컸음을 웅변하는 대목이 아닐 수 없다.

남한산성 수어장대 남한산성의 네 개의 장대 중 현재 남아 있는 유일한 장대이다. 수어청의 장관들이 군사를 지휘하던 곳이다. 안쪽에는 무망루(無忘樓)라는 현판이 걸려 있다. 경기도 유형문화재 제1호.

정묘호란 당시 후금은 조선과 형제 관계를 맺으면서 조선과 명의 '특수 관계'를 인정했다. 하지만 이후 자신들의 역량이 일취월장하자 청은 조선의 태도가 부담스러워졌다. 이제 조선을 복종시키는 것이 필요했다. 청은 북경의 황성을 기습한 1629년 이후 자신들의 전과를 과시하면서 조선의 태도를 바꿔 보려 했다.

병자호란은 무력을 이용해 조선의 세계관과 인식을 강제로 바꾸는 과정이었다고 할 수 있다. 1637년 1월, 남한산성에서 나가기 전 조선 조정은 '명이 임진왜란 당시 천하의 병력을 동원해 조선을 구원'하는 '재조지은'을 베풀었으므로 명을 배신할 수 없다고 강조했다. 청은 답서에서 '명이 천하의 병력을 동원했다'는 문구를 문제 삼았다. '명은 천하 국가 가운데 하나일 뿐'이라며 명을 곧 천하로 여기는 조선의 인식을 맹렬히 비난했다.

이렇듯 조선이 절대시하는 명을 '상대적 존재'로 격하시키려 시도하는 한편, 홍타이지는 항복을 받아 주는 조건으로 인조의 출성을 강요해 관철시킨다. 그리고 삼전도에서 만몽한의 신하들이 도열한 가운데 인조의 삼배구고두례를 받아 냈다. 정신적으로 끝까지 저항한 조선을 무력으로 억누른 것이다. 홍타이지의 입장에서 인조로부터 삼배구고두례를 받아낸 것은 날로 증가하던 한인과 몽골 출신 귀순자들에게 낮을 세우는 중요한 의식이었다. 과거 '조선의 상국'으로 자임하던 명 출신 한인 투항자들에게는 조선의 '온전한 굴복'이 특히 중요했다.

또한 명과의 마지막 대결을 앞둔 상황에서 '명의 가장 충순한 신하' 조선을 제압한 것이 갖는 상징적 의미는 각별했다. 병자호란 직후인 1637년 7월, 홍타이지는 명 장수 조대수에게 보낸 편지에서 '조선이 자신의 고굉지신股肱之臣6이 되었다'고 자랑했다. 이어 1642년 6월 명의 숭정제에게 보낸 서신에서 자신을 '대청국 황제'로 표현한 뒤 '조선이 청의 판도에 들어왔다'고 강조

6 **고굉지신** 다리와 팔같이 중요한 신하라는 뜻으로, 임금이 가장 신임하는 신하를 이르는 말.

정성공 청에 저항해 명 부흥 운동을 전개했다. 장강을 거슬러 남경을 공략했으나 청에 패했고, 타이완을 공략해 네덜란드 세력을 몰아내고 새 기지를 확보했다. 네덜란드를 물리친 공로로 중국 역사의 영웅으로 추앙받고 있다.

했다. '명의 마지막 후원자' 조선마저 무너졌다는 것을 강조해 명의 기를 꺾으려는 의도였다.

　요컨대 병자호란을 통해 조선을 굴복시킨 것은 청이 중원을 차지하는 과정에서 유형, 무형의 자산으로 활용되었다. 청은 이 같은 사실을 염두에 두고 1644년 중원을 장악한 뒤 조선을 나름대로 배려했다. 소현세자를 귀국시키고, 세폐를 경감하고, 번거롭던 사행使行도 간소화시켰다.

　주목되는 것은 청이 이후 조선에 보내는 칙사를 고를 때 한인을 배제하고 만주인을 전용했다는 사실이다. 조선에 보내는 칙사로 만주인만 고집한 것은 어렵사리 복속시킨 자존심 강한 조선에 대한 일종의 '특별 대접'이라 할 수 있었다. 실제로 청은 중원을 장악한 뒤에는 명에 충성을 다하려 했던 조선의 일편단심을 인정했다. 1706년숙종 32 강희제는 "명을 끝까지 배신하지 않은 조선은 예의를 중시하는 나라이다."라고 찬양한 바 있다.

　어쩌면 조선에 대한 청의 태도가 누그러지는 분위기 아래서 조선은 숨 돌릴 여유를 가질 수 있었는지도 모른다. 효종이 즉위 이후 이른바 북벌北伐을 도모한 것도 이 같은 배경에서 가능했던 것으로 보인다. 또 숙종 연간 삼번三藩의 난[7]과 대만 정씨鄭氏들의 반청 운동이 일어난 것을 계기로 윤휴 등은 북벌을 다시 추진했다. 하지만 삼번과 정씨 세력이 몰락하는 것을 계기로 북벌론은 점차 힘을 잃고 관념화되기 시작했다. 이후 옹정雍正, 1723~1735, 건륭乾隆, 1736~1795 연간을 지나면서 조선은 청의 번국으로 확실히 길들여져 갔다.

[7] **삼번의 난** 삼번은 청이 중국 본토를 지배할 때 공을 세운 한인 장군 오삼계, 상가희, 경중명을 가리킨다. 이들은 청의 배려 아래 각기 번부를 설치해 독립 정권과도 같은 권력을 누렸다. 이들의 세력이 커져 청의 지배 체제에 위협이 되자 17세기 말 강희제는 각 번의 해체를 명했다. 그러자 1673년 오삼계, 1674년 경중명의 손자 경정충, 1676년 상기희의 아들 상지신이 반란을 일으켰다. 이들의 반란이 1681년 모두 진압되자 청의 중국 지배권은 확립되었다.

병자호란은 일본을 둘러싼 정세에도 커다란 영향을 미칠 수밖에 없었다. 주지하듯이 일본은 임진왜란을 도발한 '원죄' 때문에 조선에 의해 '영원히 함께 할 수 없는 원수'로 치부되었다. 이 사실을 잘 알던 막부와 쓰시마는 왜란 직후 조선에 일단 유화적으로 접근했다. 1599년과 1600년^{선조 33} 쓰시마는 사절을 조선에 보내 국교 재개를 요청했다. 동시에 왜란 당시 잡아간 조선인 포로들을 돌려보내는 등 '성의'를 표시했다. 그런가 하면 '국교 재개를 계속 거부하면 다시 침략이 있을 것'이라고 협박하기도 했다. 조선은 긴장 속에서 1605년^{선조 38} 사명대사를 탐적사^{探賊使}란 명목으로 파견해 일본의 정세를 살폈다. 이어 '일본이 먼저 화친을 요청하는 국서를 보낼 것', '조선의 왕릉^{제9대 성종 과 제11대 중종의 능인 선정릉}을 파헤친 범인들을 묶어 보낼 것' 등을 국교 재개를 위한 전제 조건으로 제시했다. 일본 측은 신속히 응답했다. 1606년 9월, 도쿠가와 이에야스 명의의 국서와 범릉적^{犯陵賊}을 조선에 보내 왔다. 조선이 1607년 회답겸쇄환사라는 사절을 일본에 파견함으로써 단절되었던 양국의 국교는 회복되었다.

국교를 재개했지만 일본에 대한 적개심과 경계 의식은 쉽게 사라질 수 없었다. 조선은 쓰시마에서 왕래하는 교역선의 숫자를 대폭 줄이고 왜관^{倭館}에 머무는 일본인에 대한 감시를 강화했다. 특히 일본인의 상경은 엄격히 금지했다. 일본 사신이 상경하는 과정에서 부산에서 서울에 이르는 산천 형세와 지리 정보가 모두 유출된 전철을 고려한 조처였다.

임진왜란 이후 조선 서북방의 정세가 불온해지자 상황은 바뀌었다. 조선은 후금과의 군사적 긴장이 높아지고 있다는 사실을 일본이 알지 못하도록 숨기려 했다. 일본이 저간의 사정을 알게 되면 무리한 요구를 해 올지 모른다고 우려했기 때문이다. 그 와중에 정묘호란이 일어났다. 조선은 애초에는 전쟁이 일어난 사실을 숨기려 했지만 그럴 수 없었다. 정보력이 뛰어난 일본인은 사태를 곧 알아차렸다. 호란의 발생을

쓰시마 소가의 사당인 반쇼인 정전 반쇼인은 대마도 소가의 묘원이다. 역대 대마도주와 부인 및 일가의 묘지로, 일본 대마도에 있다. '반쇼인'이란 이름은 소 요시토시의 법호를 따 지었다. 묘지는 상영묘, 중영묘, 하영묘로 이루어져 있다.

인지한 쓰시마는 기민하게 움직였다. 쓰시마 도주 소 요시나리宗義成는 병력을 보내고 조총 등 무기를 원조하겠다고 제의했다. 그들은 자신들의 존재를 과시하고 경제적 이득을 얻어 낼 절호의 기회로 전쟁을 활용하려 했다.

일본은 임진왜란 이후부터 여진의 동향에 관심이 많았다. 에도 막부는 나가사키長崎를 왕래하는 명 상인들을 통해 1621년 후금이 요동을 점령했다는 정보를 얻었다. 1623년 쇼군 도쿠가와 이에미쓰德川家光는 쓰시마에 후금 관련 정보를 수집해 보고하라고 지시했다. 쓰시마는 조선을 통해 관련 정보를 수집하려 했지만 조선이 일본 사절의 상경을 허용하지 않자 조바심을 쳤다.

정묘호란이 끝난 뒤 쓰시마는 본격적으로 움직이기 시작했다. 1629년 윤 2월, 소 요시나리는 승려 겐포玄方를 부산에 파견했다. 겐포에게는 '조선과 대륙의 정세 파악'이라는 중책이 맡겨졌다. 겐포 일행은 자신들이 막부 쇼군의 명령을 받고 온 사자, 즉 국왕사라고 강변하며 상경을 허용하라고 요구했다. 조선이 거부하자 그들은 '상경을 허용하지 않으면 문제가 생길 것'이라는 공갈과 협박을 반복했다.

조선 조정은 고민하지 않을 수 없었다. 인조는 시종일관 상경을 허용할 수 없다고 선을 그었다. 하지만 조선 안팎의 사정이 만만치 않았다. 당장 끝난 지 얼마 되지 않는 정묘호란의 후유증이 심각했다. 겐포 일행이 도착하기 직전인 1629년 2월, 후금 사신 만월개滿月介가 입경했다. 또 같은 달 후금군은 평안도 선사포에 있는 모문룡의 둔전을 기습했다. 후금의 재침이 있을 것이라는 소문이 퍼지면서 피란길에 오르는 사람들이 줄을 이었다. 전국적으로 가뭄이 계속되고 명화적明火賊8까지 준동하고 있었다. 이귀를 비롯한 신료들은 '정묘호란 때문에 만신창이가 된 현실에서 일본인의 비위까지 거스를 수는 없다'며 보국

> 8 **명화적** 횃불을 들고 몰려다니는 강도 집단. 조선 전기부터 나타났지만 특히 19세기 후반에 집중적으로 발생했다. 화적(火賊)이라 불리기도 했는데, 단순 강도가 5인 이하의 오합지졸인 반면, 수십 명이 대오를 이루고 반드시 우두머리가 있으며 부자들을 골라 공격한다는 특징을 지녔다.

변박의 「왜관도」(부분) 1678년에 신축된 초량 왜관의 전경이다. 초량 왜관에는 일본에서 파견된 500~600명의 일본인이 교대로 근무했고 연간 50척의 무역선이 출입하는 등 외교와 무역의 중심지였다. 그림에는 밀무역을 방지하기 위해 설치한 설문, 일본에서 온 사절을 접대하는 연향대청, 무역소 및 외교관 숙소 등이 그려져 있다. 국립중앙박물관 소장. 종이에 채색. 세로 131.8센티미터, 가로 58.4센티미터.

保國의 차원에서 겐포 일행의 상경을 허용하라고 촉구했다. 심지어 이정구는 당시 조선을 '남과 북으로부터 번갈아 침입을 받은 공허한 나라^{空虛之國}'라 규정하고 일본과의 사달을 피하는 차원에서 상경을 허용하자고 주장했다.

조선이 결국 상경을 허용해 겐포 일행은 4월 22일 서울에 들어왔다. 그들은 조총, 유황, 염초^{焰硝} 등을 진상한 뒤 "요동을 평정해 명으로 가는 조공로를 열고 싶다."라고 떠벌렸다. 서울에 머무는 동안 그들은 조선 내부 사정과 명, 후금의 동향을 파악하기 위해 부심했다. 또 경제적 이득을 챙기는 것도 잊지 않았다. 과거에 받지 못했던 목면 3만 필을 지급해 달라고 조선에 요구하기도 했다. 조선이 이를 거부하자 겐포 일행은 쓰시마 도주에게 보내는 서계^{書契}의 접수도 거부한 채 부산으로 돌아갔다.

조선 조정은 다시 고민에 빠졌다. 최명길 등은 '서북변이 위기에 처한 상황에서 남변의 안정을 도모하고 일본을 달랠 수밖에 없다'고 주장했다. 조정은 하는 수 없이 겐포에게 편지를 보내 목면을 주겠다고 약속하고 그의 노고를 칭찬했다. 왜관에 머물며 답변을 기다리던 겐포 일행은 이 소식을 듣고 유유히 귀국선에 올랐다.

정묘호란으로 곤경에 처한 조선은 결국 일본에 허를 찔리고 말았다. 국방의 중심축을 남방에서 북방으로 옮겨야 했던 조선은 일본과 쓰시마를 달랠 수밖에 없었다. 후금의 위협에 대처하고 명과의 관계에 집중하려면 일본과의 관계를 안정시키는 것이 필수적이었기 때문이다. 서북방과 동남방 양쪽 모두를 적으로 만들 수 없는 불리한 지정학적 조건을 고려해야만 했다. 일본은 바로 조선의 그 같은 곤경과 약점을 이용해 사절단 상경과 경제적 이익 획득이라는 목표를 손쉽게 달성한 것이다.

1636년 조선이 병자호란을 맞아 또 다시 곤경에 처하자 일본은 이를 빌미로 삼아 자신들의 이익을 극대화할 수 있는 절호의 기회를 다시 맞게 되었다. 그래서 조선은 정묘호란 때와 마찬가지로 전쟁이 일어났다는 사실을 왜관의 일본인에게 숨기려 했다. 하지만 평소 조선 사정을 훤하게 꿰고 있던 왜관의 일본인이 사실을 알아채는 것은 시간 문제일 뿐이었다. 왜관의 일본인은 365일 조선 땅에 머물면서 조선인들과 일상적으로 접촉하고 있었던 데다 조선말에 능통한 사람도 아주 많았다.

인조가 항복한 직후인 1637년 2월, 쓰시마는 '병력을 보내 조선을 원조하겠다'는 의사를 조선에 전달했다. 그러면서 전황 등을 계속 탐문했다. 이윽고 실상을 파악한 쓰시마는 그해 11월, 차왜^{差倭9} 우치노 곤베에^{內野權兵衛} 일행을 부산에 파견했다. 우치노 등은 상경을 허용하라고 요구했다. 조선이 거부하자 우치노는 귀국하지 않고 2년 이상 왜관에 머물면서 각종 요구를 늘어놓았다. 이듬해 1월, 우치노는 '일본 사신이 절하는 장소를 모래밭에서 단상으로 바꿔줄 것', '해마다 주는 쌀과 콩을 세사미^{歲賜米}라 부르지 말 것', '쓰시마를 귀주^{貴州}로 불러 줄 것', '왜관의 시설을 보수해 줄 것' 등을 요구했다. 조선 조정에서는 요구를 받아들이는 여부를 놓고 의견이 분분했다. 하지만 대다수 신료는 '우리 형편이 믿을 만한 것이 없는 처지에 요청을 거부하기는 곤란하다'며 현실론을 내세웠다.

병자호란으로 조선이 곤경에 처해 있다는 사실을 잘 알고 있던 일본인의 이런저런 요구^{求請}는 계속 급증했다. 특히 주목되는 것은 1640년 12월의 상황을 기록한 『왜인구청등록^{倭人求請謄錄}』의 내용이다.

> 왜인이 종전에 왕래할 때는 비록 자신들의 이욕과 관련된 일이
> 있어도 대놓고 패악한 말을 하지는 않았습니다. 하지만 국사가
> 이 지경에 이른 뒤에는 저들 또한 우리를 가볍게 여기는 마음이
> 생겼습니다. 매번 의주에서 청 사신이 조선으로 올 즈음에는 으
> 레 왜인의 기세가 배나 살아나니 더욱 놀랍고 분합니다.

9 **차왜** 조선 후기 쓰시마에서 조선에 수시로 파견한 외교 사절. 조선 전기에는 없었던 것으로 1609년 국교를 회복한 기유약조 체결 당시 상경을 요청한 쓰시마 사절에 '도주차왜(島主差倭)'라는 명칭을 붙인 데서 시작되었다.

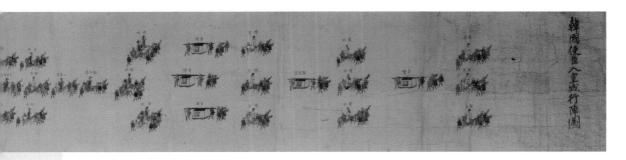

「인조십사년통신사입강호성도」(부분) 1636년 통신사 일행이 에도 성에 들어가는 모습을 그린 행렬도이다. 각 인물의 상단에는 직책이 적혀 있다. 당시 수행한 화원인 김명국이 그린 것으로 추정된다. 국립중앙박물관 소장. 종이에 채색. 세로 595.0센티미터, 가로 30.7센티미터.

'청 사신이 입국할 때가 되면 일본인의 기세가 더 등등해진다'는 말에 병자호란 이후 조선-일본 관계의 실상이 적나라하게 드러나 있다. 일본 측은 청의 압박에 시달리는 조선이 자신들의 요구를 거부하기 어렵다는 것을 악용하고 있었던 것이다.

실제로 병자호란 이후 일본에 대한 조선의 위기의식은 크게 높아졌다. 신료들은 '일본이 군사를 양성한 지 오래 된 데다 조선을 무인지경처럼 여기고 있는 상황에서 그들의 침략을 막아낼 대책이 없다'고 우려했다. 일본의 재침에 대한 우려가 커져 가면서 수군을 정비하고 경상도 일대의 산성을 재정비하자는 방책이 제시되었다. 하지만 쉬운 일이 아니었다. 유사시 일본군을 막는 데 투입될 수군의 실상은 한심했다. 수군에 투입될 백성이 과중한 세금 부담 때문에 곳곳을 떠돌고 있었기 때문이다.

축성 또한 쉽지 않았다. 형편없는 재정 현실에서 축성을 강행하면 백성들에게 과중한 부담이 전가될 수밖에 없었다. 또 청에게 항복할 때 성을 다시 쌓거나 정비하지 않겠다고 약속했던 것도 걸림돌이었다. 당시 청 사신들은 수시로 남한산성 등을 둘러보고 조선이 성을 쌓는지 감시하고 있었다. 한마디로 일본의 침략에 대비해 군사력을 정비할 여유가 없었던 셈이다.

이 같은 상황에서는 일본에 대해 유화적인 외교를 펼칠 수밖에 없었다. 조선은 쓰시마 측의 요구를 거의 다 받아 주었다. 1642년에는 도쿠가와 이에미쓰가 득남한 것을 축하하기 위해 통신사를 파견했고, 닛코日光에 도쿠가와 이에야스의 사당이 준공되자 축하 선물도 보냈다. 심지어 인조까지 쓰시마의 강청을 받아들여 직접 쓴 편액을 일본에 보내기도 했다.

한편 청은 1637년 맹약 당시 '일본과 통교를 계속하고 일본 사신을 심양으로 데려오라'고 조선에 요구한 바 있다. 그후에도 수시로 일본의 동향을 조선에 묻고 일본과 수교하겠다는 의사를 내비쳤다. 청이 일본 정세에 깊은 관심을 보인 것은 명이나 조선이 일본과 연결해 자신을 협공하지나 않을까 우려했기 때문이다. 실제로 1640년 무렵 '명이 일본에 청원請援했다'는 풍문이 돌기도 했다.

청이 계속 일본 정세를 탐문하는 곤혹스런 상황에서 조선에서는 일본에 대한 인식이 바뀌는 미묘한 조짐이 나타나고 있었다. 일본을 '왜란을 도발한 원수'가 아니라 청을 견제하기 위해 끌어들여야 할 '우방'으로 여기는 것이었다. 그 같은 인식을 드러낸 가장 대표적인 인물은 조경이었다. 그는 본래 골수 척화파로서 병자호란 당시 '나라가 망하더라도 목숨을 걸고 오랑캐와 싸워야 한다'고 주장한 인물이다. 그런 그가 '일본은 교린성신交鄰誠信의 나라이므로 사람을 보내 의리로써 타일러 힘을 빌려야 한다'고 주장했다. 일종의 이이제이론으로, 일본을 이용해 청을 견제하자는 주장이었다. 대부분의 지식인들이 일본을 여전히 영원히 함께 할 수 없는 원수로 여기고 있는 현실에서 파격적인 주장이었다. 나아가 병자호란을 계기로 조선의 '주적'이 일본에서 청으로 바뀌는 추세를 보여 주는 것이기도 하다. 조경의 일본 화친론은 이후 송시열 등 노론 인사들에게도 연결된다.

요컨대 병자호란을 계기로 일본이 조선의 '원수'에서 '우방'으로 변신하는 조짐을 보인다. 조선은 청의 압박에 시달리는 상황에서 일본과의 외교를 유화적인 방향으로 이끌 수밖에 없었다. 조선이 병자호란 이후 초량에 대규모의 왜관을 다시 지어 일본인들을 이주시켜 주고 , 막부의 쇼군이 바뀔 때마다 축하 사절을 보내는 등 '원수'에게 유화적인 자세를 취했던 데에는 '끼여 있는 약소국' 조선의 근원적인 고뇌가 자리 잡고 있었던 것이다.

에도 성 안으로 들어가는 조선통신사
에도의 풍경을 그린 「에도도병풍」의
일부분이다. 1624~1644년에 그린
것으로 전해지며, 통신사 일행이 국서
를 들고 성 안으로 들어가는 모습이 그
려져 있다. 소교(小轎)에 탄 삼사, 쇼
군에게 진상할 호피 등을 일본 관리들
에게 보여 주는 모습, 행렬을 구경하는
사람들이 생생하게 그려져 있다.

조선통신사는 서울을 출발해
부산까지 육로로 이동했다.

부산 10월6일

부산에서 여섯 척의 통신사선을 나누어
타고 쓰시마로 간다. 여기서부터는
쓰시마의 관리가 조선통신사를 수행한다.

10월6일 ❶
❷
❸
❹
10월12일 ❺

쓰시마에서 오사카까지 배를 이용해
이동한다. 각 기항지에서는 다이묘가
접대하는 호화로운 향응이 있었다.

10월29일
❻ 10월26일 ❽
❼ ❾
10월29일
❿ ⓫ ⓬

「조선통신사어루선도」

요도우라부터 교토까지는 요도가와 강을 거슬러 올라갔다. 요도가와는 강
바닥이 낮아서 통신사의 선박으로 올라갈 수 없다. 그래서 네 척의 '고로센'
과 일곱 척의 '가와고자후네'로 갈아타는데, 고로센과 가와고자후네는 강
변에서 수천 명의 사람들이 밧줄로 배를 묶어 그 배를 끌면서 강을 천천히
거슬러 올라간다.

조선통신사의 길
-서울에서 에도까지

1636년 제4회 통신사가 출발했다. 목적은 일본의 국정을 탐색하며 포로를 쇄환하고 유황 무
역을 재개하기 위해서였다. 그해 8월 11일 한양을 출발해 11월 16일 교토, 12월 7일 에도에
도착했다. 부산에서 오사카까지는 해로로, 에도까지는 육로로 이동했다. 정사는 임광, 부사
는 김세렴, 종사관은 황호였으며, 총 인원은 478명이었다. 다음 해 2월 25일, 통신사가 부산
에 돌아왔을 때는 청이 조선을 침략해 인조가 홍타이지에 항복의 예를 행한 후였다.

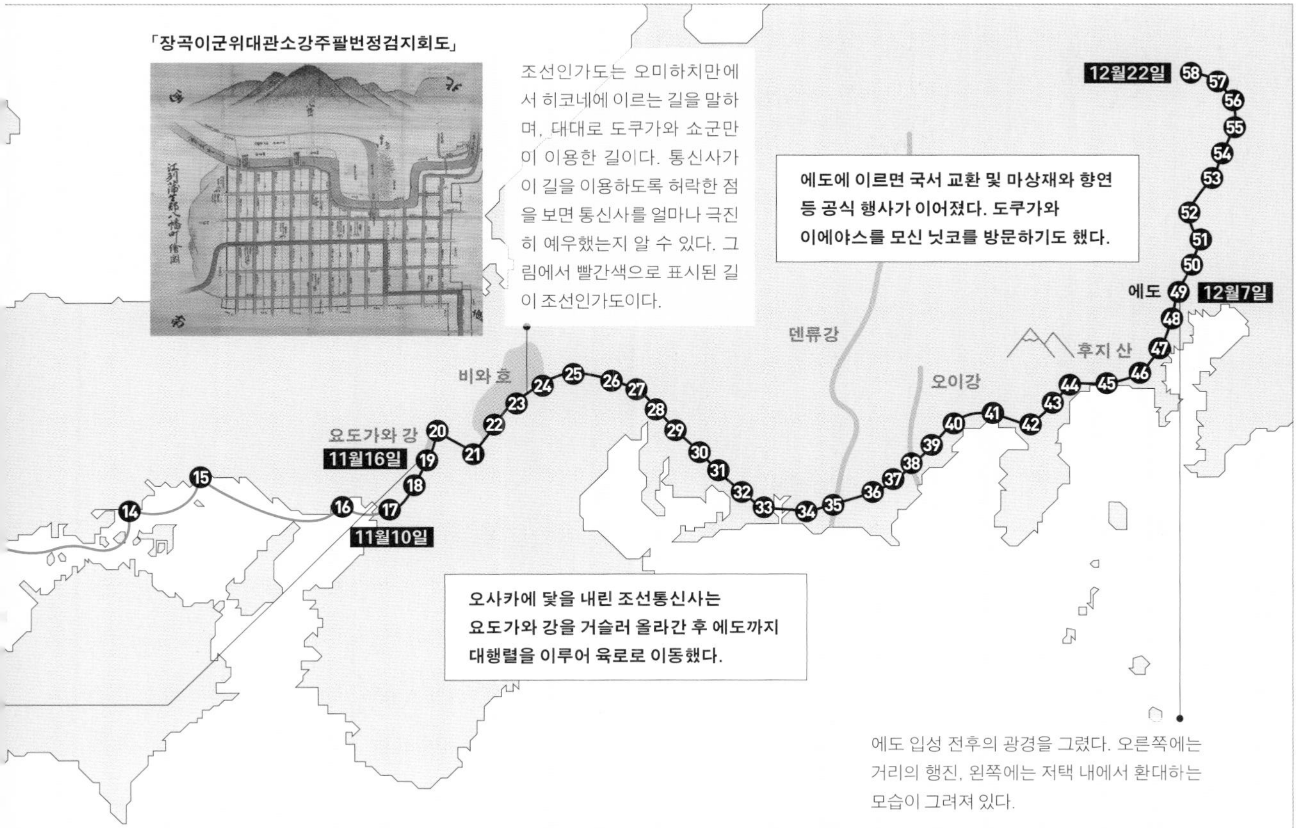
12월22일
58
57
56
55
54
53
52
51
50
에도
49
12월7일
48
47
후지 산
46
45
44
43
42
41
40
오이강
덴류강
39
38
37
36
35
34
33
32
31
30
29
28
27
26
25
24
23
22
비와 호
21
20
요도가와 강
11월16일
19
18
17
16
11월10일
15
14

「장곡이군위대관소강주팔번정검지회도」

조선인가도는 오미하치만에서 히코네에 이르는 길을 말하며, 대대로 도쿠가와 쇼군만이 이용한 길이다. 통신사가 이 길을 이용하도록 허락한 점을 보면 통신사를 얼마나 극진히 예우했는지 알 수 있다. 그림에서 빨간색으로 표시된 길이 조선인가도이다.

에도에 이르면 국서 교환 및 마상재와 향연 등 공식 행사가 이어졌다. 도쿠가와 이에야스를 모신 닛코를 방문하기도 했다.

오사카에 닻을 내린 조선통신사는 요도가와 강을 거슬러 올라간 후 에도까지 대행렬을 이루어 육로로 이동했다.

에도 입성 전후의 광경을 그렸다. 오른쪽에는 거리의 행진, 왼쪽에는 저택 내에서 환대하는 모습이 그려져 있다.

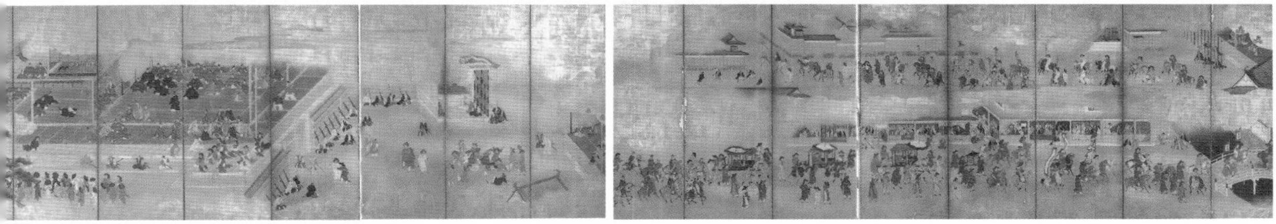

「조선통신사환대도」

지명

❶ 사스나우라	⓫ 쓰와	㉑ 오쓰	㉛ 아카사카	㊶ 요시와라	51 가스카베
❷ 와니우라	⓬ 가마가리	㉒ 모리야마	㉜ 요시다	㊷ 미시마	52 신쿠리하시
❸ 니시도마리우라	⓭ 도모노우라	㉓ 오미하치만	㉝ 아라이	㊸ 하코네	53 오야마
❹ 가모세우라	⓮ 우시마도	㉔ 히코네	㉞ 하마마쓰	㊹ 오다와라	54 이시바시
❺ 이즈하라	⓯ 무로쓰	㉕ 이마스	㉟ 미쓰케	㊺ 오이소	55 우쓰노미야
❻ 가자모토우라	⓰ 효고	㉖ 오가키	㊱ 가케가와	㊻ 후지사와	56 오사와
❼ 아미노시마	⓱ 오사카	㉗ 슈노마타	㊲ 가나야	㊼ 가나가와	57 이마이치
❽ 아카마가세키	⓲ 히라카타	㉘ 나고야	㊳ 후지에다	㊽ 시나가와	58 닛코
❾ 무카이시마	⓳ 요도우라	㉙ 나루미	㊴ 스루가후추	㊾ 에도	
❿ 가미노세키	⓴ 교토	㉚ 오카자키	㊵ 에지리	㊿ 고시가야	

중화의 세계와 신의 세계

두 세계의 만남

우주관 지평설과 지구설의 만남

동양의 우주관

동아시아의 우주는 '천원지방(天圓地方)'이라 표현되었다. 즉 하늘은 둥글고 땅은 모나다(또는 평평하다). 명 말 마테오 리치 등이 둥그런 땅의 형체를 갖춘 지구설을 제시하며 선교 활동을 할 때, 왕기(王圻)는 그림과 같이 천지 전체의 모양을 그려 놓았다.

하늘의 북극(天中北極)
땅으로부터 36도 올라와 있다.

천원지방(天圓地方)
하늘은 둥글고 땅은 평평하다

땅의 가운데에는 중원 한가운데 있는 숭산이 그려져 있다.

평평한 땅 위로 나온 하늘이 약 182도, 땅 아래로 숨어 들어간 하늘도 약 182도이다. 동양에서는 전통적으로 원주를 365 1/4도로 계산했다. 따라서 반원은 182도가 조금 넘는다.

지상계 사원소(흙, 물, 공기, 불)로 구성되어 있다. 사원소설에 의하면 무거운 물체인 지구는 무거운 흙과 물의 혼합으로 이루어져 무거운 원소의 본래 장소인 우주 중심에 뭉쳐 안정되고 조화롭게 영원히 정지해 있다. 땅이 구형인 근본 원리를 담고 있다.

왕기(王圻), 『삼재도회』에 그린 우주도(1607)

서양의 우주관

예수회 선교사들이 전한 우주는 구형의 땅이 우주의 중심에 정지해 있고, 그 둘레를 태양을 비롯한 여러 하늘(천체)이 원운동을 하는 구조였다. 유럽 학계에서 2000년 동안 정설이던 중세의 우주론, 곧 지구중심설이다. 근대의 태양중심설을 생각하면 착각이다.

지구설: 구형의 땅은 위아래가 없다. 아래 표도설 그림처럼 우리가 똑바로 서 있는 반대편 아래에는 거꾸로 서서 사는 사람들이 있어야 했다. 동아시아인의 상식으로는 불가능한 일이었다. 또 구형의 땅 위에는 절대적 중심도 없어 중화와 이적의 절대적 구분이 모호해진다. 전통적 화이관에서는 매우 불온한 사유였다.

영정부동천(영원히 고요해 움직이지 않는 하늘) 가장 바깥 하늘인 11중천, 즉 신의 세계를 의미한다.

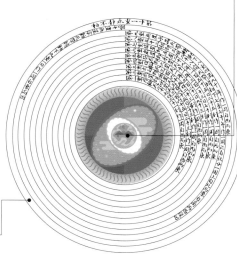

마테오 리치가 유럽의 천문학 이론을 소개한 『건곤체의』에 그린 「십일중천도」(1605)

표도설(表度說)의 지구

명 말 예수회 선교사들이 숭정제의 명에 따라『숭정역서』를 편찬하고 청이 그 성과를 접수해『시헌력』을 반포하고 천하 제패의 정당성을 과시하는 과정에서 이질적 세계관이 침투해 들어왔다. 천자가 사는 곳을 중심으로 평평하고 적절한 크기의 중화 문명 세계에 살던 명과 조선의 유학자들은, 중심 없이 광대하며 '천주'라 불리는 신이 만들어 놓은 둥그런 땅 위에 펼쳐진 신비의 세계를 접하고 당혹스러움을 감출 수 없었다.

두 우주관을 아우른 새로운 우주관

예수회 선교사들은 전능한 신이 창조한 조화로운 우주의 질서를 성리학자들이 수용하기를 원했다. 그러나 사원소설, 신이 거주하는 하늘의 존재, 그리고 구형인 땅의 형체를 납득할 만하다고 인정한 이는 개종한 사람들과 극소수의 지식인들이었다. 중국과 조선에서 지구설만을 수용한 일부 지식인들은 천체의 운행과 구조의 원리를 기의 메커니즘으로 재구성한 우주 모델을 제시하기도 했다.

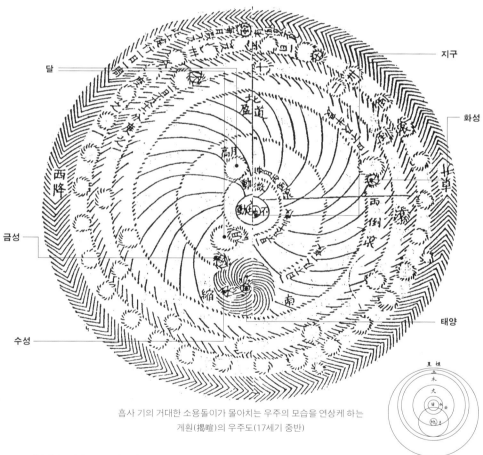

흡사 기의 거대한 소용돌이가 몰아치는 우주의 모습을 연상케 하는
게훤(揭暄)의 우주도(17세기 중반)

『시헌력』체제의 모델이던 튀코 브라헤의 우주관

17세기 초 예수회 선교사들이 천문학 개설서에서 프톨레마이오스의 우주론을 제시했지만『숭정역서』사업과『시헌력』에서는 코페르니쿠스의 태양중심설이 수용되기 이전 오랫동안 정설로 받아들여지던 튀코 브라헤의 우주 구조가 주 모델이었다. 이는 지구를 중심에 놓으면서도 천문학적으로 태양중심설과 동등한 효과를 내는 모델이었다. 이후 300년 가까운 기간 동안 동아시아에서는 서양식 계산법을 이용한 시헌력이 표준이었다.

두 세계의 만남|

천문관 고법천문도와 신법천문도의 만남

동양의 천문도

태조가 하늘로부터 받은 천명을 상징하는 「천상열차분야지도」가 세월이 오래 지나 제 기능을 할 수 없게 되자 이를 숙종 대에 복각했다. 300년이 지나 하늘의 도수가 변하고 별의 위치가 달라졌음에도 태조 대의 것 그대로 다시 만들었다.

중성기: 24절기별로 초저녁과 새벽에 자오선에 걸치는 중성을 기록했다.

적도: 적도가 중앙에 위치한 것으로 보아 적도좌표계임을 알 수 있다.

황도 : 타원이어야 하지만 실제와 다르게 그렸다.

은하수

논천기사 : 혼천설, 개천설 등 고대의 여섯 가지 우주설을 설명했다.

서울에서 보이지 않는 남극 주위의 별을 제외한 1467개의 별을 하나의 원 안에 적도좌표계를 기준으로 그렸다.

투사도법이 아니라 북극에서의 각 거리가 중심에서 떨어진 거리에 비례하도록 별의 위치를 잡아 그렸기 때문에 별자리 모양의 왜곡이 심하다. 남북 방향으로 줄었고 동서 방향으로는 늘어났다.

17세기 말 다시 만든 「천상열차분야지도」의 탁본

1634년 아담 샬은 서양의 천문학에 입각해 제작한 천문도를 황제에게 바쳤다. 조선에서는 이를 '신법천문도'라 불렀고, 숙종 대 모사 제작했으나 현재 남아 있지 않다. 중국과 조선의 전문가들은 고법천문도를 '개천도'로, 신법천문도를 '혼천도'로 이해했다. 그러나 이 천문도 역시 유럽의 천문도와는 매우 다르며, 중국식으로 옷을 갈아입었다.

서양의 천문도

네덜란드의 지도 제작자 빌럼 블라외가 1603년 무렵 제작한 것으로 추정되는 천문도. 예수회 선교사들이 유럽에서 배웠을 천문도의 모습을 잘 보여 준다.

서양의 천문도(1603경)

황극을 중심에 두고 황도를 경계로 양반구로 나누어 그린 황도좌표계 기준의 천문도이다. 12개의 절기선이 황극으로부터 균등하게 방사상으로 그려졌다.

별자리와 함께 고대의 신화에서 따온 그림을 천문도에 그려 넣었다.

두 천문도를 아우른 새로운 천문도

명 황제의 명을 받아 『숭정역서』 사업을 책임지고 수행하던 아담 샬이 제작한 천문도이다. 평사도법으로 작도해 실제 별자리 모양을 잘 반영했으나, 유럽의 좌표계와 달리 적극이 중심에 있는 중국식 좌표계에 입각해 그렸다.

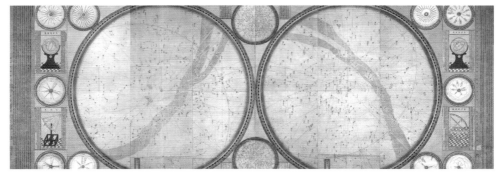

「적도남북양총성도」(1634)

남반부와 북반부의 별을 나누어 양반구에 하늘의 모든 별을 담은 양식은 서양식이다. 그러나 그려진 별자리들은 서양 것이 아니라 중국 전통의 것이다. 적극으로부터 불균등한 28개의 선을 방사상으로 그리고, 중심을 벗어난 황극으로부터는 균등한 12개의 절기선을 그렸다. 서양식 절기선과 중국식 28개의 구획선을 기묘하게도 하나의 하늘에서 겹쳐 그렸다.

지리관 천하도와 세계지도의 만남

동양의 천하도

마테오 리치가 중국에 들어와서 보았을 '천하도'로, 중국에서 가장 널리 알려져 있던 천하도이다. 마테오 리치는 이 지도를 보고 중국인들의 세계 인식과 지리 지식이 그들의 문명 수준에 비해 상당히 뒤떨어졌다고 해석하면서, 기독교 선교에 큰 자신감을 가졌다.

중국 내륙과 주변의 이적을 포함하는 좁은 영역의 '천하'를 사각형의 공간에 담았다. 평평한 땅 위의 '직방 세계'에 펼쳐진 중화 문명의 성스러움을 표현하고 있다.

중국을 중앙에 크게 배치하고 주변에는 당시 중국에 조공을 바치던 조선, 일본, 유구를 비롯해 동남아시아의 국가들을 그려 넣었다. 중국과 주변의 조공국으로 구성되는 직방 세계가 바로 중국인에게 인식된 세계였다.

유시, 「고금형승지도」(1555)

서양의 세계지도

마테오 리치가 중국에 가지고 왔던 것으로 보이는 유럽의 세계지도이다. 메르카토르와 쌍벽을 이뤘던 지도학자 오르텔리우스의 세계지도로 1570년 간행된 『세계의 무대』에 실려 있다. 투영법을 사용해 세계를 타원형으로 그렸다. 중국을 비롯한 동아시아는 오른쪽 변방에 있고, 아직 탐험되지 않은 미지의 남방 대륙이 커다랗게 그려져 있다.

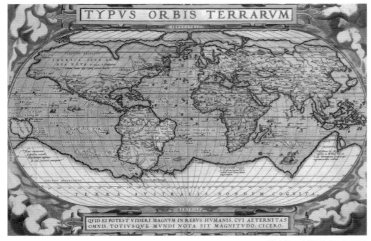

오르텔리우스의 「세계지도」(1570)

메르카토르의 세계지도 : 오르텔리우스와 쌍벽을 이루던 지도학자인 메르카토르가 1569년 제작해 항해용으로 널리 쓰인 세계지도. 중국은 유라시아대륙 동쪽 부분에 배치되어 있다.

천원지방의 세계관을 가졌던 동아시아에서는 둥근 하늘이 감싸고 있는 평평하고 네모난 대지를 '천하'라 불렀다. 그곳의 중심에는 중국이 자리 잡고 있었고 주변에 이적이 배치되었다. 반면 마테오 리치가 갖고 들어온 세계지도는 중심이 따로 없는 구형의 땅을 묘사하고 있었다. 전혀 다른 두 지리관의 만남은 17세기 조선에서도 이루어지고 있었다.

두 지도를 아우른 새로운 세계지도 – 천하고금대총편람도

광대한 땅 위에 펼쳐진 기이한 세계의 모습을 본 중국과 조선의 지식인들은 지도에 담겨 있는 객관적 지리 정보에 주목하기보다는 오래전 도가와 신선가들이 『회남자』와 『산해경』에 묘사한 신비의 세계를 떠올렸다. 중화와 이적이 뒤바뀌는 명청 교체라는 변혁기에 17세기 조선의 '천하도'에서는 화이론적 세계 인식이 심화되었다.

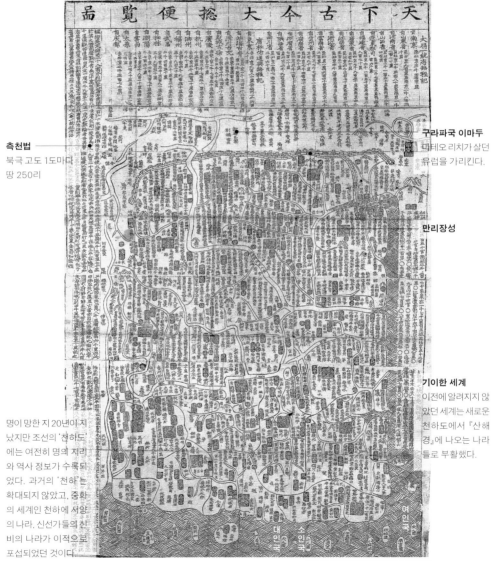

측천법
북극 고도 1도마다
땅 250리

구라파국 이마두
마테오 리치가 살던
유럽을 가리킨다.

만리장성

기이한 세계
이전에 알려지지 않
았던 세계는 새로운
천하도에서 『산해
경』에 나오는 나라
들로 부활했다.

명이 망한 지 20년이 지
났지만 조선의 '천하도'
에는 여전히 명의 지리
와 역사 정보가 수록되
었다. 과거의 '천하'는
확대되지 않았고, 중화
의 세계인 천하에 서양
의 나라, 신선가들의 신
비의 나라가 이적으로
포섭되었던 것이다.

김수홍, 「천하고금대총편람도」(1666)

두 지도를 아우른 새로운 세계지도 – 곤여만국전도

중국 땅에서 재현된 유럽의 세계지도는 마테오 리치가 그렸지만 중국식으로 옷을 갈아입었다. 동쪽 변방에 치우쳤던 '천하'가 지도의 중앙에 위치하면서 오히려 유럽이 서쪽 변방으로 밀려났다. 중국에서 제작된 마테오 리치의 「곤여만국전도」를 조선에 들여와 1708년에 다시 만든 것이다. 지도의 제작은 당시 영의정이었던 최석정의 주도하에 이루어졌는데, 이 지도를 통해 견문을 넓히고자 했다. 마테오 리치의 여느 세계지도와 달리 각종 동물, 선박 등

일식도 · 월식도
일식과 월식의 원리를 설명하고, 일월식의 원리로 지구와 달,
태양의 상대적 크기를 가늠할 수 있다고 밝혔다.

대항해시대의 지도에는 선박이나 코끼리, 코뿔소, 악어 등
여러 대륙에 실재하는 동물과 함께 실재하지 않는 상상 속
의 동물들을 그리곤 했다.

의 그림이 삽입되어 「회입 곤여만국전도」라고도 불린다. 현재 서울대학교 박물관, 중국의 난징박물원, 일본의 난반문화원 소장본과 같이 세 점만이 남아 있다. 지구 위의 세계 도처에 그려진 각종 동물, 선박 등의 그림들은 유럽의 지도에서 종종 볼 수 있는 것으로 17세기의 것은 아니고 중세와 대항해시대 사이에 유행한 양식이다. 「회입 곤여만국전도」의 원도가 황제에게 헌상용으로 특별히 제작된 것이라면 지도상의 각종 그림은 중국 이외의 미지의 세계에 대한 호기심을 자극하려는 의도에서 삽입된 것으로 보인다.

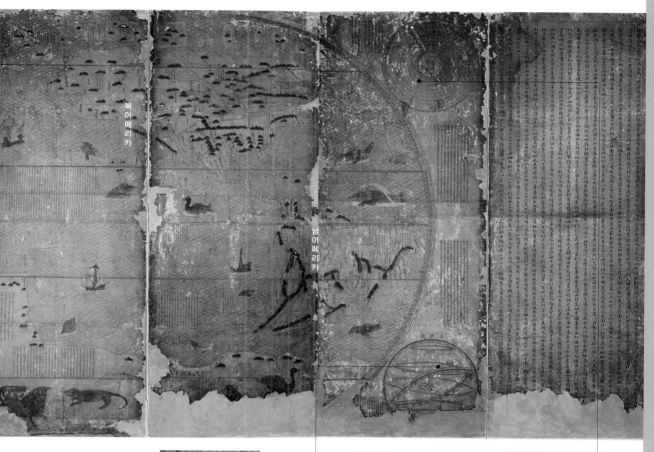

북아메리카

남아메리카

한반도 주변
명, 일본, 무창, 남경, 대명해
(남중국해) 등이 보인다.

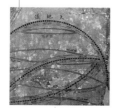

천지의
시간과 절기의 변화를 천구와 지구,
태양과의 관계 속에서 보여 준다.

구중천도
우주의 중심에 지구가 있고 그 바깥으로 해와 달, 행성, 별들을 관할하는 하늘이 있다.

두 세계의 만남 |

조운선이 드나들던 두물머리 뱃길 조선 시대 최대의 내륙
수로인 북한강과 남한강이 서울 들머리에서 하나로 합치던
두물머리의 풍경. 국가에 수납하는 조세미(租稅米)와 공납
물을 지방의 창고로부터 경창(京倉)으로 운반하는 조운선
이 이곳을 빈번하게 오가고 있었다.

02
대동의 길

17세기

조선의 경제활동은 먼저 전쟁의 참화를 딛고 일어서 앞선 시기의 생산력을 회복하는 데 집중해야 했다. 오랜 전쟁으로 인명 손실이 많아 인구가 크게 줄어들었다. 또 생산 활동이 위축되면서 많은 농경지가 버려지고 이로 말미암아 국가의 재정 수입이 크게 줄어들었다. 곳곳에서 사회의 경제 기반이 무너져 내렸다. 인가에서 밥 짓는 연기가 사라지기도 하고 전염병이 크게 번지기도 했다. 고향을 등진 농민은 사방으로 흩어져 구걸을 하거나 산속에 들어가 도적으로 변신했다. 이런 상황에서 중앙정부와 농민은 농업 생산의 재건을 위해 필사적으로 노력해 전후에 국가가 파악하는 전결 수는 점차 증가했다.

17세기 조선 사회의 특징 중 하나는 사적 소유권이 전면화되었다는 것이다. 이는 16세기 중반 직전법이 소리 없이 폐지되면서 나타난 현상이었다. 지주들도 토지를 집적해 토지 소유 규모를 넓혀 나갈 수 있었고, 소농들도 소규모 토지를 소유하고 경영해 나갈 수 있었다. 하지만 사회적 위계질서를 강제하는 신분제가 건재하면서 사적 토지 소유의 전개를 제약하고 있었다. 신분제 골격이 존재하는 한 신분이 높은 사람들에게 토지 소유가 집중되는 것은 당연한 일이었다.

17세기 초반 이래 왕실의 왕자, 공주 등은 개간 등을 통해 자신들의 소유 토지인 궁방전宮房田을 확대하며 나름대로의 생존 기반을 찾아 나섰다. 궁방전의 증대는 특히 국왕의 적극적인 후원에 힘입은 것이기도 했다. 그런데 개간할 수 있는 땅이 점차 사라지자 왕실 구성원들은 백성의 토지를 힘으로 빼앗는 일까지 벌였다. 관료들이 이를 비판하며 백성의 토지 소유권을 회복시켜야 한다고 지적했지만, 국왕들은 궁방의 손을 들어주기만 했다. 그러다가 17세기 말에 이르러서야 궁방전을 제한하는 규정을 마련했다.

이러한 위기와 변화에 대한 조선의 대응은 대동법大同法의 실시를 둘러싸고 나타났다. 대동법은 앞선 시기 백성들에게 커다란 부담을 주던 공납제를 크게 변혁한 것이었다. 백성은 본래 부담해야 할 공물의 양보다 훨씬 더 큰 부담을 짊어지고 있었다. 이를 개선한 대동법은 조선 시대 최고의 개혁으로 평가되기도 한다. 그러나 이 개혁이 조선 전역에서 실시되기까지는 참으로 오랜 세월이 걸렸다. 또 대동법은 하늘에서 뚝 떨어진 개혁안이 아니었다. 이전부터 공납의 부담을 해소하고자 지방 군현 차원에서 실시하던 사대동私大同의 원리를 채택해 공물 부담의 기준을 호戶에서 토지로 바꾸고 현물 대신 미곡으로 납부하게 한 것이었다.

전후 상품화폐경제의 발달은 먼저 지방 장시의 발전이라는 양상으로 나타났다. 이는 또한 조선의 조세제도의 변화와 연결된 것이었다. 17세기 이후 대동법 등의 실시에 따라 국가에 바치는 세곡을 화폐로 내는 금납화도 점차 진행되었다. 백성의 노역을 징발하는 요역제도 17세기 이후 노동력 대신 현물을 납부하는 물납세로 개편되면서, 관청은 필요한 노동력을 고용 방식으로 조달하게 되었다.

17세기에는 농촌 장시가 크게 증가하고, 인접한 장시들은 장이 서는 날을 조정해 가면서 유기적으로 연결되어 갔다. 5일장 체제가 확고하게 자리를 잡으면서 장시는 상품유통의 활성화를 촉진하고, 나아가 시장을 염두에 둔 상품생산의 가능성을 크게 열어 주었다.

마지막으로 17세기에는 동전이 경제생활에서 본격적으로 자리를 잡았다. 15세기 후반 이후 농민들은 장시와 연관해 면포를 물품화폐로 사용하는 화폐유통을 주도했다. 또한 미곡도 교환 수단으로 이용되고 있었다. 그런데 17세기 중반 이후 대동법 시행에 따라 공인貢人의 상업 활동이 활발하게 전개되고, 지방 장시가 양적인 면과 질적인 면에서 발달하면서 상품유통이 크게 진전되었다. 그러자 물품화폐가 아닌 명목화폐의 유통이 필요하고 가능해졌다. 이미 1640년대에 개성상인을 중심으로 개성과 인근 지역에서 동전이 활발하게 유통되고 있었다. 1678년에는 중앙정부가 대대적으로 상평통보를 주조하고 유통시켰다. 화폐유통이 정착되자 상품 매매, 일당 지불, 조세의 납부 등에 동전을 활용하게 되었다.

교역 분야에서 조선 경제는 중국, 일본과 은을 고리로 연결되어 있었다. 조선에서 개발된 연은분리법이 일본에 전해지면서 16세기 초반 이래 일본이 은을 대량 생산했다. 이 은이 중국과 조선에 유입되고 일본은 도자기, 서적, 견직물, 면직물, 생사 등을 수입했다. 17세기 중엽까지 삼국 간의 은 교역량은 계속 증가해 전 세계 은 생산량의 3분의 1 이상에 이르렀다. 조선은 안팎에서 상품화폐경제로 나아가고 있었던 것이다.

1.
위기의 전후 경제

전쟁의 참상을 기록한 유성룡의 『징비록』 임진
왜란 당시 영의정이었던 유성룡이 전쟁이 끝난
뒤 뒷날을 경계하고자 하는 뜻에서 1592년부터
1598년까지의 일을 직접 기록한 것이다. 책에는
전쟁 전 일본과의 관계, 전쟁 발발과 진행 상황,
정유재란 등 다양한 내용이 담겨 있다. '징비(懲
毖)'는 『시경』의 "내가 징계해서 후환을 경계한
다(予其懲而毖後患)."라는 구절에서 딴 말이다.
국립청주박물관 소장. 16권 7책. 국보 제132호.

조선은 일본과 칠년전쟁을 치른 결과 커다란 피해를 받게 되었다. 정치적 측면뿐 아니라 경제적, 문화적, 정신적 측면에서 막대한 손실을 입었다. 서울의 경복궁을 비롯해 전국의 주요 문화재가 불타 버리거나 약탈당했다. 수많은 군사가 일본과 벌인 전투에서 생명을 잃었고 부상자는 이루 헤아릴 수 없을 정도로 많았다. 전투에 동원되지 않은 일반 백성도 숱하게 목숨을 잃거나 다쳤다. 목숨을 보존했다고 하더라도 피란살이의 압박감은 대단한 것이었다.

인구 감소는 농업 중심의 조선 사회에 엄청난 타격을 가했다. 전쟁 중에 목숨을 잃은 사람들이 전부는 아니었다. 일본군에게 전쟁 포로로 잡혀 간 군인도 있고 강제로 끌려간 민간인도 적지 않았다. 또 전란이 시작된 뒤 찾아온 흉작과 그에 따른 굶주림, 그리고 굶주림과 항상 짝을 이뤄 등장하는 전염병으로 희생된 사람도 상당수에 이르렀다.

전란이 가져다 준 참상에 대해서 비변사 당상으로 직무를 수행했던 성혼[1]의 생생한 증언을 들어 보자.

들판의 인가에 연기 나는 곳이 없고 백골이 그대로 드러나 있었습니다. 풀이 도로에 자라나 있고, 밭에는 경종耕種한 흔적이 없으니, 이러한 형세는 장차 모두 죽어야 끝이 날 듯합니다.

전쟁이 일어난 이후 병사兵死, 아사餓死, 여역사癘疫死[2]로 인민이 거의 남아 있지 않습니다. 백골이 들판에 가득 차 있고, 사람들의 흔적이 끊겨 있습니다.

1 **성혼** 조선 중기의 문신·학자. 호는 우계(牛溪). 동서 분당 때 서인과 정치 노선을 함께하며 이이와 더불어 서인의 학문적 원류를 형성했다. 문인으로는 조헌, 이귀, 정엽 등이 있다. 그의 학문은 사위 윤황, 외손 윤선거, 외증손 윤증에게 계승되어 서인 소론의 중심 계보를 형성한 것으로 평가된다.
2 **여역사** 피부병, 장티푸스, 기타 전염병에 걸려 죽는 것.

정릉 조선 제11대 왕 중종의 무덤으로, 왕비릉 없이 왕릉만 단독으로 있다. 1545년 경기도 고양시 서삼릉 능역에 있는 장경왕후 윤씨의 능 오른쪽 언덕에 왕릉을 조성했으나, 문정왕후 윤씨가 현재의 위치로 옮겼다. 서울시 강남구 삼성동 소재. 사적 제199호.

첫 번째는 임진왜란이 한창 진행 중이던 1593년 9월, 도굴당한 선릉^{제9대 성종의 능}과 정릉^{제11대 중종의 능}을 돌아보고 오는 길에 목격한 일이다. 당시 성혼은 왕명을 받아 선정릉을 살펴보고 그 결과를 선조에게 보고했는데, 그 속에 이러한 내용이 들어 있었다. 두 번째는 1594년 5월 비변사 당상으로 일하면서 시무 14조를 정리해 보고할 때 당시 사정을 묘사한 것이다.

성혼이 목격한 것은 전쟁으로 말미암아 숱한 인민이 생명을 빼앗겨 남아 있는 사람을 찾기 어려운 참상이었다. 그는 인구가 줄어들다 못해 사람의 흔적이 모두 없어져야만 참화가 끝나리라는 비관적인 전망까지 내놓고 있다. 물론 그의 묘사가 현실보다 과장된 것일 수도 있지만, 인가에서 나오는 연기가 사람 사는 증거라는 점에서 현실을 반영한 것임은 분명하다.

굶주림은 단순히 사람들의 배를 곯게 만드는 데 그치지 않는다. 굶주린 사람은 자연히 신체의 저항력이 떨어져 전염병에 쉽게 감염되기 마련이다. 특히 노인과 아이들은 굶주려 생기는 부종^{浮腫3}으로 허약한 상태에 이르면 전염병에 시달리다 죽곤 했다. 결국 굶주림과 전염병은 인구 격감이라는 참혹한 결과를 낳았다.

농민은 자신이 살던 곳에서 먹고사는 것을 제대로 해결할 수 없는 처지가 되자 뿔뿔이 흩어졌다. 고향을 등지고 사방으로 살 길을 찾아 떠난 농민은 구걸을 하기도 하고 산속에 들어가 도적이 되기도 했다.

전쟁의 피해는 특히 경상도와 서울 주변 경기 지역에 집중되었다. 경상도 지역은 일본군이 조선 땅에 들어온 이후 계속적으로 전투가 벌어진 땅이었다. 게다가 오랜 기간 일본군이 주둔하면서 극심한 경제적, 사회적인 침탈을 당했다. 많은 주민이 산골짜기로 피란했지만, 여전히 많은 사람들이 남아 일본군의 직접적인 약탈을 당했다. 경기 지역 주

3 **부종** 몸이 붓는 증상. 심장병, 콩팥병 또는 몸의 어느 한 부분의 혈액 순환 장애로 생긴다.

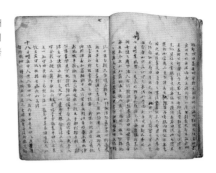

『**금계일기**』임진왜란 때 의병으로 활약한 노인의 일기. 정유재란 때 일본에 포로로 잡혀갔다가 탈출해 명으로 도피한 뒤, 귀국할 때까지 일본과 중국의 풍물을 살펴 기록했다. 1책 67매가 남아 있다. 보물 제311호.

민은 조선에 출병한 명군을 부양하고 명에서 보낸 사신을 접대하는 일까지 맡는 등 평소에는 생각하지도 못한 부담을 짊어져야 했다. 그들은 도성 주변에서 벌어지는 토목 공사에도 동원되어 자신의 생계를 돌보는 것은 아예 생각하지도 못할 지경에 빠져 있었다.

인구가 줄어든 것은 많은 조선 인민이 포로로 일본까지 끌려갔기 때문이기도 하다. 조선인 포로는 적게는 몇 개월에서 길게는 몇 년 동안 낯선 땅에서 엄청난 고초를 겪었다. 조선 도공陶工의 후예들은 아직도 일본에 살고 있다. 왜적의 포로가 된 사람 가운데 몇몇은 자신의 경험을 기록으로 남겼다. 강항은 『간양록看羊錄』[4]을 짓고, 노인은 『금계일기錦溪日記』를 썼다. 그밖에도 많은 사람이 일본에 포로로 잡혀가서 겪었던 갖은 고초를 기록으로 남겼다.

임진왜란이 초래한 막대한 인적 손실은 막대한 물적 손실로 이어졌다. 양반·상민·천인을 막론하고 수많은 사람이 피해를 당하고, 농사지을 사람이 크게 줄어들어 많은 농경지가 버려졌다. 농사지을 사람이 남아 있다고 해도 여기저기서 전투가 벌어지면서 농업 생산 활동은 큰 차질을 빚을 수밖에 없었다. 물론 전쟁 중에도 전투가 그친 소강상태는 있었다. 그럴 때면 농사짓는 일 자체는 문제없이 이루어질 수 있었다. 하지만 그런 시기에도 일본군이 주둔한 지역의 농민은 심각한 수탈을 당했다.

전쟁의 여파로 농민의 재생산 여건은 크게 악화되었다. 그런데 농민보다 더 큰 피해를 받은 것은 국가였다. 국가가 농민들로부터 전세田稅를 거둬들이는 수취 체제가 파탄에 이르렀기 때문이다. 국가의 토지 파악 능력이 크게 약화되면서 전세를 부담시킬 전답을 파악하기 위한 양전量田조차 제대로 시행되지 못했다.

1601년, 임진왜란 이후 전세 수입이 급격히 줄어든 데 대

4 『**간양록**』임진왜란 때 일본에 포로로 잡혀갔던 강항이 일본에서 조선으로 돌아올 때까지의 체험을 기록한 글. 1597년 9월부터 1600년 5월까지의 기록이 담겨 있다. 강항은 일본에 잡혀간 조선인 포로를 대표하는 인물로 꼽힌다.

황신 조선 중기의 문신. 1593년 지평으로 명의 경략 송응창을 접대하고 세자인 광해군을 따라 남하해 체찰사의 종사관이 되었다. 1596년 변방 백성을 따뜻하게 위로하는 방법을 제안해 절충장군이 되었다. 광해군 대에 진휼사가 되어 재정을 아끼고 백성을 보살피는 데 힘썼다. 영정은 국립민속박물관 소장.

해 영의정 이항복[5]은 이렇게 말했다. "전쟁 이후에 팔도 전결田結이 겨우 30여 만 결[6]인데 이는 평상시 전라도의 전결 액수에도 미치지 못하는 것이다."

이항복에 따르면 전쟁이 일어나기 전 평상시를 기준으로 전라도에는 40여 만 결, 경상도에는 30여 만 결, 충청도에는 27만 결 수준의 전답이 있었다. 그런데 임진왜란 직후 토지와 인민에 대한 국가의 장악력은 이전보다 훨씬 더 약화되었다. 어느 지역에 어느 만큼의 전답이 있고, 이를 어떤 농민이 경작하는지, 그래서 전세를 얼마나 거둬야 하는지 깜깜할 따름이었다.

임진왜란이 마무리된 직후인 1603년, 조선 정부는 양전을 실시했다. 이를 계묘양전이라 하는데, 후대의 평가에 따르면 문제가 많은 양전이었다. 어떤 전답은 예전의 양안에 기재된 것보다 등급을 훨씬 더 낮게 매기고, 어떤 전답은 예전 양안에 기재된 등급을 그대로 옮겨 적었기 때문이다. 따라서 실제의 토지 생산성보다 더 낮은 등급을 받은 토지에서 농사를 짓는 농민은 상대적으로 전세를 덜 내게 되었지만, 예전 등급대로 기입된 토지의 농민은 많은 전세를 내게 되어 불만이 커질 수밖에 없었다.

1610년광해군 2 호조판서 황신이 새롭게 양전을 실시할 것을 요청했다. 황신은 계묘양전 당시 수령과 서원書員[7]들이 토지 등급을 함부로 올리거나 내리고, 결부 수치를 마음대로 늘리거나 줄이는 교활한 짓을 저질렀다고 지적했다. 이런 엉터리 양전이 이루어진 결과 실제의 토지 면적을 제대로 산정하지 못했다는 것이었다.

5 **이항복** 조선 중기의 문신·학자. 좌의정, 영의정을 지냈고, 오성부원군에 진봉되었다. 함께 재상이 된 이덕형과 나눈 돈독한 우정으로 말미암아 오성과 한음의 일화가 오랫동안 전해 온다. 임진왜란 때는 선조의 신임을 받았고, 전란 후에는 수습책에 힘썼다.

6 **결** 농토 면적의 단위. 삼국 시대부터 고려 문종 때까지 1결은 사방 640척이 차지한 정방형으로 1만 5447.5제곱미터였다. 고려 문종 때와 조선 세종 때 개혁이 이루어져 1444년부터는 농토를 비옥도에 따라 6등급으로 나누었다. 이때 가장 비옥한 1등전 1결의 넓이는 9859.7제곱미터였다. 임진왜란 이후인 1634년부터는 1등전 1결이 1만 809제곱미터로 다시 바뀌었다. 1등전에서 6등전으로 갈수록 1결의 면적은 일정한 비율로 넓어진다.

7 **서원** 조선 시대 중앙과 지방의 각 관서에 배속되어 주로 행정 실무를 담당한 이속(吏屬).지방의 서원은 지방의 양인 가운데서 뽑혀 수령과 육방 아전의 지시를 받으며 세금 징수, 손실 산정 등 행정 실무를 맡았다. 자의적으로 손실을 산정하거나 산정 결과를 집계하는 데 부정을 저질러 농민에게 부당한 전세를 부담시키는 등 민생을 침해하기도 했다.

도명	임진왜란 전	1610년
전라도	44만여 결	11만여 결
경상도	43만여 결	7만여 결
충청도	26만여 결	11만여 결
황해도	11만여 결	6만 1000여 결
강원도	2만 8000여 결	1만 1000여 결
경기도	15만여 결	3만 9000여 결
함경도	12만여 결	4만 7000여 결
평안도	17만여 결	9만 4000여 결
합계	**170만 8000여 결**	**54만 1000여 결**

임진왜란 전과 1610년의 토지 결수

황신의 글에서 전쟁 이전 팔도의 평상시 결수와 1610년 당시에 파악한 결수를 정리하면 위 표와 같다. 정말 이 표처럼 전쟁 전에 170만여 결에 이르던 농경지가 그 3분의 1 수준인 54만 결까지 줄어든 것일까? 나머지 3분의 2는 전쟁 통에 황무지로 변해 버린 것일까? 그렇게 볼 수는 없다. 황신도 비록 전쟁의 참화를 입어 인민의 숫자가 줄어들었다고 해도 농경지가 이렇게나 많이 줄어들 수는 없다고 판단했다. 그는 전라도·충청도가 30퍼센트 정도, 피해가 컸던 경상도가 50퍼센트 정도 감소되었을 것으로 추정했다.

황신이 추정한 정도의 감소는 논밭이 황폐해지고 농업 생산이 위축됨에 따라 충분히 예상할 수 있는 일이다. 그러나 농토의 3분의 1이나 사라지는 것은 있을 수 없는 일이다. 그것은 토지가 사라진 것이 아니라 국가가 현재 경작되는 토지를 파악할 능력을 잃어 버린 것이다.

무엇 때문에 그렇게 되었을까? 군현의 향리들이 경작지로 파악하고 있으면서도 조정에 보고하지 않았을 가능성이 있다. 또 향촌의 힘센 집안의 토지가 수취 대상에서 누락되었을 가능성도 많다. 모든 측면에서 전후 조선의 국가 경제는 위기였다.

토지에 대한
사적 소유권이
전면에 등장하다

조선 초기의 과전법科田法에 따르면 국가가 관료에게 토지를 나눠 줄 때 소유권은 주지 않고 토지의 수확물을 일정량만 받도록 하는 수조권만 주었다. 농업 생산관계와 토지 소유관계에 국가가 일정한 제약을 가한 것이다. 그러나 이러한 수조권적 토지 지배는 16세기 중반 직전법職田法8이 소멸하면서 현실적인 의미를 거의 상실했다. 이제 토지에 대한 사적 소유권이 사회적 생산관계의 전면에 등장하게 되었다. 소농이 소규모 토지를 사적으로 소유하고 경영하는 소농 경영이 농업경영의 중심에 자리 잡을 가능성이 커진 것이다.

그러나 그것은 어디까지나 이론적인 가능성일 뿐이었다. 실제로는 사적 토지 소유가 전면화하자 소농 경영이 성장할 가능성은 오히려 줄어들었다. 16세기 이래 관인층이 토지 소유를 늘리는 형태로 대규모 사적 소유가 진전되었기 때문이다. 뒤늦게 중앙 정계에 등장한 사림 세력도 점차 토지를 늘려 나가면서 대토지 소유자의 면모를 과시했다. 소농에게 돌아갈 논밭은 점점 줄어들 수밖에 없었다.

수조권이 거의 자취를 감추게 되었을 때 자유로운 사적 토지 소유의 전개를 제약하는 현실적 요인으로 남게 된 것은 신분제였다. 신분제의 골격이 유지되는 한 신분이 높은 사람들에게 토지 소유가 집중되고 신분이 낮은 자가 토지를 잃을 가능성이 커지는 것은 당연한 일이었다. 이런 형세는 시간이 지날수록 심화되는 경향이 있었다. 관료들이 직권을 남용해 토지를 늘려 가는 것이 전형적인 사례였다. 또한 신분적 차이에 따라 경영 규모와 농형農形9에서 현격한 차이가 드러나고 있었다. 소유권을 실제로 처분하는 능력에서도 분명한 신분의 차이가 있었다.

이처럼 수조권 소멸로 토지 소유관계가 변화하자 국가의 재정이 줄어들고 이에 따라 왕실과 그 일족은 난관에 봉

8 **직전법** 1466년 과전법을 고쳐서 제정한 것으로, 경기의 과전이 부족해진 상황을 타개하기 위해 현직 관료에 한해 과전을 대폭 삭감해 지급하도록 했다.
9 **농형** 농사가 잘되고 못된 형편. 또는 농사가 되어 가는 형편.

내수사 터 내수사는 궁중에서 쓰는 쌀, 베, 잡물(雜物), 노비 등 왕실 재정의 관리를 맡아보던 관아였다. 1466년 내수소의 격을 올려 내수사로 했다. 성종 이후 군주는 사장(私藏, 개인 재산)을 가져서는 안 된다는 유교 명분론에 따라 내수사 혁파론이 나왔으나 그대로 유지되다가 1907년 폐지되었다. 서울시 종로구 내수동 서울지방경찰청 맞은편.

착했다. 이러한 난관을 뚫기 위해 왕실의 경제 기반으로 등장해 17세기에 급격히 늘어난 것이 궁방전이었다. 궁방전은 왕비, 왕자, 공주, 옹주 등 왕실의 구성원들이 생활하는 데 필요한 재원을 충당하기 위해 설정한 토지였다.

각 궁방[10]은 경쟁적으로 대규모 궁방전을 확보했다. 궁방들은 토지를 매입하거나, 각 아문이 보유한 둔전을 궁방에 옮겨 소속시키는 방식을 활용했다. 또한 국가는 주인 없는 토지를 궁방에 떼어 주는 등의 방식도 취했다. 이렇게 떼어 주는 것을 '절수折受'라고 하는데, 여기에는 일반적으로 두 가지 방법이 동원되었다. 궁방이 주인 없는 토지를 조사해서 그 토지가 소재한 지방관으로부터 입안立案[11]을 발급받거나 해당 토지를 내수사內需司에 신고한 뒤 호조를 통해 받는 것이었다. 그밖에도 국왕이 내려 주거나 궁방의 위세를 등에 업으려는 사람이 자기 땅을 기탁하는 방식도 있었다.

17세기 중반 현종 초에 이르면 면세 혜택을 받는 궁방전만 1400여 결에 달하는 궁가宮家가 나올 정도였다. 궁방전이 미치는 범위는 지역적으로 남북을 가리지 않았고, 멀리 삼남 지방 끝자락까지 미치고 있었다. 특히 황해도 지역에 궁방전이 집중되었는데, 이는 곡물을 한양으로 운송하기에 편리하다는 점 때문이었다.

절수는 궁방과 실질적인 소유자인 개간자 사이에 토지 소유의 이중구조를 형성하기도 했다. 궁방이 주인 없는 토지로 신고해 절수한 땅이 실제로는 그 지역 백성이 개간한 곳인 사례가 적지 않았기 때문이다. 그래서 궁방과 민인 사이에 토지 소유를 둘러싼 분쟁이 격렬하게 일어나곤 했다. 그럴 때면 국왕은 일방적으로 궁방의 손을 들어 주었다.

그러나 민인의 일방적인 희생을 강요하는 절수제를 계속 유지할 수는 없었다. 그리하여 1695년숙종 21에는 궁방전에 관한 특별 규정인 '을해정식乙亥定式'을 만들어 궁방에 토지를 절

10 **궁방** 왕실의 일부인 궁실(宮室)과 왕실에서 분가해 독립한 대원군, 왕자군, 공주, 옹주 살던 집을 통틀어 이르던 말.
11 **입안** 관아가 어떠한 사실을 인증하는 서류.

수하는 것을 금지했다. 그리고 궁방전은 조정이 궁방에 내려 준 화폐로 사 들인 토지나 호조에 세금을 내는 민결^{民結}로서 궁방에 배정된 토지에 국한시켰다.

궁방의 대표 칠궁(七宮) 임진왜란 이후 궁방전을 지급받던 궁방의 대표격으로 꼽히는 것이 일사칠궁(一司七宮, 내수사·수진궁·명례궁·어의궁·육상궁·용동궁·선희궁·경우궁)이었다. 이 가운데 육상궁(毓祥宮)은 제19대 숙종의 후궁이자 제21대 영조의 어머니인 숙빈 최씨의 신주를 모신 사당(廟)으로 1725년에 창건되었다. 당시는 숙빈묘라고 명명했다가 뒤에 육상묘로 개칭했으며, 1753년에 묘를 승격해 육상궁으로 고쳤다. 1908년 여러 곳에 분산되어 있던 여섯 궁을 합사해 칠궁으로 불린다. 서울시 종로구 궁정동 소재. 사적 제149호.

전쟁의 와중에 서울, 즉 한성부에 머무는 인구는 크게 줄어들었다. 이에 따라 도성 중심의 상품유통 체계는 거의 그 기능을 상실했다. 하지만 전쟁 이전에 커다란 상업 자본을 축적하고 상품유통을 주관하던 부상대고富商大賈[12]들은 전쟁의 총칼이 미치지 않는 지역에서 상업 활동을 벌이고 있었다. 전쟁으로 상품유통이 제대로 이루어지지 않는 상황은 상인들에게 오히려 더 높은 상업이윤을 획득할 수 있는 기회를 제공하기도 했다. 전투에 휘말려 상품 전부를 잃을 위험을 감수하는 만큼 수익률을 높게 잡을 수밖에 없었고, 상품 구매자들도 상인들이 제시하는 가격을 감수하지 않을 수 없었다. 살림살이가 넉넉한 부민富民도 부상대고와 동일한 행동 양식을 보였다.

1593년 좌의정 윤두수[13]는 이들의 행태를 비판하는 장계를 올렸다. "부민과 상고가 유기鍮器와 목면木綿을 산이나 언덕처럼 많이 쌓아 놓고도 군량을 모집하는 것은 아까워 내놓지 않습니다."

이는 부상대고들이 지방에 정착하면서 도성의 상품 교역이 위축되고, 16세기 도성을 중심으로 형성된 전국적 교역망이 붕괴했음을 알려 준다.

도성으로 상품이 들어오는 관문 구실을 하던 삼강三江, 한강·용산강·서강 지역도 상품유통 거점의 기능을 상실했다. 상품을 선박에 싣고 삼강에 이르러도 거래처가 모두 흩어진 상태여서 하역하거나 도성으로 운송할 길이 없었다. 도성 주민들이 살아가는 데 필요한 곡물의 유통조차 제대로 이루어지지 않고 있었다.

조정은 도성의 상품유통 체계를 재건하고 시전市廛 체제를 복구하기 위한 정책을 추진했다. 도성의 상품유통을 활성화하기 위해 개성 이외 지역의 장시를 모두 없애는 조치를 취했다. 그리고 삼강 주변 주민을 관리하기 위해 설치한 경강 주사대장舟師大將[14]도 없앴다.

12 **부상대고** 많은 밑천을 가지고 대규모로 장사를 하는 상인.
13 **윤두수** 동인의 영수. 임진왜란 때 선조를 호종해 어영대장이 되고 우의정, 좌의정에 올랐다.
14 **주사대장** 주교사에 속해 임금이 거둥할 때 한강에 부교(浮橋) 놓는 일을 맡아보던 임시 벼슬.

서울 시전 조선 태종 대에 지금의 서울 종로 사거리에서 경복궁·숭례문·흥인지문 세 방향으로 거리를 정비해 시전을 설치했다. 1410년 품목별로 시전의 지역을 나눴고, 1412년부터 네 차례에 걸쳐 시전을 건축했다. 정부는 시전 건물을 지정한 상인들에게 빌려 주고, 그 대가로 공랑세(公廊稅)를 받았다.

임진왜란 직후의 상품유통 경제는 두 가지 측면에서 이전과는 다른 상황에 처해 있었다. 시전 체제처럼 국가의 통제 아래 있던 교역 체계는 파탄에 이르렀다. 반면 장시처럼 국가의 통제를 벗어나 있던 교역 기구는 계속 성장해 이전과 다른 유통 체제의 형성에 접근하고 있었다.

이러한 상품유통 경제의 발전은 지배층 내의 일부 특권층이 상업이윤을 독차지할 기회를 증대시킨 것으로 보인다. 부상대고는 왕실이나 특권층과 밀착해야 상업이윤에 접근할 수 있었다. 그렇다면 농민층에게 임진왜란 이후의 상품유통 경제의 발전은 어떤 의미가 있을까? 그것은 한편으로는 농민층 사이의 경제력 차이를 벌려 농민층 분해를 촉발하는 계기가 되었고, 다른 한편으로는 토지에서 쫓겨난 농촌 사회의 유민流民들에게 상업 활동으로 생계를 유지할 기회를 제공했다.

임진왜란 직후 공납제가 제대로 운영되지 않자, 왕실과 국가기관이 필요한 현물을 시장에서 구입해 조달하는 경향이 일반화되기 시작했다. 전쟁 중 조정은 당장 필요한 물품을 따로 공물로 정해서 거둬들이거나 시장에서 구입했다. 이러한 방식은 전쟁이 끝난 뒤에도 그대로 유지되었다. 전후 도성의 시전들이 제 모습을 되찾자 국가가 필요한 물품을 시전에 의존하는 경향은 더욱 확대되었다.

국가가 필요한 물품을 시장에서 조달하는 일은 광해군 즉위 이후 더 많아졌다. 사신 접대와 전후 복구 사업에 필요한 물자가 더 많아졌기 때문이다. 사신 접대에 필요한 모피류, 인삼, 은 등의 조달은 시전 상인에게 의존했다. 그리고 궁궐, 왕릉, 각 관청의 수리나 개축에 필요한 재목, 석물 등도 결국 시전 상인의 부담이 될 수밖에 없었다. 게다가 각 관청이 시민에게 물품을 강제로 싸게 구매하면서 시전 상인의 손해가 증가하고 있었다. 국상國喪, 사신 접대 등에 필요한 품목을 불시에 시전에 요구하는 일이 잦아지면서 시전이 파산하는 일도 생겨났다.

공명첩 양역(良役)의 면제를 인정하는 공명면역첩(空名免役帖), 천인에게 천역을 면제하고 양인이 되는 것을 인정하는 공명면천첩(空名免賤帖), 향리에게 향리의 역을 면제해 주는 공명면향첩(空名免鄕帖) 등이 있다. 사진은 관직·관작의 임명장인 공명고신첩(空名告身帖). 국립민속박물관 소장.

국가 재정을 채우기 위한 공명첩空名帖도 남발되었다. 공명첩은 성명 적는 곳을 비워 둔空名 임명장帖이었다. 실제 직책을 받는 것은 아니지만 공명첩을 매입한 인물은 자신의 신분적 지위를 높일 수 있었다. 나아가 납속책納栗策15을 실시해 곡물을 조정에 납부하는 인물을 관직에 임용하기도 하고, 납속하는 자가 천인이면 면천免賤해서 양인으로 신분을 승격시켜 주기도 했다.

이처럼 국가재정을 확보하기 위해 공명첩을 함부로 찍어 내거나 납속책을 통해 면천을 남발하는 시책은 신분제의 문란을 가져왔다. 그러나 국가가 붕괴할지도 모른다는 위기의식은 납속을 통한 천인의 면천에 반대할 명분을 눌렀다. 만약 천인에게 곡물을 거두고 그를 양인으로 만들어 주는 데 반대하는 양반이 있다면 그에게는 다음과 같은 대답이 돌아갔다. 그렇게라도 해서 곡물을 거둬야 이를 군량으로 삼아 왜적과 대항할 수 있는 것 아닌가? 전쟁에서 살아남고서야 양반도 있는 것이고 노비도 부릴 수 있는 것 아니냔 말이다!

전쟁은 이처럼 지배층에게 기득권을 내려놓는 정책까지 과감히 추진할 용기를 불어넣었다. 지배층 자신들이 살아남아야 노비도 부릴 수 있다는 논리로 일본군의 목을 베어 오는 천인에게 면천을 약속할 수 있었다. 또한 천인과 양인이 합법적으로 신분 상승할 수 있는 방편인 공명첩도 남발했다. 전쟁은 많은 것을 파괴하면서 또 많은 것을 가능케 했던 것이다.

15 **납속책** 재정난 타개, 구호 사업 등을 위해 곡물을 바치게 하고, 그 대가로 상이나 벼슬을 주던 정책.

위기에 대응하는 국가의 자세

왕정 시대에 국가적 위기에 대응하는 방식은 가끔 고개를 갸우뚱거리게 한다. 광해군 대에 빚어진 궁궐 중·창건과 천도 논란도 그중 하나이다.

임진왜란 때 경복궁, 창덕궁 등 궁궐이 불에 타 사라졌다. 전란 후 서울로 돌아온 선조는 월산대군성종의 형의 저택을 정릉 행궁이라 부르며 사용했다. 광해군은 즉위 후 그곳에 경운궁고종 폐위 뒤의 덕수궁이라는 이름을 붙여 궁궐로 격상시켰다. 선조는 또 종묘에 이어 창덕궁과 창경궁을 중건해 경복궁 대신 법궁으로 삼았다[1611]. 그것은 급한 대로 필요한 일이었다. 그러나 광해군은 거기서 그치지 않고 돈의문 안쪽에 경덕궁훗날의 경희궁을 짓고 정원군인조의 부 저택이 있던 곳에 인경궁을 지었다.

동궐창덕궁과 창경궁의 중건에 머물지 않고 새 궁궐을 잇따라 지은 이유는 무엇일까? 왕실의 위엄을 높이고 왕권을 강화하려는 의지 때문이었다. 광해군은 전란 중 부왕 선조의 수모를 지켜보았다. 백성이 국왕을 원망하며 난을 일으키고 명의 장군과 사신들에게 업신여김을 당했다. 이 같은 상황에서 왕정을 계속하려면 국왕의 위신을 높여야 했고 따라서 어려운 나라 살림에도 불구하고 궁궐 중·창건을 밀어붙인 것이다.

1612년광해군 4에는 느닷없이 도성을 경기도 교하交河로 옮겨야 한다는 주장이 대두했다. 술사術士인 통례원 인의 이의신이 상소를 올려 "임진년의 병란과 역변이 계속 일어나는 것과 조정의 관리들이 분당하는 것과 사방의 산들이 벌거벗은 것이 국도의 탓이다."라며 "국도는 기운이 쇠했고 교하가 길지이다."라고 주장한 것이다. 승정원은 이의신의 죄를 엄하게 물어 민심을 안정시켜야 한다고 건의했다. 광해군은 이의신의 상소를 예조에 내려보내 상의하게 했다. 예조판서 이정구는 이의신이 여염집의 묏자리와 집터를 지정해 주곤 했지만 대부분 효험이 없었다고 지적하며 그의 천도론은 '일개 필부의 요망한 말'이라고 일축했다. 사간원, 홍문관 등 언관을 비롯한 신하들이 너나 할 것 없이 이의신의 처벌을 요청했다. 성균관 학생, 지방 유생들도

경희궁 조선 후기의 이궁. 1623년 완공했다. 경희궁 자리는 원래 인조의 생부인 정원군의 잠저(潛邸)였으나, 여기에 왕기(王氣)가 서렸다고 해 광해군이 빼앗아 궁궐을 지었다. 일제강점기에 훼손되었다가 1988년 복원했다. 서울시 종로구 신문로 2가 소재. 사적 제271호.

『**동의보감**』 허준이 간행한 의서. 우리 산천에서 쉽게 구할 수 있는 약재들을 다수 소개하고, 민간에서 쓰는 약재의 이름을 기재해 누구나 쉽게 약재를 찾을 수 있게 했다. 2009년에 유네스코 세계 기록유산으로 등재되었다. 한독의약박물관 소장. 25권 25책. 보물 제1085호.

상소를 올려 이의신의 처벌을 요구했다.

그런데 이의신의 '요망한 말'에는 광해군의 바람이 반영되었을 가능성이 많다. 또 당시에 그렇게 믿어졌다. 『광해군일기』에 이런 기록이 있다. 광해군이 몰래 이의신에게 "창덕궁은 큰일을 두 번 겪었으니 내가 거처하고 싶지 않다."라고 말하자 이의신은 "이는 궁전의 길흉에 달린 것이 아니라 오로지 도성의 기운이 빠졌기 때문에 일어난 일입니다."라며 신속한 천도를 권했다는 것이다. 『광해군일기』의 사신史臣은 궁궐의 중·창건도 이의신이 유도한 것이라고 기록하고 있다. 사실 일개 지관地官이 천도를 논하려면 그에 걸맞은 권력의 비호가 필요했을 것이다.

신하들의 반대로 천도는 물 건너갔다. 위기를 극복해야 할 시기에 궁궐 중건과 천도 같은 중대 사안을 술사에 의지해 추진했다면, 아무리 운에 따라 생사가 갈리는 전장을 체험한 국왕이라도 용납되기 어렵다. 그로 인한 국력의 낭비와 위기 극복의 지연은 누가 책임질 것인가? 때로 국왕 한 사람의 어깨에 온 백성의 운명을 맡겨야 했던 왕정의 근본 문제가 돌출한 사태가 아닐 수 없다.

물론 광해군이 나름대로 전란의 상처를 치유하려고 노력하지 않은 것은 아니다. 대표적인 것이 『동의보감東醫寶鑑』과 『동국신속삼강행실도東國新續三綱行實圖』의 편찬이었다. 『동의보감』은 1613년 허준이 우리나라와 중국의 의서를 모아 25권으로 집대성한 의서이다. 의서의 간행만으로 전염병이 완치되거나 줄어든 인구가 바로 회복되지는 않는다. 근대 이전 인구 변동의 결정적인 원인은 다산多産·다사多死였다. 의학의 발달이 사망률을 낮추는 데 큰 도움이 되지는 않았다. 그러나 임진왜란으로 나타난 인구 격감, 전염병의 창궐 등을 해소하는 정책에서 의서의 간행은 적지 않은 의미를 갖고 있었다.

『동국신속삼강행실도』는 전란 이후 흐트러진 민심을 수습하고 유교 윤리를 강조해 향촌 사회를 안정시키려는 노력의 산물이었다. 전란 중에 국가나 부모를 위해 목숨을 바친 이들의 행적을 추앙하고 이를 많은 사람들의 표본으로 삼고자 한 것이다. 특히 전쟁을 거치면서 신분제가 느슨해진 것을 다시 다잡고, 하층민이 지켜야 할 사회윤리로서 충효열忠孝烈을 거듭 강조하려는 것이었다.

2.
쌀로 통일하라

대동법 시행 기념비의 탁본

17세기 부세 제도의 가장 가장 큰 특징이라면 대동법의 실시라고 할 수 있다. 최종적으로 시행된 대동법은 공물과 진상의 현물 납부 대신 토지 결수에 따라 1결당 미 12두(斗)를 납부하게 한 부세였다. 국가에서 필요한 지방 특산물을 세금으로 걷는 공납제가 예전에는 특산물을 원형 그대로 바쳐야 했는데, 대동법이 시행된 다음에는 토지를 기준으로 일정한 쌀이나 포목을 내는 방식으로 바뀌었다. 대동법의 실시는 조선의 상품화폐경제를 발전시키는 데 커다란 영향을 끼쳤다. 사진은 김육이 충청도에 대동법을 시행한 공로를 기념하기 위해 세운 비석의 탁본이다. 경기도박물관 소장.

조선 전기 농민들에게 가장 큰 부담으로 다가온 것은 공납이었다. 공납은 각 지역의 토산물을 조정에 현물로 바치는 것을 말한다. 농사지은 수확물의 일부를 내는 전세 부담은 아무것도 아니라고 할 만큼 공납의 부담은 크고 무거웠다. 15세기에 정비된 공납제는 국가에 대해 본색本色1의 상납을 원칙으로 했다. 그러나 공납제를 실제로 운영할 때는 현물을 직접 내도록 하는 현물 부세와 노동력을 징발하는 용역이 혼합된 형태였다.

15세기 후반 이래 사회경제적 변화와 함께 공납제의 성격도 점차 변했다. 백성에 대한 부정기적인 잡역이 늘어났다. 군현에 부과되는 공물은 본래 해당 군현에서 나는 토산물로 배정하는 것이 원칙이지만, 실제로는 그 군현에서 생산되지 않는 것도 있었다. 불산물종不産物種을 납부해야 할 군현은 결국 공물의 대가를 농민으로부터 징수하고 이를 가지고 생산지에 가서 공물을 구입해 상납하지 않을 수 없었다.

사정이 이렇다 보니 남들 대신 공물을 구입해서 내 주고 비싼 대가를 받는 방납防納이 확산되었다. 안 그래도 큰 부담이던 공납은 백성에게 큰 피해를 안겨 주었다. 특히 방납의 폐단은 대단한 것이었다. 방납은 누군가가 직접 공물을 납부하는 것을 막고防, 그 사람 대신 공물을 납부納해 준 다음 그 사람으로부터 공물 본래의 가격보다 훨씬 더 높은 대가를 받는 행위를 가리킨다. 당연히 자연스러운 공물 납부를 막는 것이 전제가 되기 때문에 권력에 가까운 사람이라야 방납인이 될 수 있었다.

감사·수령 등 관료와 서리 등 관권의 비호를 받는 방납인은 백성의 공물 납부를 막고 강제 대납을 자행했다. 탐관오리들은 이러한 방납의 이익을 챙기기 위해 공납이나 진상의 수납을 거부하는 점퇴點退를 자행하기도 했다. 각 군현에 현물로 납부한 공물을 검사할 때 온갖 간계를 써서 퇴짜, 즉 점퇴를 놓는다. 그러면서 뇌물

1 **본색** 조세를 징수할 때 미곡을 본색이라 하고, 은전(銀錢)으로 환산한 것을 절색(折色)이라 했다. 즉 본색이란 다른 물건에 대한 조세 본연의 품목을 가리킨다. 공납제에서 본색이라 함은 해당 지역에 배정된 특산물 현물을 가리킨다.

조익의 「죽도」 조익은 17세기 문신·학자. 예조판서, 좌의정을 지냈다. 1611년 수찬으로 있을 때 이황 등의 문묘 종사를 반대한 정인홍을 탄핵하다 좌천되어 이 듬해 사직했으며, 1623년 인조반정으로 재기용되었다. 예학에 밝았고 대동법 시행을 적극 주장했다. 쭉 뻗은 대나무의 모습이 선비의 고집을 보여 주는 듯하 다. 국립중앙박물관 소장. 종이에 채색. 세로 53센티미터, 가로 100.9센티미터.

을 받아 챙기거나 방납을 받아들이도록 강요하는 것 이다.

이 같은 방납이 성행하게 되었다는 것은 그만큼 상 품유통이 활발해졌음을 의미한다. 공물로 납부할 토산물을 시장에서 구입해 납부할 수 있을 만큼 시장이 활성화되었다는 것이다. 방납은 이처럼 상품유통 경제가 발달하 는 상황에서 공물의 상품화와 공물 무납^{貿納2} 기구로서 구조적으로 정착되었다.

방납의 메커니즘은 지방의 장시, 도성의 경시^{京市}에서 공물을 사 들이는 행위를 통 해 돌아간다. 이 행위의 주체인 방납인은 새로운 유통 구조 속의 상인층으로 등장했 다. 방납인을 중심으로 하는 공물 방납의 확대는 한편으로는 불법적인 방납권을 통 한 상업자본의 축적을 초래했지만, 다른 한편으로 장시의 확산을 가져오는 요인이 되 었다. 나아가 농촌 경제에서 상품유통이 지닌 비중을 증대시켰다.

만약 방납가가 적당한 수준이라면 방납도 농민들에게 이득이 될 수 있었다. 농민 은 토산물을 만들어 낼 능력이 없고 농업에 매진해야 하므로 어차피 공물은 시장에 서 구매해 납부해야 하기 때문이었다. 하지만 적당한 수준의 방납은 이상일 뿐 현실 로 나타날 수는 없었다. 제 잇속을 차리기 위해 방납을 자행하는 방납인이 정직하게 본래의 공물 가격대로만 받으려 할 리가 없기 때문이었다. 그들은 당연히 정상가보다 훨씬 더 높은 방납가를 받아 많은 이득을 얻으려 했다. 이처럼 방납인이 높은 방납가 를 받는 행위가 보장되었다는 점이 방납이 성행한 또 하나의 배경이라고 할 수 있다.

방납인들에게 경제적 이익은 떨쳐 버리기 어려운 유혹이었다. 당시 방납인으로 활 약한 것은 권세가의 하인, 중앙관청의 서리^{胥吏} 등이었다. 이들은 지방에서 바친 공물 에 흠집이 있다는 식으로 퇴짜를 놓았다. 그런 다음 다시 준 비할 공물을 방납인에게 본래 공물 가격보다 턱없이 더 높

2 **무납** 어떤 물품을 무역해 상납하는 일.

유형원 묘를 지키는 문인석 유형원은 17세기의 문신·학자이다. 호는 반계(磻溪). 진사시에 합격했으나 벼슬에 뜻이 없어 학문 연구에 전념하면서 몇 차례 전국을 유람했다. 농촌에서 농민을 지도하며 중농 사상을 기본으로 한 토지개혁론을 펼쳤다. 저서에『반계수록』등이 있다. 경기도 용인시 백암면 소재. 경기도기념물 제31호.

은 가격으로 구해서 바치게 했다. 방납의 폐단은 관청의 유력자와 결탁한 방납인에 의해 저질러진 것이다. 이에 따라 농민은 본디의 공물 가격에 비해 훨씬 많은 부담을 짊어져야 했다.

이 같은 방납의 폐단 때문에 일찍이 중종 대부터 공안 개정[3]과 더불어 수미법收米法[4]이 논의되어 왔다. 그러나 이러한 개혁 조치들이 모두 한계를 드러내면서 임진왜란 이후 방납에 대한 대책은 공납을 쌀로 일원화하는 대동법의 시행으로 줄달음치게 되었다.

대동법 시행의 가장 근본적인 원인은 세제의 제도적 모순에 있었다. 조선의 세제는 기본적으로 중국의 조용조租庸調 체제를 가져온 것이다. 조선 초에는 지출의 대부분을 전세인 조租에 의존했다. 전세는 세종 대에 성립한 전분6등과 연분9등을 통해 정하고 20년에 한 번씩 양안을 작성했다. 체계적인 토지 관리를 통해 토지에서 나오는 세금으로 재정의 기반을 삼고자 한 것이다.

그러나 시간이 지나면서 전체 세금에서 전세가 차지하는 비중은 줄어들고, 잡역인 용庸과 공납인 조調의 비중이 늘어났다. 인조 연간에 조익은 대부분의 토지가 하등전으로 분류되어 전세로는 1결당 4두斗를 낸다고 했다. 이것은 일반적인 전답의 전체 소출 가운데 40~50분의 1에 불과했다.

유형원은 아무리 풍작을 이룬 해도 거의 하하년下下年으로 치기 때문에 전세가 결당 4두를 넘는 법이 없으나, 공납과 잡역은 종류가 아주 많아 가벼운 경우도 20두, 무거운 경우는 70~80두에 이른다고 했다. 공납과 잡역을 전세와 비교하면 농민들에게 얼마나 버거운 것인지 알 수 있다. 이 같은 공물과 잡역은 토지가 아닌 호戶를 단위로 했기 때문에 이 부분의

3 **공안 개정** 공물을 군현에 따라 정해 놓은 장부가 공안이다. 16세기 후반 사족들은 1501년 재정 수요 때문에 대대적으로 공물을 늘린 데 문제가 있다고 보고 공안을 개정해 백성의 부담을 줄이려 했다.

4 **수미법** 공납을 쌀로 바치는 제도로 조광조, 이이 등이 방납의 폐단을 시정하기 위해 주장했다. 정책으로 실시되지 않다가 17세기 들어 대동법으로 실현되었다.

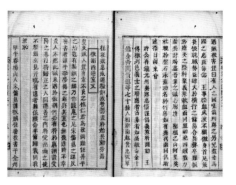

송유진의 모반을 규탄하는 「격호서역당문(檄湖西逆黨文)」
임진왜란의 명장 권율의 시문집인 『만취당유적(晩翠堂遺蹟)』에 실린 격문(붉은색 안)으로, 1594년 송유진, 이몽학 등이 전주에서 역모를 계획하고 있음을 알리는 내용을 담고 있다. 『만취당유적』은 1885년 9세손 권창섭이 7권 3책으로 편집 간행했다. 고려대학교도서관 소장.

세금 증가는 토지를 많이 가지고 있는 이들에게 이득을 안겨 주었다.

16세기 들어 국가의 조세제도가 안게 된 이 같은 모순에 대해 조광조 등 일부 젊은 사림은 개혁을 주장했다. 그러나 공납제가 국가 재정에서 차지하는 비중이 워낙 큰 데다 그것이 국왕에 대한 진상의 의미도 있었기 때문에 쉽사리 개혁되지 않았다. 방납인과 토호 등 이러한 공납제와 이권을 같이 하는 이들의 존재 역시 그 개혁을 어렵게 했다.

임진왜란을 거치면서 공납제는 감당할 수 없는 무게로 농민을 짓누르기 시작했다. 중종 대부터 시작된 재정 악화의 징조는 전란을 거치면서 파탄 지경에 이르고, 국가는 재정의 구멍을 세금으로 막을 수밖에 없었다. 정책 입안자 가운데 토지를 많이 소유한 자들은 전세를 늘리는 것이 자기 살을 깎는 일이나 다름없었을 것이다. 그래서 전세는 그대로 둔 채 전체 세금을 늘리려 했다. 안 그래도 공물에 대한 의존도가 높은 세제에서 전세를 유지한 채 전체 세액을 늘린다는 것은 공물의 가중을 의미했다. 구덩이에 빠진 백성에게 흙을 덮는 격이었다.

백성의 인내심은 한계에 다다랐다. 토지를 이탈해 떠도는 이들이 늘어나고, 그들 가운데 상당수가 군도에 가담했다. 이들은 임진왜란 당시 의병으로 전적을 쌓으면서 단순한 초적草賊의 무리에서 반란군의 면모를 갖추게 된다. 그것이 표면화된 사건이 송유진의 모반이다. 송유진은 임진왜란이 한창이던 1593년, 대기근으로 굶주리는 백성과 병졸 2000여 명을 모아 충청도 천안, 직산 등지에서 봉기했다. 당시 서울의 수비가 허술함을 보고 1594년 정월 보름날 진군할 계획을 세웠으나 체포되어 왕의 친국을 받고 사형당했다. 그들의 봉기는 비록 실패로 끝났지만 중앙 정계에 정치적 위기의식을 불러일으키기에 충분했다.

전쟁을 거치며 조선의 재정은 전보다 더 악화되었고 그 재정 악화를 해결하기 위

생선 한 마리 값이 쌀 열 말 임진왜란을 전후한 시기에 생선 한 마리의 방납가는 쌀 열 말이었다. 한 말은 열 되에 해당하며, 한 되는 약 1.8리터이다. 이 시기 방납의 폐해가 어느 정도였는지 짐작하게 해 준다.

해 공납에 더욱 의존했다. 그것은 방납의 폐단을 심화시켜 농민의 토지 이탈과 초적으로의 변신까지 초래했다. 이는 세수 감소로 이어지고 세수 감소는 곧 국가재정에 나쁜 영향을 미치는 악순환의 고리가 형성되었다. 그뿐 아니라 농민의 불만이 팽창하는 데 따르는 초적의 증가는 정치·사회적 위기감을 고조시켰다.

임진왜란을 전후한 시기에 이르러 방납의 폐해가 극에 달해 농민은 꿩 한 마리를 바치는 데 쌀 8말, 생선 한 마리를 바치는 데 쌀 10말의 방납가를 물어야 했다. 그야말로 10배, 100배의 방납가를 뜯기고 있었던 것이다. 이처럼 농민들이 부담하는 거액의 방납가는 대부분 모리배와 방납 상인들의 주머니로 들어갔다. 국고로 들어가는 것은 고작 10분의 2~3에 지나지 않았다. 이러한 방납의 폐해는 공납제의 대대적인 개편을 촉발했고, 마침내 대동법의 제정과 시행을 피할 수 없는 일정 위에 올려 놓았다.

대동법이
실시되기까지

대동법이 실시되기에 앞서 몇몇 고을에서는 공물 납부의 문제점을 해결하기 위한 자구책으로 사대동私大同을 실시했다. 명종 말기에 나타난 사대동은 군현 내 모든 전답에서 균등하게 징수한 쌀로 그 군현에 부과된 공물을 시장에서 구입하는 방식이었다. 이는 공물작미貢物作米과 함께 대동법의 원형을 볼 수 있는 제도이다. 사대동은 대체로 황해도 몇몇 군현에서 실시된 대동제역大同除役5을 그 예로 들지만, 수미법이나 공안을 개정하는 공안상정법貢案詳定法도 포함시킬 수 있다.

사대동은 토지를 가진 사람에게 1결 단위로 부과하기 때문에 힘없는 백성이 손해를 보는 윤회분정輪回分定6 문제를 완화할 수 있었다. 그뿐 아니라 백성들이 현물 아닌 쌀을 납부하므로 수납하기도 쉬웠고, 백성에게 부당한 부담을 지우는 조등刁蹬7의 폐해를 없애는 데 효과가 있었다. 이러한 이유로 17세기 중엽 대동법이 전국적으로 시행되기 이전까지 사대동이 다양한 명칭과 형태로 각지에 확산되었다.

하지만 사대동은 백성을 대신해 고을이 방납을 이용하는 데 지나지 않았다. 따라서 공물 주인이 공물의 대가만 받고 도망가거나偸食 공물을 체납하는 등 방납에 따르는 문제들은 남아 있었다. 또 사대동이 다양한 명칭과 형태를 가지게 된 것은 그것이 법제화된 방식이 아니었기 때문이다. 이를 인식한 이이는 1569년선조 2 9월 이를 법제화하고 전국적으로 시행할 것을 건의하지만, 반대하는 이들에 의해 끝내 실패하고 말았다.

임진왜란의 와중에 공물작미법이 실행에 옮겨졌다. 임진왜란을 겪고 있던 정부는 군량미가 절실했다. 1592년 군량미를 확보하기 위해 공납물을 현물 대신 그에 상응하는 쌀로 납부할 것을 장려했다. 이는 과거부터 종종 있어 오던 관행이었다. 또한 일부 지역에서 현물 대신 쌀을 거두는 사대동을

5 **대동제역** 토지 1결당 1두씩의 쌀을 거둬 서울에 납부할 각종 공물을 마련함으로써 방납의 횡포를 방비하는 제도.

6 **윤회분정** 8결 단위로 하나의 부과 대상을 정해 백성들이 돌아가면서 부담하게 하는 방법. 그러나 권세가들은 자기 이름을 명부에서 지움으로써 그 부담을 고스란히 가난한 백성들에게 전가하곤 했다.

7 **조등** 간사한 꾀를 써서 물건의 시세를 오르게 함을 이르는 말. 독수리가 토끼를 쫓아서 그의 힘이 지치기를 기다려 잡는다는 데서 나온 말이다.

병산서원 전신은 고려 말 풍산현에 있던 풍악서당으로 풍산 유씨의 사학(私學)이었다. 1572년에 유성룡이 현재 위치로 옮겼고, 1613년 지방 유림이 유성룡의 학문과 덕행을 추모하기 위해 존덕사(尊德祠)를 창건하고 위패를 모셨다. 1863년 '병산'이라는 사액을 받아 사액서원으로 승격되었다. 경상북도 안동시 풍천면 소재. 사적 제260호.

시행하고 있다는 것을 이미 알고 있던 조정은 즉각 이러한 조치를 내린 것이다. 그러나 전쟁 피해의 확산으로 소출이 감소하면서 군량미를 제대로 확보할 수 없었다. 또한 군현마다 기준이 달랐기 때문에 백성들의 원성만 사게 되었다.

그때 등장한 공물작미법은 공납의 폐단을 획기적으로 개선하는 방식이었다. 작미라는 방식은 두 단계로 구성되어 있었다. 첫 번째 단계는 공물로 내야 할 물품의 총액을 따져서 이를 쌀로 계산하면 얼마나 되는지 파악한다. 두 번째 단계는 쌀로 계산한 총액을 전답의 결 수에 따라 할당해 분배한다. 이러한 방식으로 공물 부담을 분배하고, 공물 몫으로 수취한 쌀로 궁중과 관청에 필요한 물품을 구매하는 것이다. 산간 지역에서는 운반의 문제 때문에 편의상 베布로 냈기 때문에 이를 공물작포貢物作布라고도 했다.

사대동이 정부와 무관하게 고을에서 자발적으로 시행된 관행이라면, 공물작미는 정부에서 시행한 제도였다. 사대동은 고을 안에서 부담을 균등하게 나눈 후 거둔 쌀을 공물로 바꾸어 중앙에 납부하지만, 공물작미는 현물 대신 쌀을 그대로 납부하면 된다. 그러면 정부가 그것을 군량미로 사용하거나 필요에 따라 현물로 바꾸는 방식이었다.

선조가 도성에 돌아오고 나서 얼마 뒤인 1594년 4월, 영의정 유성룡이 선조에게 군량미의 확보와 민생의 안정을 위해 공물작미를 건의했고, 마침내 이것이 받아들여져 시행되었다. 유성룡은 수미법을 제안하면서 이렇게 지적했다.

"전결을 기준으로 공물을 부과하지 않기 때문에, 군현에 따라 작게는 1결에 1~2두, 혹은 10두로 격차가 매우 큽니다. 공물의 부담이 공평하지 못한 것은 모두 지역별로 불합리한 부과 방법에 연유하고 있는 것입니다."

계속해서 유성룡은 전국의 토지에서 결당 미 2두씩 징수하는 임시변통의 공물 작

이원익 조선 중기의 명신. 호는 오리(梧里). 1569년 문과에 급제해 우의정, 영의정을 지냈다. 임진왜란 때 대동강 서쪽을 잘 방어해 호성공신(扈聖功臣)이 되었다. 저서에 『오리집』, 『오리일기』가 있다. 영정은 국립중앙박물관 소장.

미의 실시를 주장했고, 실제로 시행에 옮겨졌다.

당시 실시된 공물작미법은 결마다 배정된 쌀 부담량이 너무 적어서 그것만으로는 궁중과 관청에 필요한 물품을 사기에 부족했다. 이런 상황에서 궁중과 관청은 시장 상인에게 필요한 물품을 구매할 때 억지로 싼 가격으로 팔도록 강제하게 되었다. 눈뜨고 커다란 손해를 감수하게 된 상인들은 반발하지 않을 수 없었다. 그리고 공물작미법에는 지방 군현의 경비로 할당된 몫이 없었다. 따라서 지방 군현이 다시 토지에서 필요한 재원을 거두는 폐단이 나타났다. 여기에다 방납인과 토호의 반대도 거세게 일어났다.

따라서 공물작미는 시행 1년도 안 되어 폐지될 수밖에 없었다. 하지만 유성룡이 주도해 실시한 공물작미는 제도적으로 공물의 현물 납부 방식을 폐지하고 공물을 쌀로 대신 내도록 한 최초의 경험이었다. 그것은 1608년^{광해군 즉위} 실시한 최초의 대동법, 즉 경기도 선혜법의 기초가 되었다.

그해 호조참의 한백겸8은 공물작미를 수정 보완해 시행할 것을 건의한다. 이어 영의정 이원익이 광해군에게 선혜청宣惠廳 설치를 건의했다. 그는 각 읍에서 진상하는 공물이 각사各司의 방납인들에게 훼방을 받고 있어 결국 한 가지 물건의 가격이 평소보다 수십, 수백 배까지 오르고 있다고 지적했다. 이러한 폐단이 특히 경기 지역에서 심각하니 경기도에 선혜청을 설치해 문제를 해결하자고 제안한 것이다. 결국 그해 5월 선혜청이 설치되고 경기도에 선혜지법宣惠之法이 시행되기에 이르렀으니, 이것이 훗날 대동법으로 불리게 될 커다란 개혁의 첫걸음이었다.

경기 대동법 시행을 위한 사목事目. 시행규칙은 이원익이 마련했다. 도내의 모든 전토田土에서 1결당 쌀 16말을 봄가을로 나누어 8말씩 징수한다. 그 8말 가운데 7말은 선혜청에 상납하

8 **한백겸** 조선 중기의 학자. 호는 구암(久菴). 1585년 교정청 교정낭청이 되어 『경서훈해(經書訓解)』를 교정했다. 저서에 『구암유고』, 『기전고(箕田考)』, 『동국지리지』 등이 있다.

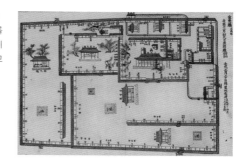

「선혜청도」 선혜청은 대동미(大同米)·대동포(大同布)·대동전(大同錢)의 출납을 관장했으며, 함경도와 평안도를 제외한 여섯 개 도에 지청(支廳)을 두었다. 지금의 서울시 중구 남창동 숭례문 수입 상가 앞에 있었다. 하버드대학교 엔칭도서관 소장.

고 나머지 1말을 각 군현에서 사용케 한다. 선혜청은 물가를 고려해 상납받은 쌀을 공인貢人에게 물품가로 지급하고 필요한 물품을 사 오게 한다. 이때 선혜청은 물가를 잘 살피고 넉넉하게 가격을 정해서 방납인에게 쌀을 주고 필요한 물품을 구입해 납부하게 하는 것이다.

담당 관청의 이름을 선혜청으로 한 것은 광해군이 내린 왕명 속에 선혜宣惠 즉 '은혜를 베푼다'는 용어가 들어 있는 것을 뽑아 쓴 것이다. 『광해군일기』 사신의 평가에 따르면 대동법을 시행할 때 수령 직무를 감당하지 못하는 인물들이 법제에 규정되지 않은 것을 함부로 더 거두는 폐단이 나타났다고 한다. 이를 제대로 단속하지 못하면서 대동법의 의의가 온전히 실현되지는 않았지만, 그럼에도 불구하고 경기 지역 백성의 부담은 조금이나마 덜어졌다고 한다.

대동법이 경기에서 시행된 이후 재야와 재조在朝의 많은 이가 경기 지역 외의 여러 도에도 이 제도를 실시해야 한다는 건의를 올렸다. 이미 경기에서 시행되어 그곳 백성들이 편하게 여기고 있으니 여러 도에서 널리 시행한다면 일국의 백성이 모두 그 혜택을 입을 것이라는 주장이었다.

경기 대동법은 시험적 성격이 강한 제도였다. 그 반응을 비교적 빨리 알 수 있다는 것도 시행 지역을 경기도로 선정한 이유 가운데 하나였다. 토호와 방납인의 반발이 일어나자 광해군은 여러 차례 폐지를 시도하지만, 그때마다 경기도민들이 그 편리함을 주장해 폐지하지 못했다.

원로대신 가운데도 반대하는 이들이 있었다. 그들은 선대 임금의 법祖宗之法을 따라야 한다는 명분과 과거 공물작미를 시행할 때 나타난 어려움을 들어 대동법 시행에 반대했다. 그에 대한 대안으로는 양전의 시행, 호패법의 강화, 공안 개정 등의 방법을 제시했다. 그 가운데 승지 유공량은 대동법이 시행된 다음 해에 작미하는 일이 어려

도별 대동법 시행 시기와 순서 제주도에는 그곳이 번속(藩屬)으로 여겨져 실시되지 않았고, 평안도에는 민고(民庫)가 운영되고 수미법이 시행되어 이미 대동법의 효과를 대신하고 있어서 시행되지 않은 것으로 알려졌다.

우므로 이 제도는 오래 시행할 수 없다고 주장하기도 했다.

대동법에 반대한 이들은 주로 그 제도가 시행되면 직접적으로 손해를 입는 이들이었다. 대표적으로 토호와 방납인이 있었다. 토호는 지역의 세력가로서 주로 그 지역 토지에 경제적 기반을 두고 있었다. 따라서 토지 소유의 많고 적음에 따라 납부액이 달라지는 대동법이 달가울 리 없었다.

대동법은 경기도에서 처음 시행된 이후 강원도·충청도·전라도·경상도·황해도 순으로 확산되었다. 대동법에 대한 지역별 반응에 대해 정구[9]와 조존성은 주로 산악 지대가 많은 강원도에는 토호가 없어서 대동법의 시행을 반기는 반면 양호兩湖, 호남과 호서, 그중에서도 곡창지대인 전라도에는 넓은 땅을 가진 토호가 많아서 대동법을 기뻐하지 않는 자가 많았다. 이를 시행 순서와 관련지어 보면 토호의 반대가 해당 지역의 대동법 시행을 늦추는 데 영향을 주었음을 알 수 있다.

대동법의 시행 순서에 영향을 미친 것은 토호의 반대만이 아니었다. 경기도에서 가장 먼저 시행된 것은 서울과 가깝다는 행정상의 이유도 있지만, 이 지역에서 공납의 폐단이 컸던 만큼 백성의 요구가 강력했기 때문이다. 이를 미루어 생각하면 대동법의 시행 순서는 지역 백성의 요구와 반대자들의 방해 등을 종합한 결과가 반영된 것으로 볼 수 있다.

대동법에 반대한 또 다른 세력은 방납인이었다. 방납인은 주로 서울 안 관아의 아전을 말하는데, 각사주인各司主人[10]·색리色吏[11]·사령使令[12]도 이들과 동류였다. 이들은 대대로 지

9 **정구** 조식의 문인으로, 영창대군과 인목대비의 폐출에 반대해 만년에 남인으로 처신했지만 사상적으로는 영남 남인과 다른 요소들이 많았다. 근기남인 실학파에 영향을 주었다.
10 **각사주인** 중앙 각 궁과 관청에 필요한 물자의 조달을 맡은 어용 공납 청부업자. 공인(貢人).
11 **색리** 고려·조선 시대 향리의 한 계층. 조선 후기는 일반적으로 말단 향리를 가리켰다.
12 **사령** 관청에 딸린 하급 군졸.

대동법을 반대한 유공량의 묘 유공량은 조선 중기의 문신으로 대동법 시행에 반대한 관료 중 한 명이다. 사헌부 지평, 철산군수, 호조참의, 황해도 관찰사, 형조참판, 황해도 병마절도사 등을 지냈다. 경기도 이천시 호법면 소재.

방의 공물을 대납하고 그 과정에서 이득을 취하는 것을 생업으로 삼았다. 대동법이 시행되면 방납은 사라지게 되고 그들은 대를 이은 수입원을 잃는 것이므로 받아들일 수 없는 일이었다. 이들은 그나마 취하던 이득도 점차 세가勢家 양반에게 탈취당하고 있었기 때문에 방납을 통한 이익의 사수는 더더욱 절실했다.

세가 양반 가운데 고위직을 차지한 이들은 조정에서 그 목소리를 높여 대동법 시행을 적극 반대했다. 그들은 대부분 대토지 소유자였고 그들 가운데 일부는 방납인과 이익을 나누는, 방납의 배후 조종자였다. 대동법의 시행은 그들에게 직간접적인 경제 손실을 주었으므로 상당수의 양반 관료가 대동법에 반대하는 주요 세력을 이루었다. 수령, 감사 등도 행정상의 불편을 이유로 들어 대동법 시행에 반대하곤 했다. 그들 역시 대동법의 시행으로 그간 공납에서 취하던 중간 이익이 사라질까 걱정했던 것이다.

이처럼 대동법은 많은 난관과 반대를 겪으면서 어렵게 나아가고 있었다.

대동법이
대세를 굳히다

광해군 즉위 첫해에 첫발을 내디딘 대동법은 이후 차곡차곡 각 도에 맞는 방안을 마련해 시행되었다. 대동법의 정착 과정은 여러 가지 요인에 의해서 출렁거렸다.

대동법을 시작한 광해군이 1623년 인조반정으로 쫓겨나고 인조가 즉위했다. 그 후 처음으로 국정을 논의하기 위해 열린 회의에서 영의정 이원익은 악화된 국가재정의 정비와 민생 안정을 군비 문제와 함께 급선무로 제시했다. 그는 경기 대동법의 주창자였다. 따라서 회의에서는 이 문제가 집중적으로 논의되었다. 당시 관직에서 물러나 있던 산림山林의 대표자 김장생[13]이 인조에게 제시한 국정 운영안도 이 문제에 관한 것이었다. 이는 국가재정과 민생의 문제가 시급한 과제라는 것을 서울과 지방을 막론하고 대부분의 학자, 관료들이 공감하고 있었음을 보여 준다. 그러나 그 문제에 대한 해결 방안은 서로 달랐다.

먼저 이 문제의 해결을 위해 대동법을 확대 시행하자고 주장하는 이들이 있었다. 대동법에 대한 경기도민의 호응에서 알 수 있듯이 경기도의 대동법 시행은 어느 정도 성과를 거두었고, 그것이 백성에게 절실한 제도라는 것을 입증했다. 인조가 즉위한 지 얼마 지나지 않아, 호조는 경기도에서 효험을 본 대동법을 2, 3개 도에 확대 시행할 것을 건의했다. 이조전랑 조익도 「논선혜청소論宣惠廳疏」라는 글을 올려 대동법의 전국적 시행을 주장했다. 경기 대동법 시행을 주도한 이원익도 영의정 자리에서 이에 동조했다.

인조는 반정으로 즉위했기에 가시적인 정치 성과를 낼 필요가 있었다. 게다가 무장한 도적의 무리가 도성 밖에 출몰하는 당시의 사회 분위기는 시행 반대론자의 기를 꺾어 놓고 있었다. 그리하여 광해군 대에 진척이 없던 대동법 확대 논의가 진척을 보이게 되었다.

13 **김장생** 조선 중기의 학자·문신. 학문적으로 송익필·이이·성혼 등의 영향을 받았는데, 특히 예학(禮學) 분야에서는 송익필의 영향이 컸다. 조선 예학의 태두로 예학파의 한 주류를 이루었다.

김육 조선 중기의 문신. 공납 제도의 폐단을 혁파하기 위해 대동법의 실시를 주장했다. 대동법 외에도 수차 사용, 화폐 통용, 역법의 개선 등 여러 가지 안민책을 실시하기 위해 힘썼다. 김육의 정책은 훗날 실학 사상가들의 정책과 관련이 깊다. 초상은 실학박물관 소장.

그해 9월 삼도대동청^{三道大同廳}이 설치되고 사목이 제정되어 강원·충청·전라에서 삼도 대동법이 시행되었다. 이어서 그 시행을 시찰하기 위해 세 도에 암행어사까지 파견했다. 그러나 삼도 대동법이 실시된 해와 그 이듬해에 흉작이 연이었다.

삼도 대동법은 경기 대동법의 단순한 확대 시행을 의미하는 게 아니었다. 각 지역의 특성을 고려한 세칙이 필요했지만 준비 과정이 부족했기 때문에 그런 것이 있을 리 없었다. 수운선마가^{輸運船馬價14}·인정^{人情15} 등이 규정되지 않아 전보다 더 걷어 갔고, 쇄마가^{刷馬價16}도 대동세에 포함되지 않아 멋대로 징수해 갔다.

부호들은 1결당 12말씩이나 되는 쌀을 한꺼번에 납부해야 하는 곤란을 겪었고, 정부도 이 쌀을 경창^{京倉}으로 옮기는 데 어려움이 있었다. 이로 인해 삼도 대동법의 시행을 반대하는 목소리가 커졌다. 이원익마저 정비를 위해 시행을 멈출 것을 요구하면서 1624년 12월 삼도대동청은 혁파되었다. 다만 강원도의 대동법만은 강원도 유생들의 청원에 따라 계속 시행되었다. 이때는 대동청이 폐지되었기 때문에 호조가 업무를 대신하면서 쇄마가를 책정하는 등 몇 가지 조치가 이루어졌다.

경기도와 강원도를 제외한 다른 도에서 대동법을 시행하는 문제가 다시 수면 위로 떠오른 것은 그로부터 20여 년이나 지난 1649년^{효종 즉위}의 일이었다. 당시 우의정 김육은 경기도와 강원도에서 이미 실효를 얻은 대동법을 호남·호서에서 시행하는 것이 백성을 편안하게 하고 나라를 유익하게 하는 길이라며 새 국왕 효종에게 대동법의 확대 시행을 권했다.

김육의 권유에 따라 1651년^{효종 2} 충청도에서, 1658년^{효종 9} 전라도 연해 지역에서 대동법이 시행되었다. 이는 김육이 정치적인 활동을 통해 대동법 지지자들의 의견을 결집하고 효종의 동의를 이끌어 냈기에 가능했다.

14 **수운선마가** 세곡의 운반에 드는 배와 소, 말 등의 운임료.
15 **인정** 벼슬아치들에게 주던 일종의 수수료.
16 **쇄마가** 지방에 공무용으로 배치한 말 값.

대동법 시행 기념비 1659년 김육이 충청감사로 있을 때 삼남 지방에 대동법을 실시한 공로를 기념하기 위해 삼남 지방으로 통하는 길목에 설치했다. 경기도 평택시 소사동 소재. 경기도 유형문화재 제40호.

김육이 대동법 시행을 주장한 것은 그의 말대로 안민^{安民}의식과도 관련이 있지만 정치적 위기감과도 무관하지 않았다. 그는 나라의 근본이 되는 삼남 지방이 동요하면 나라가 망하게 될 것이라며 이 지역에서 대동법을 시행할 것을 강력하게 촉구했다.

김육의 주장에 반대하는 세력도 만만치 않았다. 이조판서 김집이 대동법 반대 진영의 선두에 나섰다. 김집은 아버지 김장생의 학맥을 이어받아 예학의 태두로 군림하며 문하에 많은 제자를 두고 있었다. 그는 공납제가 국왕에 대한 진상의 의미를 갖는다고 강조하며 공물을 쌀로 일원화하는 대동법 시행에 반대했다. 김육이 이를 반박하자 김상헌, 송시열, 송준길17 등이 김육을 공격하며 김집을 두둔하고 나섰다. 이로써 대동법 논의는 김집, 송준길, 송시열 등 산당山黨과 김육, 신면 등 한당漢黨18의 분열이 일어나는 계기가 되었다.

김육 등은 비록 정치적 위기를 모면하고 국가재정을 확보하기 위해 대동법 시행을 주장했다고 해도 결과적으로 가난한 백성의 입장을 대변하게 되었다. 반대로 김집 등 대동법 시행에 반대한 자들은 의도와 무관하게 결과적으로 토호와 방납인 등 백성을 괴롭히는 세력의 입장을 대변하게 되고 말았다.

현종 대에 이르면 김육이 지적했던 정치적 위기감이 더욱 고조된다. 그러자 송시열처럼 본래 대동법 시행에 반대한 인사들까지도 시행을 촉구하게 되었다. 1660년^{현종 1} 좌참찬으로 있던 송시열은 전라도의 산군山郡, 산골에 있는 고을까지 대동법 시행을 확대할 것을 건의했다. 이는 흉년으로 잠시 미루어지다가 1662년^{현종 3} 7월 예조판서 김좌명의 건의로 실현되었다. 그리고 1666년^{현종 7}에는 함경도, 1677년^{숙종 3}에는 마침내 경상도까지 확대되기에 이른다.

17 **송준길** 조선 중기 문신 겸 학자. 송시열 등과 함께 북벌 계획에 참여했다. 서인에 속해 분열된 서인 세력을 규합하는 데 힘썼다. 특히 예학에 밝고 이이의 학설을 지지했으며 문장과 글씨에도 뛰어났다.

18 **산당과 한당** 효종 대 서인 세력이 분파되어 갈라진 붕당. 김집 중심의 산당이 충청도 연산과 회덕 지방 출신으로 향촌의 서원을 중심으로 결집한 반면, 김육 중심의 한당은 한강 이북 도성에 거주하며 경화사족(京華士族)으로 불렸다.

김집 사당 김집은 조선 중기의 문신으로, 아버지 김장생과 더불어 예학의 기본적 체계를 완성했다. 공납 제도는 백성으로서 예를 실천하는 것이라는 명분을 내세워 대동법의 시행을 반대했다. 충청남도 논산시 연산면 소재. 충남문화재자료 제294호.

이처럼 험난한 길을 거쳐 전국적인 실시를 보게 된 대동법은 1894년^{고종 31}의 갑오개혁 때 지세地稅에 통합되기까지 200여 년 동안 지속되었다. 그렇다면 우리는 17세기에 모습을 드러내 조선 후기의 사회경제를 관통한 대동법을 어떻게 볼 것인가?

지금까지 살펴본 바를 정리해 보자. 17세기 시점에서 공납제는 상당히 퇴보한 세제였고 그만큼 악용의 여지도 많았다. 악용으로 인한 피해는 고스란히 백성에게 돌아갔고 거기에서 오는 불만도 상당했다. 유민이 증가하고 초적이 준동한 것이 이를 증명한다. 따라서 조정에서도 일찍부터 그 문제를 고치기 위한 논의가 이루어졌다.

큰 성과를 거두지 못하던 논의가 작은 결실을 맺기 시작한 것은 임진왜란을 겪으면서부터였다. 임진왜란은 백성의 생활과 국가재정에 모두 악영향을 미치면서 사회 전반을 위기와 불안 속으로 몰아넣었다. 바로 그 전란이 대동법 논의의 기폭제 역할을 한 것이다. 그 결과 선조 대에 대동법의 원형이라고 할 수 있는 공물작미가 시도되었고, 광해군 대에 선혜청이 설치됨으로써 경기도에서 처음으로 대동법이 시행되었다. 인조 대에는 삼도대동청을 설치했다가 바로 폐지했지만 강원도에는 대동법이 확산되었다. 뒤이은 효종 대에는 충청도와 전라도, 현종 대에는 전라도 산군과 함경도, 숙종 대에는 경상도까지 대동법이 시행되기에 이른다.

대동법 성립의 역사는 광해군 대부터 숙종 대에 걸친 장구한 세월 속에 이루어졌다. 그 이전의 공물 변통 논의까지 감안한다면 중종 대까지 올라가야 할 것이다. 이처럼 험난한 과정을 거친 데는 찬반양론의 거센 대립도 하나의 원인으로 작용했으며, 확대 시행에 따르는 공안 정비 같은 준비 과정의 문제도 있었을 것이다. 더불어 하나의 정책을 시행하기 위해 오랜 기간에 걸쳐 다양한 논의 과정을 거치는 조선 조정의 특성도 고려할 요인일 것이다.

이처럼 긴 역사를 가진 대동법을 제대로 이해하려면 다양한 관점에서 접근할 필

공납의 대표 주자 안성 유기(鍮器) 유기는 17세기부터 궁궐의 진상품과 생활 용품으로 널리 쓰였다. 『임원경제지』에서는 안성 유기가 으뜸이라 했고, 『안성 약기』에는 안성 유기가 견고하고 정교해 전국에서 환영받았다고 적혀 있다. 안 성의 가죽 꽃신과 더불어 '안성맞춤'이라는 말이 유래되었다. 사진은 적은 양의 밥이나 죽을 지을 때 사용하는 놋쇠로 만든 작은 솥으로 '새옹'이라 한다. 안성 맞춤박물관 소장.

요가 있다. 대동법에 관한 논의는 인조와 효종 대에 가장 활발히 진행되었다. 그 논의 의 이해를 돕기 위해 논의의 주체를 찬반양론으로 나누어 볼 수는 있지만, 그들을 단 순히 이원적으로 구분하는 것은 잘못된 방식이다. 다시 말해 대동법 시행에 찬성한 측에서도 애민愛民을 강조하는 이가 있는가 하면 농민의 몰락이나 봉기의 증가로 인한 정치적 위기감에 따라 행동한 이들도 있을 것이다. 그리고 대개는 그 두 가지 측면을 모두 가지고 있었다. 시행을 반대한 이들 가운데도 김장생처럼 유보적인 입장을 취하 는 이가 있는가 하면, 유공량처럼 적극적으로 반대하고 나서는 이들도 있었다.

그들이 성리학에 근거해 대동법 시행의 찬성과 반대를 주장했다면 마땅히 그 사 상적 근거를 찾아야 할 것이다. 또 그들이 특정 이해 집단과 관련이 있다면 그 연결 고 리를 밝혀 내야 할 것이다.

찬반양론의 대립도 다양한 형태로 나타났다. 시행 반대론자인 최명길은 시행 찬 성론자인 조익과 사이가 좋았다. 반면 똑같이 반대 입장에 서있던 김상헌과는 병자호 란 당시에 주화론과 척화론으로 정치적인 대립각을 세웠다. 한편 김육 일파와 김집 일 파 사이에는 비방이 오갈 정도로 사이가 격화되기도 했지만, 김집의 제자로 그를 옹호 하며 시행 반대를 주장하던 송시열은 훗날 스스로 시행을 촉구하는 모습까지 보였다.

더불어 대동법 논의에 대한 국왕의 태도도 고정적이지 않다. 대동법 시행이 대체 로 국왕들의 집권 초기에 논의되고 시행되는 것을 보면, 거기에 새로운 정치에 대한 포 부를 담고자 한 듯하다. 그러나 시행 이후에는 원로대신의 반대와 토호·방납인·수령 등의 반발, 기근 등의 난제로 국왕 스스로 폐지를 원하거나 그 포부가 좌절되는 사례 가 있었다.

재정적 측면에서 본다면 대동법은 세금 제도의 발전 과정을 볼 수 있는 좋은 주제 다. 공납제는 고정되지 않은 양을 비정규적으로 거두는 방식으로 이루어졌다. 이를

동시대 일본의 상업적 농업 에도 시대 일본의 농촌에서 특산물인 목면을 가공하는 모습이다. 문익점이 중국에서 들여 와 재배한 목면은 조선 초기 일본 사신에 대한 하사품 중 하나였다. 이후 일본에서 목화 재배를 시작했고, 면직업은 근대화를 선도한 산업으로 도약했다.

대체한 대동법은 정해진 기준에 따라 일정한 양을 정규적으로 거두는 방식으로 변하는 모습을 보여 주었다.

경제적인 측면에서도 공인의 등장과 그로 인한 상품화폐경제의 발달, 상인과 수공업자의 성장 등에 대해 고려해 볼 수 있다. 이 문제는 다음 장에서 구체적으로 살펴볼 것이다.

19세기 초중반으로 가면 세도정치가 재정 파탄을 불러오고, 그것을 메우기 위해 대동미의 대부분을 서울로 가져오게 된다. 이는 지방 재정을 악화시키고 지방 관원들이 그러한 재정 악화를 빙자해 탐학을 부리는 바람에 백성은 또 다시 고난을 겪게 된다.

그러나 이러한 사정을 고려하더라도 대동법은 분명 어느 정도까지는 쓸모 있는 제도였다. 17, 18세기에 대동법은 조선의 경제에서 일정한 기능을 수행했다. 또 대동법은 당시 조선의 사회를 이해하는 데 중요한 요소임에 틀림없다. 대동법의 성립 과정에서 나타나는 논의와 그 확대 시행의 모습은 대동법이 일정 기간 동안 백성을 편안하게 하고 국가 재정을 정비하는 데 실효를 보였다고 볼 근거가 될 것이다.

조운선 해난 사고와 안면도 운하

현대 한국에서도 서해페리호 참사, 세월호 참사 등 황해상에서 대형 해난 사고가 일어나 국민을 비탄에 빠트리곤 한다. 황해는 조선 왕조에게도 경계와 비극의 항로였다. 암초와 급류로 인해 종종 일어나는 해난 사고는 조세제도와 밀접한 국가의 고민거리였다.

육상 교통이 발달하지 않은 고려와 조선 시대에는 전라도와 경상도 서부에서 세금으로 징수한 쌀을 조창에 모아 놨다가 배로 수도인 개경이나 서울로 운송했다. 그런데 조운선이 황해안을 따라 북상하는 과정에서 반드시 거쳐야 하는 곳에서 매우 자주 침몰 사고가 일어나 많을 때는 전체 조운선의 3분의 1이 가라앉곤 했던 것이다.

당시 가장 위험한 바닷길로 꼽힌 곳이 지금의 충청남도 태안반도 안흥 앞바다와 안면도 남쪽 해상이었다. 안흥 앞바다의 마도 근해에서는 고려 시대에 침몰한 여러 척의 배에서 청자가 대량 발굴되기도 했다. 마도 근해의 안흥량은 통과하기 어렵다는 뜻에서 '난행량難行梁'으로 불릴 만큼 조수 간만의 차가 크고 물살이 빨라 해난 사고가 잦았다. 또 안면도 남쪽은 배가 자주 가라앉아 세곡이 고스란히 썩어들어간다는 뜻에서 '쌀썩은여'라고도 했다.

태안반도 일대에서 조선 전기에 일어난 사고만 해도 1395년태조 4 경상도 조운선 16척이 가라앉았고, 1403년태종 3 5월에 경상도 조운선 34척이 난파했다.

특히 1414년태종 14 8월 4일에 일어난 해난 사고는 초대형이었다. 전라도에서 세금으로 거둔 곡식을 실은 조운선이 연안을 따라 올라가다가 침몰한 것이다. 가라앉은 조운선이 66척, 사망자는 200명, 물에 빠진 곡식은 5800여 석에 달했다. 사망자들은 대부분 조운선을 운행하던 수군들이었다. 한밤중에 무리하게 운행하다가 거센 바람 때문에 배가 뒤집혀 침몰한 것으로 여겨진다.

위험한 야간 항해를 시도한 이유는 곧 명백해졌다. 본래 음력 7월은 바람이 심해서 배들이 운행을 피하는 시기였다. 하지만 세금을 담당하는 호조에서 7월 그믐 때 쌀을 실어 8월 초에 보내라고 지시하자 수군 도절제사 정간은 기후를 살피지 않고 조운선을 출발시켰다. 호조가 설정한 조운 일정에 맞추려고 무리한 항해를 한 것이다. 게다가 조운선의 운행을 책임진 진무鎭撫는 관기 두 명을 배에 태웠는데 둘 다 물에 빠져 죽고 말았다.

보고를 받은 태종은 아무 대책 없이 위험한 시기에 조운선을 출발시킨 수군 도절제사를 즉시 소환하면서 국가의 역마 대신 사마私馬를 타고 올라오라는 지시를 내렸다.

안면도 운하 충청남도 태안군 남면 신온리와 안면읍 창기리의 접경을 인공적으로 절단해 선박 출입이 편리하도록 했다. 판목 또는 개목이라고도 한다.

잇따른 해난 사고는 고려와 조선의 재정에 엄청난 타격을 입혔다. 그래서 고려 시대부터 이에 대한 근본 대책을 고민해야 했다. 그 대책 가운데 하나가 태안반도 남쪽의 천수만과 북쪽의 가로림만을 연결하는 운하의 건설이었다. 태안반도에 물길을 내면 항로도 짧아지고 암초와 격류를 피할 수 있기 때문이었다.

태안반도에 굴포운하를 건설하는 사업은 1134년^{고려 인종 12}부터 추진되었다. 조선 시대 들어서도 태조, 태종, 세조가 국가적 사업으로 추진했으나 워낙 많은 공력이 들어가는 사업이라 모두 실패했다.

1537년^{중종 32}에는 수천 명의 인력을 동원한 끝에 안흥에서 가까운 곳에 의항운하를 뚫는 데 성공할 수 있었다. 그러나 하늘이 돕지 않아 둑의 흙이 무너져 내리는 바람에 실제 조운선의 운항에는 사용되지 못하고 말았다.

17세기 들어서는 태안반도를 포기하고 인조 대부터 안면도의 북쪽을 육지에서 분리하는 공사를 시작했다. '난행량'은 어쩔 수 없

조선 시대 조운로와 항로 각지에서 세금으로 징수한 쌀은 해로를 통해 서울로 운송했다. 지금처럼 원양 항해술이 발달하지 않아 지도에서 보듯 조운선들은 연안을 따라 조심스럽게 운항했다.

지만 '쌀썩은여'라도 피해 보자는 심산이었다. 이러한 시도는 17세기 후반 마침내 성공을 거두었다.

조운선은 왕실과 국가가 생존하는 데 필수적인 세곡을 운반하는 배이므로 조운선의 안전 항해는 왕조의 운명이 걸린 사안이었다. 태안반도와 안면도 사이의 운하 건설은 왕조의 안위를 건 필사적인 노력이었다. 오늘날 조운선은 다니지 않지만 수많은 어선과 여객선이 이용하는 연안 항로의 안전을 확보하는 일은 여전히 국가의 임무로 남아 있다.

3.
시장을 향하여

조선의 별전 상공업 활동을 규제해 거래가 부진했던 조선에서는 화폐의 보급도 17세기에 이르러서야 본격적으로 추진되었다. 상공업이 발달하고 화폐에 대한 수요가 커지자 상평통보라는 동전을 처음으로 주조했고 숙종 대에 전국적으로 유통시켰다. 별전(別錢)은 상평통보를 주조할 때 사용되는 재료의 품질이나 무게 등을 시험하기 위해 만든 시주화(試鑄貨)이다. 왕실의 경축사나 성곽의 건립 등을 기념하기 위해 만들었으며, 왕실이나 사대부가의 패물이나 소장품으로 사용되었다. 한국은행 화폐박물관 소장.

임진왜란 이후 조선 경제의 가장 큰 변화를 말하라면 농업 중심의 사회에서 상품화폐경제가 기지개를 켜기 시작했다는 것이다. 그러한 변화를 이끌어 낸 것은 공납제를 대동법으로 바꾼 것과 같은 조세제도의 개혁이었다.

조선 시대 조세제도의 변화를 이야기하자면 먼저 영정법永定法의 시행을 거론하지 않을 수 없다. 세종 때 마련된 공법貢法은 전분田分, 토지의 비옥도 을 6단계로, 연분年分, 한해 풍흉의 정도을 9단계로 세분화해 세액을 결정한 것이었다. 절대 면적에 차이가 있는 땅이라 하더라도 전품에 따라 결부법으로 환산해 1결당 내야 할 전세는 동일하게 만들었다. 그리하여 1결당 전세는 대흉년이면 쌀 4두, 대풍년이면 쌀 20두로 정해졌다. 그런데 연분을 판정하는 과정에서 실제와 다른 판정이 내려지곤 했고, 본래 전세를 매기는 수확량 자체가 지나치게 높게 설정되어 있어서 공법 규정을 현실에 그대로 적용하는 것은 어려웠다.

15세기 후반부터는 연분이 하등으로 고정되었다. 매년 풍흉 정도를 따져 9등급으로 정해야 하는 연분을 하하년이나 하중년으로 고정시키고 다시 결정하지 않았다. 이에 따라 대부분의 토지 1결당 연간 전세액은 쌀 4~6두에 불과하게 되었다. 지주제 확대에 따라 토지를 많이 소유한 자들은 가능한 한 전세를 적게 내려 했고, 그러한 움직임이 연분의 하등 고정화를 끌어낸 것이다.

1635년인조 13에 이르러 이 같은 연분의 하등 고정을 마침내 법제화시킨 것이 바로 영정법이다. 이로써 토지를 소유한 지주들은 1결의 논에서 전세로 쌀 4~6두만 내면 끝나게 되었다. 물론 밭에서는 콩으로 전세를 냈다. 영정법은 훗날 영조 대에 제정된 법전인 『속대전』에 수록되었다. 이미 전세 부담은 실제 토지에서 거두는 수확량에 비해 매우 적었음에도 불구하고 많은 토지를 소유한 지주들이 전세액을 더 낮추기 위해 노력한 결과였다.

전폐(복원) 1464년에 만든 화살촉 모양의 화폐로 팔방통보라고도 한다. 비상시 화살촉으로 사용할 수 있다. 현재 실물이 남아 있지 않으나 촉이 5.4센티미터, 화살대가 5.2센티미터, 전체 길이는 10.6센티미터 정도였다는 기록이 있다. 상업 활동이 부진하고 화폐에 대한 이해가 부족해 널리 통용되지 못했다. 한국은행 화폐박물관 소장.

전결이 아닌 민호民戶를 과세 기준으로 삼던 공납제도 17세기 들어 대동법으로 전환하면서 전결을 기준으로 과세하게 되었다. 그렇게 되면 토지가 없는 농민은 부담에서 벗어날 수 있을 것처럼 보인다. 그러나 토지를 많이 소유한 지주들은 자기 땅을 소작하는 병작농竝作農1에게 대동법에 따른 부담을 떠넘기기 때문에 실제로는 많은 농민이 여전한 부담을 안고 살아가야 했다.

이처럼 대동법의 본질은 지배 질서를 계속 유지해 농민을 강력하게 통제하면서 국가재정의 기반을 굳히려는 데 있었다. 그래서 도망갈 수도 있는 농민보다는 움직이지 않는 토지를 수취의 대상으로 삼아 이를 법제화한 것이다. 그렇다 해도 농민의 생존을 위협하던 공납의 부담과 공납 과정의 폐단을 해소했다는 점에서 대동법은 분명 농민의 부담을 경감시킨 법제였다고 할 수 있다.

대동법의 시행은 여러 측면에서 농촌 경제의 변동을 가져왔다. 대동법 자체가 유통경제의 발달에 따른 부세 제도의 재편성이라는 성격을 가지고 있었다. 종래 방납을 중심으로 비합법적으로 전개되던 유통경제 활동을 국가 체제에 편입한 것이다. 대동법의 시행으로 중앙뿐 아니라 지방 군현과 농촌에서도 유통경제가 강화되었다. 공인이라는 새로운 특권 상인이 정부로부터 공가貢價를 받고 해당 물품을 공급할 의무와 영업 특권을 부여받은 게 그 계기였다. 공인은 생산자의 생산 활동을 규제하고, 장시 등과 연계해 상업 유통 활동을 통제해 나갔다.

이러한 대동법의 실시와 공인의 활동은 한편으로는 농촌 경제에서 상품유통을 촉진하는 요인이 되었다. 대동법 시행 이전에 방납인들은 대납할 공물을 마련하기 위해 먼 곳까지 돌아다니면서 필요한 물품을 구매하고 있었다. 이때 각처에서 확산되고 있던 장시를 통한 공물의 구입이 이루어졌을 것이다. 이와 마찬가지로

1 **병작농** 지주의 논밭을 소작하고 소작료로 수확량의 절반을 지주에게 바치던 농민. 대동법이 전결을 기준으로 하면서 지주들은 병작농에게 대동미의 부담을 떠넘겼다.

광주분원 터의 도자기 파편들 경기도 광주시 퇴촌면 일대는 번목(燔木)과 백토(白土)가 산출될 뿐 아니라 제품의 공급지인 서울과 가까워 사옹원의 사기 제작소 분원이 설치되었다. 조선 시대 요역의 중심지 중 하나였다. 사적 제314호.

대동법 실시 이후의 공인들도 중앙정부에 상납하기 위한 공물을 지방 장시를 통해 조달하고 있었다.

17세기 이후 영정법이나 대동법에 따라 국가에 바치는 세곡을 점차 화폐로 내게 하는 금납화가 진행되어 갔다. 그때 일반 농민은 곡물이나 면포를 화폐로 교환하기 위해 장시에 상품으로 내놓곤 했다. 상품화폐경제가 진전되기 시작한 것이다.

17세기 후반 들어 세제의 구조는 지역별로 징수 품목을 달리하는 징세 지대의 편성으로 귀결되었다. 전결세와 군역세를 낼 때 농사를 짓기 어려운 산골의 산군은 포목으로 하고 농사를 많이 짓는 평지의 연읍^{治2}은 쌀로 한다는 것이다. 이는 한편으로는 국가의 재정 구조에서 기인한 것이지만, 다른 한편으로 각 지역의 상품 생산, 유통 조건과 밀접한 관련을 가지고 있었다. 징세 지대를 설정함에 따라 구조적으로 연읍에서는 미곡이 활발히 유출되고 산군에서는 상대적으로 적체 현상이 나타났다. 그 결과 양 지역 쌀 값에 일정한 차이가 나고, 이는 양 지역 사이에 미곡 유통이 활성화되는 결과를 초래하기도 했다.

17세기는 전세, 공납과 더불어 조세제도의 축을 이루는 요역제^{徭役制}에도 변화가 나타나고 있었다. 요역제는 중앙과 지방의 관청에서 필요할 때마다 민의 노동력을 직접 징발해 노역을 시키는 무상^{無償}의 강제 노동이었다. 요역은 쌀이나 특산물을 납부하는 다른 조세와 구별되고 전국적으로 통일된 규정의 적용을 받지 않았다. 세종 대 이후에는 전결을 차역^{差役3}의 기준으로 삼는 방식이 나타나 성종 대에 확립되었다.

지방적 특성이 강한 요역은 전세, 공물 등 현물 조세와 그것을 조달하고 상납하는 과정과 관련되었다. 그 과정에 필요한 노동력을 요역으로 충당하곤 했기 때문이다. 요역이 백성에게 끼치는 부담은 적지 않았다. 게다가 요역을 운영하는 과

2 **연읍** 도로의 연변에 있는 읍. 즉 산골 고을인 산군에 대해 평지의 고을을 뜻한다.
3 **차역** 중국 송 대에 민을 빈부에 따라 9등급으로 나누어 4등급 이상에서만 노동력을 징발하고 5등 이하는 면제하던 과역법.

숙종 때 성벽 각자 숙종 때 도성 개축 공사 당시 동쪽 낙산 구역의 성벽에 공사를 맡은 장교와 석공의 이름을 새겨 책임을 명시한 모습. 양란의 상처를 딛고 국가를 재건하기 위한 노력은 17세기 중반과 18세기 초에 걸쳐 진행되었으며 그에 따라 많은 요역이 필요했다. 서울역사박물관.

정에서 지배층 관료들은 법외 수탈을 감행할 수 있었고, 이 때문에 백성에 돌아가는 실제적 부담은 더욱 컸다. 또한 양반은 수령에 청탁해 자신의 노비들을 요역에서 빼내곤 했으므로 그 부담은 일반 양인과 공천公賤4에게 고스란히 돌아가곤 했다.

본래 요역은 신분제에 기초해 부과되는 신역身役과는 구별되는 것으로, 경작할 토지가 있는 모든 민호에 부과할 수 있는 호역戶役이었다. 그러나 요역을 실제로 운영할 때는 신분적 지배 질서라는 현실적 사회관계와 떼려야 뗄 수 없는 관련을 맺고 있었다. 그런 의미에서 요역제 역시 신분 질서의 규제를 받으며 운영되는 부역의 한 형태였다.

16세기 이후 군역에서 수포제5가 발전하고 있던 추세와 관련해 요역제는 17세기 이후 노동력 대신 현물을 납부하는 물납세로 전면 개편되어 갔다. 대동법의 성립 과정에서 공납과 결부된 요역의 여러 종목이 전결세의 일부로 편입되는 과정도 진행되었다. 17세기에 승역僧役6이 강화된 것도 요역제의 변동에 대한 대응의 한 방식이었다.

이처럼 요역제도 노동력을 직접 징발하는 방식으로부터 현물을 대신 납부하는 제도로 이행해 갔다. 조선 후기 각 지방에서 성립하는 잡역세 수취 제도는 바로 요역이 현물 납부로 바뀐 결과였다. 종전의 노동력 징발을 대신해 민결이나 민호를 기준으로 잡역세를 걷은 것이다.

이와 같이 요역의 물납화로 부역 노동이 붕괴해 가자 이를 대신할 노동력을 확보하기 위해 모립제募立制가 성립했다. 모립제는 관청에서 인부를 모집해 각종 공사에 필요한 노동력을 고용하는 것이었다. 즉 부역 노동이 아니라 고용 노동으로 노동력을 동원하는 방식이었다. 17세기 초가 되면 크고 작은 각종 공사에 새로운 형태의 부역 노동자인 모군募軍이

4 **공천** 관부(官府)에 예속된 남녀 천민. 죄를 지어 종이 된 자, 관청 소속의 기생·나인·관노비·역졸(驛卒) 등으로 구성되었으며 관노비가 대부분이었다.

5 **수포제** 군역 대상자가 배속된 곳에 베를 납부하면 그 베로 다른 사람을 고용해 대신 군역을 치르게 하는 제도. 이때 고용되는 사람은 대개 떠도는 유민이나 노비였다.

6 **승역** 임진왜란 때 승병의 활약을 본 지배층 관료는 전후 승려를 징발해 각종 토목공사에 동원하곤 했다. 요역제가 소멸되어 가면서 이를 대신할 수 있는 새로운 부역 노동의 담당자로 승려를 활용하게 된 것이다.

고용 노동으로 옮긴 목릉 목릉은 선조와 원비 의인왕후, 계비 인목왕후의 무덤이다. 경기도 구리시 동구릉 가장 깊숙한 곳에 자리 잡고 있다. 목릉의 능역은 원래 의인왕후의 왕비릉인 유릉이었으나, 터가 좋지 않다고 해 지금의 위치로 옮기고 능호를 합쳐 목릉이라 했다. 사적 제193호.

고용되기 시작해 점차 확대되었다. 1630년 선조의 목릉을 옮기는 공사 때 경기도 부근 백성을 모집하면서 대동세 10두를 면제해 준다는 조건을 내걸었다. 이는 결국 소정의 부역 일수에 대해 지급하는 정액의 고가雇價였다. 조선 시대에는 빈민 구제 정책賑政[7]을 겸해서 굶주린 백성을 제방 수축 공사에 동원하곤 했다. 그럴 때에도 동원된 백성에게 식량을 지급함으로써 토목공사에 대규모로 모군을 동원할 수 있는 계기가 마련되었다. 17세기 초 토목공사 등에 동원되기 시작한 모군은 차츰 모든 분야에서 징발을 대신하게 되었다.

요역제의 변동과 모립제의 성립은 모군에 응모할 수 있는 일용 노동자층이 존재한다는 것을 말해 준다. 서울에서 경모군京募軍을 뽑을 때는 일정 시기에 응모자가 적어서 차질을 빚으면 각 지역에서 도성으로 몰려드는 유민을 활용하곤 했다. 유민들은 어느 정도 자신의 노동력을 상품화해 생계를 유지할 수밖에 없기 때문이다. 17세기 이후에는 도성으로 몰려드는 농촌 유이민이 너무 많아 사회적 문제가 될 정도였다. 그들은 서울에서 호구지책을 구하기 위해 각종 모군에 응모했다. 18세기 후반에 이르면 응모자가 너무 많이 몰려 난처한 지경에 빠지곤 했다고 한다.

모립제 성립 초기에는 서울에서 경모군을 고용하거나 시골에서 향모군을 고용할 때 공사를 주관하는 관료들이 응모자를 충분히 확보하지 못해 부심하는 일이 많았다. 그래서 모립의 형식을 빌되 사실상 부역 노동의 징발 방식을 일부 차용하는 이른바 급가책립給價責立이라는 형태를 채용하기도 했다. 그러나 요역제가 본격적으로 해체되고 모립제가 발전하게 된 18세기 이후가 되면 농촌 사회에서 노동력을 판매해야만 하는 부류가 생겨나고 이들을 어려움 없이 모립제에 고용할 수 있었다.

7 **진정** 굶주리거나 질병에 걸린 자, 돌봐 줄 사람이 없는 자 등을 구제하는 정책.

이말산 비석 조선 시대 서울에서는 도시 보호를 위해 도성 밖 일정 지점까지는 무덤을 쓰지 못하게 했다. 따라서 이 지점을 벗어나면 묘지군이 형성되곤 했다. 대표적인 묘지군이 지금의 은평구 이말산 근처로, 보모상궁 김씨의 비석 등이 발견된다. 17세기 모군은 이 지점을 넘어 서울로 몰리는 유민들을 대상으로 이뤄지곤 했다. 서울역사박물관 소장. 비석 높이(왼쪽부터) 125.0센티미터, 96.0센티미터, 134.0센티미터.

농번기에는 능을 짓거나 옮기는 산릉역에 응모하는 자들이 없어 농업 임노동자의 품삯보다 나은 고가를 제시하든지, 작업 조건을 유리하게 제시해야 했다. 이처럼 모군은 이에 응모하는 것으로 생계를 도모할 수밖에 없는 농촌 임노동층의 존재를 전제하는 것이었다. 더욱이 빈민 구제 정책으로 모군이 진행될 때에는 특히 그러했다.

17세기 초엽 이래 모군의 고가는 쌀이나 베 같은 현물로 지급하는 것이 일반적이었다. 고가는 각종 노역이 있을 때마다 독자적으로 결정되었지만, 대체로 17세기 말 무렵에는 한 달 고가로 면포 3필과 쌀 6두를 지급하든지, 면포 1필을 쌀 3두로 환산해서 면포 2필과 쌀 9두를 지급하는 것이 관례화되고 있었다.

17세기에 진행된 상품화폐경제의 발달은 농촌 사회에서 농민을 대량으로 몰락시키는 농민층 분화를 일으켰다. 그때 몰락 농민이나 토지도 없고 농사도 지을 수 없는 무전불농지민無田不農之民 중 일부는 농촌 사회에 잔류하면서 자신의 노동력을 판매할 수밖에 없었다. 이들이 농촌 사회의 임노동층으로 존재하면서 도시 유이민과 함께 노동도 상품으로 사고파는 새로운 경제 행위의 대상으로 등장한 것이다.

임진왜란과 두 차례의 호란을 겪은 뒤 농촌 정기 시장인 장시는 눈부시게 발달했다. 임진왜란이 진행되는 중에도 전투가 거의 벌어지지 않은 충청도 지역을 중심으로 장시는 계속 열렸다.

전쟁이 마무리된 뒤 장시의 발달은 몇 가지 측면에서 괄목할 만한 양상을 보였다. 우선 팔도에서 개설되는 장시의 수가 크게 증가했다. 한 군현 내 서너 곳에서 장시가 개설될 정도였다. 그리고 인접한 장시끼리 장 서는 날을 유기적으로 구성해 이들을 하나의 장시권으로 묶을 수 있게 되었다. 그리하여 "한 달 안에 장시가 서지 않는 날이 없다."라는 말이 나올 정도였다. 게다가 도성으로 상품을 활발하게 유입시키기 위해, 장시 개설이 금지되었던 경기 지역에도 장시가 등장했다.

다음으로 5일장 체제가 확고하게 자리를 잡게 되었다. 장시 수의 증가라는 양적인 발전뿐 아니라 설장일의 증가라는 질적인 발전도 이룩한 것이다. 설장일의 증가는 향촌 사회에서 장시라는 정기 시장에 참여할 수 있는 기회를 넓혀 주는 것으로, 상품유통의 활성화를 더욱 촉진시켰다. 그리고 시장을 염두에 둔 상품생산의 가능성을 높여 주는 것이기도 했다.

1618년 이수광[8]이 편찬한 전라도 순천의 읍지인『승평지昇平誌』에 따르면 순천부 안에 개설되는 부내장府內場은 매월 5일, 10일, 15일, 20일, 25일, 30일에 열렸다. 그런데 순천에는 부내장 말고도 매월 5일, 15일, 25일 3회 열리는 광천장이 있고, 잠시 열렸다가 없어진 석보장도 있었다. 이렇게 볼 때 17세기 초반부터 순천 지역 주민은 완벽한 5일장 체제 속에서 상품 교역에 나설 수 있었다.

17세기 장시의 양적, 질적 성장은 조선의 경제적 상황이 상품유통의 활성화로 이어졌기 때문에 나타난 결과였다. 그

8 이수광 조선 중기의 문신·학자. 자는 윤경(潤卿), 호는 지봉(芝峯). 이조판서를 지내고, 사신으로 여러 차례 명에 다녀오면서 천주교 지식과 서양 문물을 소개해 실학의 선구자가 되었다. 저서에『지봉유설』,『채신잡록(采薪雜錄)』등이 있다.

면화 고려 말 1363년에 문익점이 원에 서장관으로 갔다가 돌아오는 길에 붓대 속에 종자를 넣어 들여 왔고, 경남 산청에 살던 장인 정천익에게 재배하게 했다. 면화로 짠 면포는 뛰어난 옷감일 뿐만 아니라 침구 등 여러 용도로 사용할 수 있다. 17세기 초반에는 군역 대신 면포를 바쳤다.

런데 동전의 양면과 같은 상품유통 경제의 발달과 장시의 발달을 초래한 또 다른 배경에 주목할 필요가 있다. 그것은 앞에서도 살펴본 조세 수취 체제의 변동이었다.

조선의 양인 농민은 의무적으로 군역을 부담해 말과 군장을 갖춘 기병이나 보병으로 근무했다. 그런데 이미 15세기 말부터 보병은 군사라기보다는 노역에 종사하는 역졸役卒로 변해 있었고, 16세기 중반 이후 점차 보병으로 변한 기병이 여기에 가세했다. 그리하여 보병은 궁궐, 관청 등을 짓는 각종 토목공사에 동원되었다. 그때 공사에 동원될 당번 보병은 다른 사람에게 면포로 일정한 대가를 지불하고 자신의 역을 대신 지게 하는 대립代立 방식을 택하곤 했다. 이러한 대립의 대가인 대립가가 풍흉에 따라 크게 오르내리는 것을 막기 위해 정부가 공식적으로 대립가를 정하기에 이르렀다. 나중에는 아예 국가가 대립가를 징수하는 방식으로 변했다.

17세기 초반에 이르면 양인의 군역 부담은 결국 군포를 납부하는 것으로 바뀌었다. 양인 장정良丁은 1년에 면포 2필을 바쳐야 했다. 그때 양인 장정이 군포를 마련하는 방법은 두 가지 밖에 없었다. 하나는 직접 면화를 재배해 수확한 다음 방적해 실을 뽑고 베틀에서 면포를 짜는 것이다. 또 하나는 다른 누군가가 짜서 상품으로 유통시킨 면포를 구입하는 것이다. 직접 면포를 만들지 못한 양정이 면포를 짜는 사람에게 직접 주문할 수도 있지만, 많은 양정이 면포를 구입해야 하는 상황이라면 농촌 정기 시장인 장시가 좋은 장소였다. 면포 생산자와 소비자가 만날 수 있는 유력한 장소로 장시가 떠오른 것이다. 특히 면화가 생산되지 않는 지역에서 군포로 면포를 납부하려면 장시에서 구입하는 것이 해결책이었다.

따라서 지방 장시는 농가에서 군포를 납부하기 위해 절대적으로 필요했다. 그런 까닭에 중앙정부는 지방 장시를 일방적으로 금지할 수 없었다. 군포를 수취해야 하는 지방 수령으로서는 농민이 장시를 통하지 않고서는 면포를 획득할 수 없다는 것을 뻔

대구 약령시 경상 감영 안 객사 주변에서 개시(開市)한 한약 전문 시장. 이후 대구 중구 남성동에 있는 '약전 골목' 일대로 옮겨 일 년에 두 차례 열렸다. 지금은 상설 한약종상(韓藥種商)으로 바뀌었다.

히 알면서 장시의 개설을 막기는 어려웠다. 군포의 수취와 중앙 상납을 가능하게 해 준다는 점에서 장시는 오히려 지방 수령에게 유익한 존재였다.

17세기 중반에는 농업 생산이나 가내수공업 생산으로 만들어진 상품을 교역하는 일반적인 장시뿐 아니라 특수한 품목을 거래하는 특수 시장도 정기적으로 개설되었다. 특별한 상품을 교역하는 정기 시장으로 유명한 것은 약재를 교환, 매매하는 약령시藥令市였다. 그런데 장시가 5일마다 열려서 매월 6회 개장하는 것과는 달리 약령시는 연중 2회, 한 번에 10일 이상 여는 방식으로 운영되었다. 특정 지역의 약재 관련자들만 모이는 것이 아니라 전국 각지에서 약초 채취자, 약재 상인, 의료업자 등이 대규모로 몰려들어 다양한 약재를 활발하게 장시간에 걸쳐 거래했다.

약령시는 17세기 중반에 대구에서 관찰사의 명에 따라 처음 열렸다. 이후 대구 이외에 원주, 전주, 공주, 진주, 청주, 충주, 개성 등지에서도 약령시가 열렸다. 대구의 약령시는 부성府城의 북문 근처에서 봄가을 한 번씩 열렸다.

대구 약령시가 형성된 배경에 대해서는 여러 가지 설명이 있다. 조정에서 필요한 약재를 구입하기 위해 개설했다는 설명도 있고, 중국이나 일본에 보내기 위한 약재를 수집하기 위해 개설했다는 설명도 있다. 또한 대동법의 실시로 공인들이 대규모로 약재를 구입할 수 있는 정기시장이 필요했기 때문이라는 설명도 있다.

그런데 약령시의 형성은 약재의 조달이라는 측면에 주목할 필요가 있다. 약재를 채취하거나 재배하는 생산과정에서 약재를 상품으로 간주하고 있었다는 점에 주의해야 한다는 것이다. 또 약령시에서 교역이 이루어지는 약재의 상당 부분이 민간의 약재 수요를 충당하는 데 쓰였다는 점도 주목해야 한다. 그런 점에서 약령시의 형성과 성장은 민간의 약재 수요가 높아져 약재를 상품으로 공급할 필요가 커지면서 나타난 특수한 시장의 발달로 볼 수 있을 것이다.

약령시에서 유통되는 약재는 대부분 채취한 그대로를 가리키는 생재^{生材} 형태가 아니었다. 또 조제법에 따라 약재를 변용시킨 조제약, 즉 첩약^{貼藥, 봉지약} · 환약^{丸藥, 알약} · 산제^{散劑, 가루약}도 약령시 상품과는 거리가 멀었다. 왜냐하면 조제약은 한의사의 처방에 따라 조제된 것이기 때문에 한약방에서 주문 제작해 구매하는 것이 상례였기 때문이다. 약령시에서 거래되는 약재는 건조시켜 조제하지 않은 상태의 약재, 즉 건재^{乾材}가 대부분이었다. 건재는 말린 상태였기 때문에 구매자와 판매자가 상품으로 주고받기에 적당했다. 물론 건재라 해도 약봉지에 넣어 통풍이 잘되는 곳에 매달아 잘 보관해 두었다가 약령시에 내와야 했다.

장시에서 이루어지는 상품유통이 활성화되면서 상인들의 상업 활동을 보조하는 객주^{客主}와 여각^{旅閣}이 등장했다. 사람이 많이 왕래하는 교통의 요지를 중심으로 상품의 보관, 물품 거래의 중개 역할을 담당하는 보조 상인이 나타난 것이다.

객주가 주로 하는 일은 위탁 매매, 즉 매매를 주선하는 것이었다. 상품의 생산자나 상인이 맡긴 상품을 다른 구매자에게 팔아 주고, 매매를 성사시킨 대가로 수수료를 받았다. 객주가 받는 수수료는 대개 거래액의 100분의 1~5 정도였다고 한다. 객주는 또 상품을 보관해 주거나 여관을 겸하면서 상인들의 숙식을 실비를 받고 제공하기도 했다.

한편 여각도 포구나 장터에서 상인들의 숙박, 화물의 보관, 위탁 판매, 운송 등을 맡아 보았다. 본래 여각은 상인들의 숙박 시설, 화물을 보관하는 창고 등을 가리키는 말이었다. 그로부터 유래한 여각이 위탁 매매 등을 포함한 상업 활동에 참여하는 자를 가리키는 말로 변해 간 것이다. 이렇게 볼 때 객주와 여각은 사실상 하는 일이 비슷해 둘 사이에는 별다른 차이점을 찾기 어려웠다.

객주와 여각 외에도 위탁 매매를 실제로 담당하는 거간이 있었다. 거간은 사람들

김준근의 객주 그림 객주는 여각 또는 객상의 주인을 말하며, 주인이란 주선인(周旋人)을 말한다. 객주와 같은 중간상인이 출현하게 된 것은 그만큼 유통 규모가 크게 증대했음을 보여 준다.『기산풍속도첩』에 실려 있다. 독일 함부르크민속박물관 소장. 세로 18센티미터, 가로 25.5센티미터.

사이의 거래를 성사시키는 일을 생계 수단으로 삼았다. 거간들은 객주에게 소속되어 있는 내거간과 객주에 소속되지 않은 외거간으로 나뉘어 있었다.

장시의 성립과 확산, 화폐경제의 새로운 발달 등 유통경제의 활성화로 상업이윤을 추구하는 경향이 두드러지자 적지 않은 농민이 상인으로 바뀌었다. 농민이 상인으로 전업하는 추세는 특히 지방 장시의 발전으로 더욱 촉진되었다. 지방에서 장이 늘어남에 따라 농민층의 생산 활동은 장시와 더욱 깊이 연계되어 가고 상공 인구도 늘어갔다.

한편 도시 상업이 성장함에 따라 도시 주변의 농민이 상인으로 전업하는 일도 많아졌다. 그리하여 17세기 상인의 숫자는 예전의 배에 이른다고 할 만큼 현저히 늘어났다. 서울 주변의 여러 읍민 중에는 논밭을 팔거나 다른 사람에게 소작을 맡기고 서울로 들어가 상업에 나서는 이들도 늘어 갔다. "본*에 힘쓰는 자는 적고 말*을 좇는 자는 많다."라거나 "말*은 더욱 많아지고 식食은 더욱 적어진다."라는 당시 양반 관료들의 말은 상업에 종사하는 인구가 증가하는 현상을 반영한다. 이는 농업의 이득이 적고 상업의 이익이 많은 데서 오는 당연한 추세였다.

이처럼 상업에 투신하거나 적어도 상업을 겸하는 인구가 늘어나는 주요 요인은 상업이윤이 상대적으로 높다는 것이었다. 이러한 현상은 농민층 분화에서 비롯되는 측면도 적지 않았다. 장시를 통해 직접 생산자가 이득을 취하게 되자, 농촌 사회 내부에서는 장시에서 판매할 것을 목적으로 물품을 생산하는 추세가 빨라졌다. 이런 상황에서 농민·수공업자 중에는 좀 더 높은 이득을 얻고자 원료 작물을 전문적으로 재배하고 생산 규모를 증대시켜 나가는 이들이 점차 늘어났다. 그리고 이 과정이 경쟁적으로 진행되면서 이들 직접생산자 간의 분화·분해도 갈수록 촉진되었다. 이를 배경으로

에도 시대 일본 상점가의 풍경 침향유를 파는 가게(왼쪽), 옷감 짜는 가게(가운데), 가구 만드는 가게 등에서 사람들이 부지런히 일에 열중하고 있다. 상점 앞에는 향유를 고르는 무사들, 천칭을 이고 가는 상인, 목탁을 두드리는 스님 등 많은 사람이 부산히 오간다.

아예 상업으로 전업하는 이들도 더욱더 늘어난 것이다.

　이것이 상업 인구의 증가로 나타난 농민층 분화의 양상이다. 이 시기 농민층 분화는 기본적으로 지주제가 확대됨에 따라 한편에서는 토지를 겸병⁹하고 다른 한편에서는 토지를 잃는 모순적 상황에서 비롯되었다. 그런데 상업적 농업이 진전되자 이제는 장시와 관련한 농업경영을 통해서도 농민층 분화가 진행되고 있었던 것이다.

　장시가 처음 나타난 15세기 말에는 장시와 결부되어 농민의 교역 활동이 성행하고 상업으로 전업하는 현상이 광범위하게 일어나자 정부에서는 이를 매우 우려했다. 따라서 초반에는 금령대로 장시가 일단 폐지되었다. 그러나 이는 잠시뿐이었다. 정부에서도 곧 그 필요성을 부분적이나마 인정하지 않을 수 없었다.

　장시가 출현한 지 10여 년이 지난 1487년^{성종 18} 무렵이면 정부, 특히 국왕의 자세가 바뀌고 있었다. 이 무렵에는 사본축말^{捨本逐末10}이니 물가 등귀니 하는 폐해보다 오히려 장시가 흉작기에 유익하고 유무를 상통한다는 순기능을 더 중시하는 쪽으로 인식이 바뀌고 있었다. 정부의 억말책에 변화가 나타나고 있었던 것이다.

　그러나 단순히 흉작기에 도움이 된다는 것만으로 정부의 인식이 근본적으로 바뀔 수는 없었다. 시간이 흐르면서 농민층 분화가 점차 심화해 농민의 몰락·도산이 가속화하면서 도적도 성행하고 요역을 피하는 농민도 늘어났다. 그들은 장시를 새로운 활동처의 하나로 활용하고 있었다. 농민의 도산, 도적의 성행은 지주제의 발달, 부역제의 모순 등 사회경제 체제의 문제점에서 야기되는 농민층 분화의 한 양상이었다. 그렇다고 해서 체제를 바꿀 수 없는 정부는 어떤 식으로든 몰락 농민, 도산 농민의 생계를 유지하도록 도와 주지 않으면 안 되었다.

　여러 가지 방책을 강구하던 정부는 장시가 그들을 추스

9 **겸병** 둘 이상의 것을 하나로 합치어 가진다는 뜻으로, 특히 남의 토지 따위를 합쳐 가지는 것을 가리킨다.

10 **사본축말** 본(本, 농업)에 힘쓰는 자는 적고 말(末, 상업)을 좇는 자는 많다.

산통 막대를 일정한 방법으로 배열해 수를 헤아리는 계산 도구. 산목, 산대, 산책이라고도 한다. 조선 말기까지 사용되다가 주판이 보급되면서 점차 사라졌다. 국립민속박물관 소장. 산가지 길이 11.2센티미터.

를 수 있는 방편이 될 수 있는 현실을 받아들이지 않을 수 없었다. 바로 이러한 사정에서 정부의 억말책에도 변화가 나타났던 것이다. 장시의 보급·확산에 대해 조정 내에서 틈틈이 금지안이 제기되기는 했다. 그러나 이 같은 의견들이 중종 대에는 새로 세워지는 장시만 폐지하자는 것으로 모이더니, 명종·선조 대에는 출시일을 같게 하자는 것으로 바뀌었다. 조선 정부의 억말책을 쇠퇴케 한 것은 그 체제에서 야기된 사회경제적 현실이었다.

본디 농업에 힘쓰고 상업을 억제한다는 무본억말책은 국가권력과 양반 지배층이 유통경제의 독점을 유지하려고 내세운 상징적 정책에 지나지 않았다. 따라서 그 속에서 장시는 출현하고 또 성장하면서 마침내 권력이 세운 장벽을 무력하게 만든 것이다. 지배층 일부는 여전히 장시 금지책의 유지를 강경하게 요구했지만, 농민 교역이 성장하고 물자 유통이 활발해지는 사회경제적 조건의 변화는 그들이 감당할 수 있는 게 아니었다. 결국 왕이나 정부 관료들은 장시 금지라는 종전의 정책을 변경시키고 새로운 경제 상황에서 살길을 찾아 나가야 했다.

화폐경제가
발달하다

장시의 성립과 함께 유통경제의 발달은 새로운 국면에 접어들었다. 그와 함께 화폐경제에도 큰 변화가 생겼다. 17세기에 새롭게 형성된 화폐경제는 원거리 교역의 비중이 컸던 종래 유통 체계의 화폐경제와는 근본적으로 달랐다. 화폐는 고대에 이미 출현한 것으로, 그 역사 자체는 매우 오래 되었다. 그러나 화폐가 출현한 것과 화폐를 통용시킴으로써 통합적인 경제 체계를 확립하는 것은 전혀 다른 차원의 문제이다.

15세기 후반 이후 농민은 장시와 연관해 스스로 독자적인 화폐경제를 만들어 냈다. 교역의 가치 척도인 화폐가 농민 중심으로 성립해 갔다. 포布를 화폐로 사용하는 이른바 포화布貨 경제가 그것이다.

우리 역사에서 국가가 화폐를 만들어 사용하려 한 첫 번째 시도는 996년고려 성종 15 철전鐵錢의 주조였다. 철전의 실패에도 불구하고 고려왕조는 계속해서 동전·은화·저화 등의 유통을 도모했다. 이를 이어 조선왕조도 개창 초기부터 저화나 동전을 유통, 보급하려는 노력을 기울였다. 하지만 이 같은 화폐 유통 정책은 여러 가지 이유로 성공을 거두기 어려웠다. 사회경제적 여건의 미성숙, 화폐 원료의 공급난 등이 화폐의 지속적인 유통을 막는 요인이었다.

동전을 국가에서 공인한 화폐인 국폐國幣로 사용하는 동전제는 이미 15세기 초반에 포기되었다. 그 대신 국폐로는 면포와 지폐인 저화楮貨가 사용되고 있었다. 그런데 저화는 당초부터 그 사용 범위가 제한되었을 뿐 아니라 관에서 만들기 때문에 유한하고 실제로는 쓸모없는 명목화폐였다. 게다가 공신력도 약했다.

이에 비해 면포는 민간에서 직조되기 때문에 무궁하고 수요도 절실한 물품화폐였다. 그래서 저화는 결국 통용되지 못하고 면포만 국폐로 공식 인정받아 유통되기에 이르렀다. 아울러 미곡도 법적 규정은 보이지 않고 그 규모도 제한적이었으나 교환 수단으로 이용되고 있었다.

면포가 일반적인 유통수단으로 사용되자 그 수요가 급증했다. 그에 따라 질 낮은 악면포惡綿布가 유행했다. 본래 15, 16세기 이래 화폐용 면포는 오승포를 기준으로 삼았다. 1승은 80올이므로 오승포란 곧 400올로 짠 면포를 가리킨다. 16세기에는 삼승포, 사승포 등이 상포常布란 이름으로 널리 통용되기도 했다. 이것들은 오승포보다 훨씬 더 거칠게 짜였다. 추포, 악포라고까지 불렸던 이승포는 아주 성글어 옷감으로 사용할 수 없을 정도였다. 올이 성글 뿐 아니라 길이도 짧아서 1필당 30척 이하로, 실용의 기준이 되는 35척을 채우지 못하는 것이 많았다. 이렇게 기준에 미달해 실생활에 사용할 수 없는 면포가 만들어진 것은 바로 경제적 목적, 곧 화폐 용도 때문이었다. 오승포보다 훨씬 더 작은 액수의 거래에 활용하기 위해 그런 악면포를 만들었다고 볼 수 있다.

상품화폐경제가 발전해 가는 당시의 상황을 미루어 볼 때 이승포, 삼승포 등은 농민의 일상생활과 관련해 성립한 소액환이라 할 수 있다. 소액환인 상포常布, 고액환인 정포正布, 그리고 임진왜란 이후에 광범위하게 유통되기 시작한 은화로 이루어진 것이 당시의 화폐 체계였다. 이처럼 17세기 조선 경제는 일정한 체계를 갖추고 발달한 화폐 경제의 틀을 갖추고 있었다.

한편 추·악 면포가 유행함에 따라 면포가 지닌 본연의 물품 가치를 상실하는 사례가 적잖이 일어나게 되었다. 따라서 정부는 악포가 사용되지 않도록 하기 위한 각종 대책을 강구했다. 처벌 규정도 마련했다. 추·악 면포를 직조하는 자, 짧게 잘라 쓰는 자, 이승포·삼승포를 조작하는 자는 초범이면 장일백 도삼년杖一百 徒三年11에 처했다. 만약 재범이면 온 가족을 변방으로 강제 이주시켰다. 이 규정은 나중에 초범이라도 온 가족을 변방에 보내는 쪽으로 강화되었다. 또 척단포尺短布, 짧은 포를 유포하는 자는 장팔십杖八十 등에 처했다.

11 **장일백 도삼년** 조선 시대의 형벌은 태형(작은 형장으로 맞는 것), 장형(큰 형장으로 맞는 것), 도형(강제 노역), 유형(유배 가는 것), 사형(목숨을 잃는 것) 등의 오형이 있었다. 따라서 이 형벌은 장형 100대에 강제 노역 3년을 의미한다.

조선통보 조선 시대에 두 차례 주조되었다. 1423년 저화와 함께 유통시키기 위해 만들어 약 20년 동안 유통되다가 폐지되었다. 1633년에는 정묘호란 후 국가재정을 확충하기 위해 주조했다. 이전에 발행된 동전과 구별하기 위해 글씨체를 해서에서 팔분으로 바꿨다. 사진은 1423년에 주조된 조선통보. 한국은행 화폐박물관 소장.

이처럼 악포의 사용 금지에 논의가 집중되는 중에도 면포는 여전히 가장 일상적인 교환 수단이었다. 그러다가 점차 면포보다 상대적으로 문제가 더 적은 쌀이 교환 수단으로 선호되기 시작했다. 이 같은 경향과 함께 미곡의 생산 증대는 쌀이 교환 수단으로 성장할 수 있는 배경이 되었다. 미곡이 교환 수단으로 자리 잡는 과정은 곡물의 상품화 과정과 궤를 같이 했다. 곡물의 상품화는 15세기에 이미 나타났으며 16세기 이래 상품경제의 발달에 부응해 촉진되었다. 17세기 말에는 곡물 가격이 지역적 차이를 극복해 전국적으로 균등한 상태를 보일 정도였다.

면포는 본래 의복을 만드는 데 사용되는 옷감이기 때문에 상품유통을 매개하는 데는 한계가 있었다. 면포로 의복을 만들면 물품화폐에서 피륙 자체로 환원되어 버리기 때문이다. 또 면포는 1필이 쌀 4, 5두에 이르는 고액이기 때문에 소액 거래에 활용하기 어려운 점도 있었다. 면포가 가진 이러한 약점 때문에 농민과 도시민은 옷감으로는 쓸모없는 추포를 제작해 소규모 거래에 활용했던 것이다.

17세기 중반에 이르면 소액 화폐 기능을 수행하는 추포로는 감당할 수 없는 상품유통 구조가 형성되었다. 그때 경제 변동의 주요 부분을 차지한 것이 조선 전기에만 해도 실패했던 명목화폐의 발행과 유통이었다. 조선 초기 이래 사실상의 국폐로 기능해 오던 미포와 칭량秤量 은화[12] 등 물품화폐 대신 동전이 다시 주조되었다.

이는 조선왕조가 동전을 법정 화폐, 즉 법화法貨로 유통시키는 정책을 적극 추진한 결과였다. 15세기 세종 대에 실패했던 동전의 유통이 17세기 들어 가능해진 것은 조선의 경제 여건이 물품화폐 대신 명목화폐의 유통을 절실하게 요구하는 상황으로 접어들었기 때문이다.

17세기 중반 이후 대동법 시행에 따른 공인의 상업 활동, 지방 장시의 발달, 장시망의 형성 등에 힘입어 상품유통의

12 **칭량화폐** 중량을 재서 그 교환 가치를 헤아려 쓰던 화폐. 중국의 말굽은 등이 있다. 명목상의 가격을 표시해 주조하는 주조화폐와 구분된다.

십전통보 액면이 1문인 일반 동전의 10배 가치를 지닌 고액 동전이다. 1651년 동전을 주조할 재료가 부족한 상황에서 많은 금액의 화폐를 유통시키기 위해 만들었다. 한국은행 화폐박물관 소장.

양과 질이 급진전했다. 그러면서 물품화폐가 아닌 명목화폐의 유통이 필요해졌다. 농업 생산 부문도 임진왜란의 충격에서 벗어나 새로운 도약의 발판을 마련하고 있었다. 전쟁 중에 격감했던 인구는 점차 예전 수준을 회복하고 나아가 증가하는 경향을 보이고 있었다. 또 개간지가 크게 늘어나고 농업기술이 점진적으로 발달하면서 농업 생산 활동도 활성화되었다.

이처럼 경제가 발전함에 따라 상품 거래는 대량으로 이루어지고 상품 교역의 빈도도 대폭 증가했다. 그런 상황에서는 쌀, 면포 등 물품화폐만으로는 교환 기능을 충당할 수 없었던 것이다.

사정이 이와 같았기 때문에 국내외로 상업 활동의 폭을 넓혀 가던 개성 등에서는 일찍부터 동전이 원활히 통용되고 있었다. 1640년대에 특히 개성상인을 중심으로 개성과 인근 지역에서 동전이 활발하게 유통되었다. 그리고 점차 평안도 일부 지역에서도 동전 유통이 원활하게 이루어졌다. 일찍부터 화폐유통이 발달한 중국으로부터 직간접적인 영향을 받은 것도 사실이다.

조정에서도 명목화폐로 동전이 가장 적합하다는 방침을 세우고 동전의 주조와 유통에 힘을 기울였다. 중앙정부는 1620년대부터 주전청鑄錢廳을 설치하고 동전을 주조했다. 또 호조 등 중앙 관서와 군영에서도 동전을 주조하고, 나아가 개성·수원·안동 등 지방 관청에서도 주조에 나섰다. 게다가 중국 동전을 수입해 사용하기까지 했다. 당시 주조된 동전은 팔분 서체[13] 조선통보朝鮮通寶, 십전통보十錢通寶 등이었다.

조선의 화폐 역사에서 획기적인 사건은 1678년숙종 4 상평통보常平通寶의 주조였다. 앞서 1630년대에도 상평통보를 발행한 적이 있었지만 그때는 제대로 유통되지 않았다. 그리고 1650년대에는 동전 유통 정책의 추진이 잠시 중단되기도 했

13 팔분 서체 한자의 서체. 한자 서체는 대전(大篆)에서 소전으로, 다시 예서로 간략화되었다. 팔분 서체는 예서에 일종의 장식적인 형식을 가미한 것으로 한 대 채옹(蔡邕)의 창작이라 한다.

상평통보 17세기에 주조해 유통된 화폐로, 조선 말기에 현대식 화폐가 나올 때까지 통용되었다. 앞면에는 '常平通寶'라는 한자를 한 자씩 찍었고, 뒷면의 구멍 위에는 주조한 관청의 명칭과 천자문 중 한 글자, 숫자나 부호 등을 새겼다. 발행 관청은 전국에 28곳이 있었다. 한국은행 화폐박물관 소장.

다. 그러다가 1678년 영의정 허적[14], 좌의정 권대운[15] 등의 건의를 받아들여 상평통보를 대대적으로 주조하게 된 것이다.

상평통보는 나뭇가지에 매달린 나뭇잎처럼 만들어진 주전 틀에 구리, 주석 등을 녹여 낸 쇳물을 부어 만들었다. 쇳물이 식으면서 굳어지면 거푸집을 갈라서 나뭇잎처럼 붙어 있는 동전을 떼어냈다. 이러한 방식으로 만들었기 때문에 나뭇잎처럼 붙어 있는 동전이라는 뜻의 '엽전'으로도 불리는 것이다.

상평통보의 기본 단위인 1문☆은 1푼이라고도 했다. 10푼이 1전, 10전이 1냥이었다. 그리고 상평통보 400문을 은 1냥 값으로 정해 시중에 유통시켰다. 따라서 은 1냥은 상평통보 동전으로 4냥의 가치를 갖는 셈이었다.

대동법이 거의 조선 전역에서 시행되고 상업 발달이 높은 수준에 도달한 상황에서 상평통보는 폭넓게, 그리고 독점적으로 유통되었다. 그리하여 가치 판단의 준거이자 교환가치의 척도 기능을 담당하게 되었다.

이로써 상평통보는 갖고 있는 글자의 의미를 역사적으로 실현한 화폐가 되었다. '통보'는 널리 통용되는 보배라는 뜻으로 동전에 붙이는 상용 표현이다. 앞의 '상평常平' 가운데 '상常'은 '늘, 항상'이라는 뜻이다. 그리고 '평平'은 평준平準, 즉 사물을 균일하게 조정하는 일을 뜻한다. 구체적으로는 물가를 균일하게 조정하는 역할을 가리킨다. 조선 전기의 동전과 달리 상평통보는 이름값을 톡톡히 해 낸 화폐였다.

당대에 화폐유통의 중요성을 강조한 인물들은 동전이 나라의 재용財用, 재물의 씀씀이을 돕고 백성의 생활을 넉넉하게 해 줄 수 있으니 나라에서 보유하고 반드시 통용시켜야 할 것이라고 강조했다. 화폐유통이 정착되면서 상품의 매매, 일당의

14 **허적** 조선 중기의 문신. 호조판서·병조판서를 지내고 영의정까지 올랐다. 남인이 서인인 송시열을 처벌하는 문제를 놓고 갈라질 때 온건론을 펴 탁남(濁南)의 영수가 되었다.

15 **권대운** 조선 중기의 문신. 호는 석담(石潭). 예조판서·병조판서를 거쳐 영의정까지 올랐다. 허적과 같은 탁남에 속했다.

돈궤 동전을 보관하는 상자이다. 조선 후기, 나무로 만들었다. 국립민속박물관 소장. 높이 22.5센티미터, 세로 20.5센티미터, 가로 29.2센티미터.

지불, 부세의 납부 등에 동전을 활용하게 되었다. 또 무엇보다도 물품의 가치를 판단할 때 동전을 기준으로 매기게 되었다.

이제 동전을 주조하는 것은 중앙 관청의 재정을 충당하기 위한 방편의 하나로도 간주되었다. 구리, 주석 등 동전 주조의 원료를 구입하는 데 들어가는 비용과 주조 과정에 들어가는 비용 등을 합하더라도 주조한 동전의 명목 가치가 월등히 높았다. 호조, 상평청, 훈련도감 등 동전 주조에 나선 관청은 주조만으로도 상당한 경제적 이득을 얻을 수 있었다. 따라서 많은 아문이 동전 주조에 두 팔을 걷어붙였고, 지방에서도 적극적으로 나섰다.

17세기 후반에 이르면 상평통보는 국가에서 주조해 유통시키는 법화로서 굳건한 지위를 갖게 되었다. 동전 주조도 호조 등 중앙 관청에서 집중적으로 관리하는 방식으로 관리 체계의 합리화가 이루어졌다. 이는 중앙 정부가 동전의 주조와 유통을 주도하고 그에 따르는 이득도 챙겨야 한다는 방침에 따라 화폐 정책을 추진한 결과였다. 이처럼 화폐의 주조와 관리를 일원화하려는 시도는 오랜 노력 끝에 18세기 말에 가서야 확립되었다. 조선에서 상품화폐경제가 본격적으로 나타나 국가적인 체제로 확립되기까지 두 세기에 걸친 세월이 필요했던 것이다.

17세기 동아시아의 상품화폐경제

『연산군일기』 1503년 5월 기사 가운데 양인 김감불과 장례원 종 김검동이 납으로 은을 불리는 법, 즉 은과 납을 분리하는 기술을 개발했다는 내용이 보인다. 은 광석에는 납이 많이 들어 있어서 은과 납을 분리하는 제련 기술 없이는 은 생산이 크게 늘어날 수 없었다. 김감불과 김검동은 사실상 세계 최초의 연은분리법 개발자였다.

그에 따라 은광이 개발되면서 조선에서 생산된 은이 일본과 중국으로 수출되었다. 그때 조선의 은 제련 기술을 익힌 일본에서 대규모 은광이 개발되고 은 생산이 급속하게 증대했다. 은을 요구하는 해외 수요가 지속적으로 증대하면서 일본은 은을 대량으로 생산하는 단계로 접어들었다. 그리하여 16세기 중반 이후에는 일본의 은이 조선과 명으로 수출되기에 이르렀다. 일본은 명과 조선에 은을 주고 생사, 금, 도자기 등을 수입했다. 일본의 은 생산과 수출이 비약적으로 늘어나는 데 조선의 기술이 커다란 공헌을 한 셈이다.

16세기 후반 당시 전 세계 은 생산은 1년 평균 약 60만 킬로그램이었다고 하고, 그 가운데 일본에서 생산된 것이 3분의 1을 차지했다고 한다. 이렇게 생산된 일본 은은 주로 중국으로 수출되었다. 일본뿐 아니라 동남아시아에서 생산된 은도 중국으로 빨려 들어갔다. 이처럼 17세기 동아시아 무역의 주요 교역품은 은이었고, 이를 촉진한 것은 일본의 은 생산이었다.

조선은 일본과 중국 사이의 은 무역에서 중요한 중개자 노릇을 했다. 조선은 은 수입에 목을 매달고 있던 중국과 은의 최대 생산자인 일본 사이에서 중개무역에 나섰다. 그

일본의 무역 나가사키 항에 들어온 청과 서양의 비단, 서적, 도자기, 모직물, 노루 가죽, 호피, 표범 가죽, 상아 등을 살펴보고 있는 일본 관리들. 장시의 확대를 꺼리던 조선과는 대조적인 모습이다.

때 조선으로 하여금 일본으로부터 은을 확보
할 수 있게 해 준 최고의 상품이 바로 인삼이
었다. 조선은 인삼을 주요 상품으로 삼아 중
국, 일본과의 무역에 참여했고 일본 은의 상
당 부분이 조선에 유입되었다.

17세기 일본의 화폐유통은 금화와 은화
의 주조를 중심으로 이루어졌다. 일본을 통
일한 막부 세력은 통일적인 화폐 유통을 추
진했다. 그동안 유통되던 동전 외에 금화와
은화도 만들어 유통시킨 것이다. 금화와 은
화의 교환 비율도 공식적으로 정했다.

그리고 1636년에 이르러 에도 막부는 종
래의 잡다한 동전을 정리할 수 있는 새로운
동전, 관영통보寬永通寶를 주조해 유통시키기
시작했다. 관영통보를 대량으로 풀었음에도
불구하고 동전 공급이 부족하면 사사롭게
금속화폐를 주조하는 것도 허용했다. 17세기
후반에 이르면 예로부터 유통되던 고동전古銅
錢의 유통을 중지시킨다. 그리하여 일본은 17
세기 중엽을 전후한 시기에 안정적이고 통일
적 화폐유통 체제를 수립하게 되었다. 여기에
상인들은 어음도 이용하고, 지방 영주가 발
행한 지폐도 사용했다.

순치통보 청의 순치 연간
(1644~1661년)에 주조
된 화폐이다. 북경 천도
후 발행된 화폐는 앞면에
한자, 뒷면에 만주자로
주조국명을 표시했다.

강희통보 청의 강희 연간(1662~1722년)에 주조된 것이다. 뒷
면에 만주어와 한자로 주조국명을 표시했다. 청의 제전(制錢)은
황제가 국가의 권위를 보이는 상징으로 주조해 소액용으로 사용
되었다.

중국에서는 동전이 주요한 화폐로 유통
되고 있었지만, 지역마다 통용 가치가 다르다
는 점이 문제였다. 동전의 명목 가치와 실질
가치 사이의 차이도 컸기 때문에 정부는 화
폐 가치의 일관성을 유지하기 위해 노력했다.
그 과정에서 1576년 동 함량이 매우 높은 만
력통보萬曆通寶가 주조되었다. 그러나 17세기에
들어서면서 동 함량이 떨어져 동전의 순도가
크게 낮아지고 사적으로 주조된 저질 동전
도 통용되었다. 그밖에 정부가 발행한 초, 민
간이 발행한 표票 등의 지폐도 유통되었다.

일본에서 은이 대량 유입된 뒤에는 대규
모 거래의 유통수단으로 은을 활용했다. 화
폐에 대한 수요가 은 수입을 이끈 요인 가운
데 하나였다. 민간에서는 은으로 상품을 거
래하고 있었지만 중앙정부가 마련한 공적인
기준이 없어 지방마다 은의 가치가 다르게
매겨진 채 유통되고 있었다. 이를 극복하는
것은 17세기 중국 경제의 최대 과제 가운데
하나였다.

인포그래픽으로 본 세금의 역사

조용조의 계보

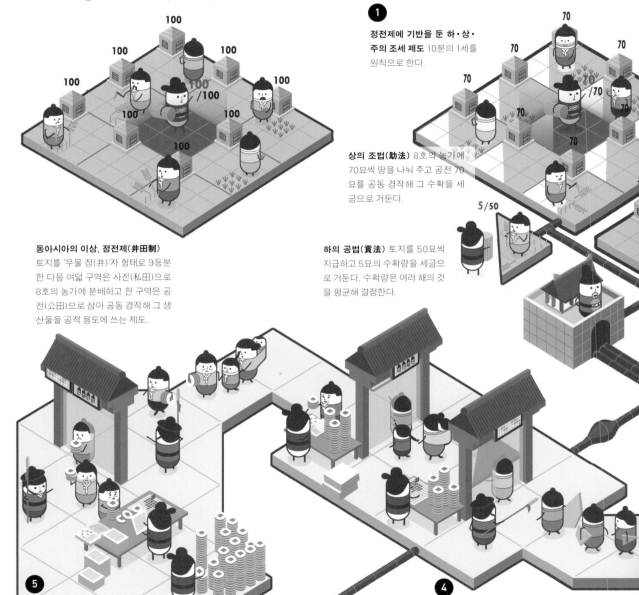

① 정전제에 기반을 둔 하·상·주의 조세 제도 10분의 1세를 원칙으로 한다.

상의 조법(助法) 8호의 농가에 70묘씩 땅을 나눠 주고 공전 70 묘를 공동 경작해 그 수확을 세금으로 거둔다.

동아시아의 이상, 정전제(井田制) 토지를 '우물 정(井)'자 형태로 9등분한 다음 여덟 구역은 사전(私田)으로 8호의 농가에 분배하고 한 구역은 공전(公田)으로 삼아 공동 경작해 그 생산물을 공적 용도에 쓰는 제도.

하의 공법(貢法) 토지를 50묘씩 지급하고 5묘의 수확량을 세금으로 거둔다. 수확량은 여러 해의 것을 평균해 결정한다.

⑤ 지정은제(地丁銀制) 청의 강희제 말년~옹정제 연간. 정세(丁稅)를 지세(地稅)에 포함시켜 은으로 납부.

④ 일조편법(一條鞭法) 명 후기부터 청 초기까지. 납세자의 토지 소유 면적과 정구수(丁口數)에 따라 결정된 세액을 은으로 일괄 납부.

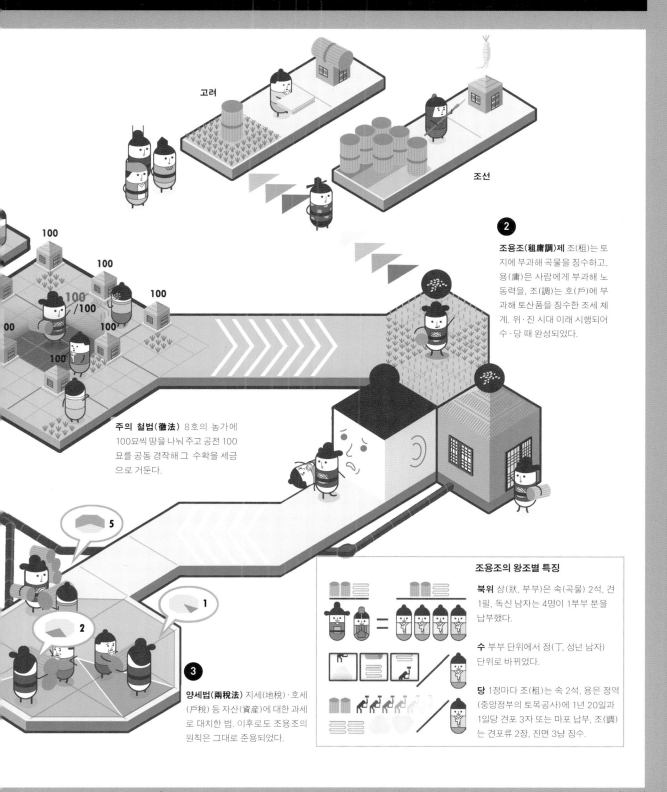

고려

조선

100
100
100
/100
100
100
100
100

2

조용조(租庸調)제 조(租)는 토지에 부과해 곡물을 징수하고, 용(庸)은 사람에게 부과해 노동력을, 조(調)는 호(戶)에 부과해 토산품을 징수한 조세 체계. 위·진 시대 이래 시행되어 수·당 때 완성되었다.

주의 철법(徹法) 8호의 농가에 100묘씩 땅을 나눠 주고 공전 100 묘를 공동 경작해 그 수확을 세금으로 거둔다.

5

1

2

3

양세법(兩稅法) 지세(地稅)·호세(戶稅) 등 자산(資産)에 대한 과세로 대치한 법. 이후로도 조용조의 원칙은 그대로 준용되었다.

조용조의 왕조별 특징

북위 상(狀, 부부)은 속(곡물) 2석, 견 1필, 독신 남자는 4명이 1부부 분을 납부했다.

수 부부 단위에서 정(丁, 성년 남자) 단위로 바뀌었다.

당 1정마다 조(租)는 속 2석, 용은 정역(중앙정부의 토목공사)에 1년 20일과 1일당 견포 3자 또는 마포 납부, 조(調)는 견포류 2장, 진면 3냥 징수.

조용조의 계보│

조선의 조세제도

삼국 시대에 중국에서 받아들인 조용조 제도를 기반으로 했다. 여러 시기에 걸쳐 제도의 폐단을 개선하는 방향으로 개정이 이루어졌으나, 관리들의 부패 등으로 인해 삼정 문란이 일어나 19세기 농민 항쟁의 원인이 되었다. 조선 후기에 대동법과 균역법으로 귀결되었다가 1894년 갑오개혁 때 금납화되었다.

租 조

전세(田稅): 토지의 수확물을 일정한 세율로 걷는 세금

1391(고려 공양왕 3)
과전법(科田法)
- 관인층(현직, 전직 관료)에게 국가를 대신해 수조권(收租權)을 나누어 준 제도.
- 논 1결에 조미 30두, 밭 1결에 잡곡 30두를 세금으로 거뒀다.

답험손실법(踏驗損實法)
- 풍흉에 등급을 매겨 적당한 비율로 수조액을 감면한 제도.
- 작황을 10분으로 구분해 손 1분에 조 1분을 감하다가 손 8분에 이르면 조 전액을 면제했다.

庸 용

군역(軍役): 국가에 봉사하는 신역(身役)

15세기
양인개병(良人皆兵)
- 병농일치 제도.
- 16세 이상 59세 이하 양인 남성(군적)이 대개 2개월 동안 신역(身役), 번상(수자리).

15세기 말
대립제(代立制)
- 군포 20필 정도로 군인을 대신 보냄.

調 조

공납(貢納): 지방의 토산물을 현물로 내는 세금

조선 전기(임진왜란 전)
- 중앙 관청에서 각 지역 토산물을 조사해 군현에 물품과 액수 할당하고, 군현은 각 가호에 할당해 거뒀다.
- 민간에서 쉽게 마련할 수 있는 직물류·수산물·과실류·목재류 등은 일반 백성이 내게 하고, 모피류·수육류·재배해야 하는 약재 등은 지방 관청에서 마련해 공리(貢吏, 공물을 상납하는 일을 맡는 하급 관리)로 하여금 정부 관청에 직접 내게 했다.

8도의 공물(농업 생산물, 가내수공업 제품, 해산물, 과실류, 광산물, 조수류 등)

꿀, 밀, 잣, 개암, 감, 오배자, 겨자, 모과, 호도, 배, 대추, 조피나무 열매, 밤, 지초, 잇, 송화, 괴화, 석이, 느타리, 옻, 바다옷, 쇠가죽, 말가죽, 여우가죽, 살쾡이가죽, 담비가죽, 범가죽, 표범가죽, 사슴가죽, 잘, 수달피, 해달피, 돼지가죽, 어피(魚皮), 노루가죽, 곰가죽, 표범 꼬리, 여우 꼬리, 곰 털, 돼지 털, 사슴포, 말린 돼지고기, 문어, 대구, 연어, 상어, 숭어, 물고기 기름, 전복, 홍합, 전복껍데기, 쇠뿔, 가뢰, 백단향, 자단향, 안지(鞍枝), 나무 그릇, 박, 생삼, 익힌 삼, 참빗, 새끼, 틀가락바, 송진, 유지, 달래, 사기그릇, 질그릇, 종이, 휴지, 자리, 잡깃, 포도, 다래, 갈피(葛皮), 자작나무, 장작개비, 나무활, 책판나무 등.

전답의 넓이를 재는 조선의 도량형

농부의 지척(指尺)에서 황종척을 바탕으로 산출한 주척(周尺)으로 바꿨다. 지척은 장년 농부의 손가락 10개의 길이를 1척(약 19.41센티미터)으로 삼는 양전법이다. 주척은 주의 도량형 단위로, 황종척은 1.6684주척이다. 1등전의 양전척은 주척으로 4.775척, 2등전 5.179척, 3등전은 5.703척, 4등전 6.434척, 5등전 7.55척, 6등전 9.55척이다. 2등전의 자는 1등전의 자보다 8.4 퍼센트 길고, 6등전의 자는 1등전의 자보다 2배 더 길다.

1444(세종 26)
공법(貢法)
- 전분육등법(田分六等法) : 전답의 품질을 토지의 비옥도에 따라 6등급으로 세분화했다.
- 연분구등법(年分九等法) : 농사의 풍흉을 9등급으로 나누어 파악하고, 연분에 따라 1결당 최하 4두부터 최고 20두까지 차등을 두어 정액으로 거뒀다.

1466(세조 12)
직전법(職田法)
- 현직 관리에게만 수조권을 지급한 제도이다.

16세기
연분의 하등 고정
- 조세를 4두 또는 6두로 고정한 제도이다.

1635(인조 13)
영정법(永定法)
- 풍흉을 따지지 않고 토지 비옥도에 따라 전세를 정액화한 제도이다.
- 대부분 하하전으로 분류되어 실제 징수액은 4두로 고정되었다.

5

16세기
방군수포제(放軍收布制)
- 농민이 1년에 군포 2필을 납부하고 군역을 면제받았다.

17세기
대동법(大同法)
- 공물을 쌀로 통일해 세금을 거둔 제도로, 여기서 사실상 조(租)와 조(調)의 구분이 없어진다.
- 전국적으로 실시된 뒤 세액은 12말로 통일했으나, 산간 지방이나 불가피한 경우에는 베, 무명, 돈으로 대납했다.

1750(영조 26)
균역법(均役法)
- 군포 2필을 1필로 줄였다.

횡간과 공안

횡간은 1년간 국가에서 지출하는 경비를 적은 세출대장, 공안은 민으로부터 거두어들인 국가의 세입을 기록한 대장이다. 중앙 각 궁·사의 공안은 징수할 공부의 종목, 물품 및 수량, 상납하는 관부의 이름 등을 월별로 기록한다. 지방 각 관부의 공안은 책정된 공부의 종목, 물품과 수량, 상납해야 하는 궁·사 등을 월별로 기록한다. 호조의 공안은 각 궁·사의 모든 것을 통합 기록하고, 각 도의 관찰사영 공안은 각 관부의 공안을 통합 기록.

봉상시의 공안과 강원도 공물책

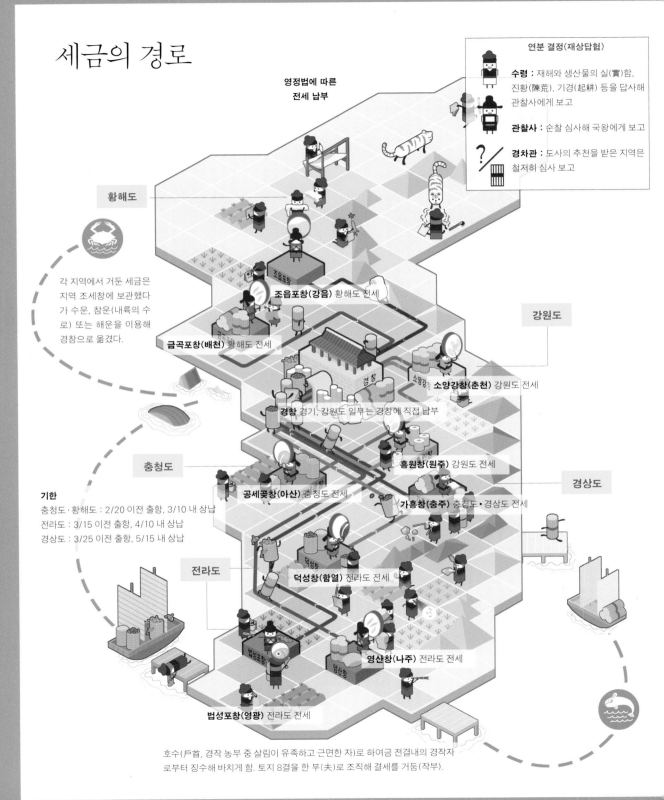

세금의 경로

영정법에 따른
전세 납부

연분 결정(재상답험)

수령 : 재해와 생산물의 실(實)함,
진황(陳荒), 기경(起耕) 등을 답사해
관찰사에게 보고

관찰사 : 순찰 심사해 국왕에게 보고

경차관 : 도사의 추천을 받은 지역은
철저히 심사 보고

황해도

각 지역에서 거둔 세금은
지역 조세창에 보관했다
가 수운, 참운(내륙의 수
로) 또는 해운을 이용해
경창으로 옮겼다.

조읍포창

조읍포창(강음) 황해도 전세

강원도

금곡포창(배천) 황해도 전세

경창

소양강창

소양강창(춘천) 강원도 전세

경창 경기, 강원도 일부는 경창에 직접 납부

충청도

흥원창

흥원창(원주) 강원도 전세

경상도

기한
충청도·황해도 : 2/20 이전 출항, 3/10 내 상납
전라도 : 3/15 이전 출항, 4/10 내 상납
경상도 : 3/25 이전 출항, 5/15 내 상납

공세곶창(아산) 충청도 전세

가흥창(충주) 충청도·경상도 전세

전라도

덕성창

덕성창(함열) 전라도 전세

법성포창

영산창

영산창(나주) 전라도 전세

법성포창(영광) 전라도 전세

호수(戶首, 경작 농부 중 살림이 유족하고 근면한 자)로 하여금 전결내의 경작자
로부터 징수해 바치게 함. 토지 8결을 한 부(夫)로 조직해 결세를 거둠(작부).

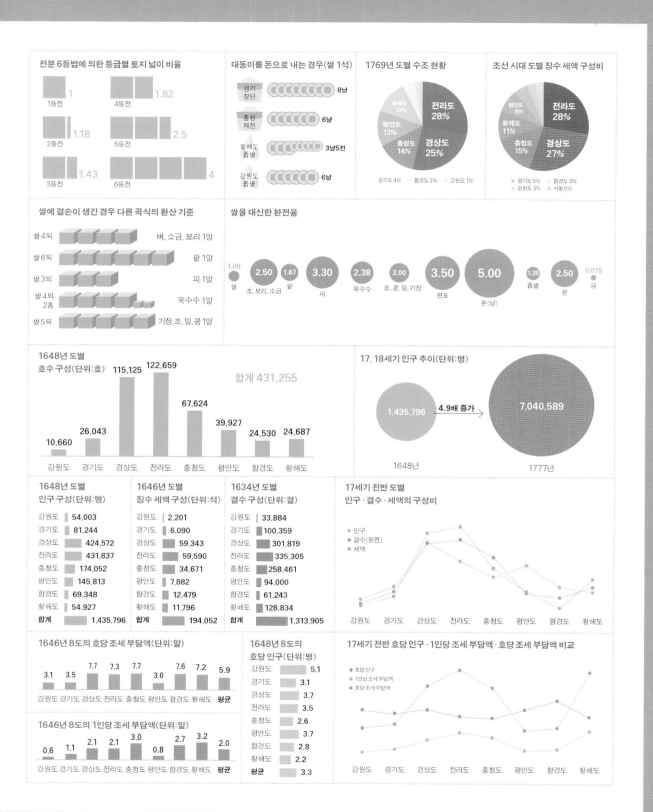

전분 6등법에 의한 등급별 토지 넓이 비율

- 1등전 1
- 2등전 1.18
- 3등전 1.43
- 4등전 1.82
- 5등전 2.5
- 6등전 4

대동미를 돈으로 내는 경우(쌀 1석)

- 경기 장단 8냥
- 충청 제천 6냥
- 황해도 좁쌀 3냥 5전
- 강원도 좁쌀 6냥

1769년 도별 수조 현황

- 전라도 28%
- 경상도 25%
- 충청도 14%
- 평안도 13%
- 황해도 12%
- 경기도 4%
- 함경도 2%
- 강원도 1%

조선 시대 도별 징수 세액 구성비

- 전라도 28%
- 경상도 27%
- 충청도 15%
- 황해도 11%
- 평안도 8%
- 경기도 5%
- 함경도 3%
- 강원도 3%
- 서울 0%

쌀에 결손이 생긴 경우 다른 곡식의 환산 기준

- 쌀 4되 : 벼, 소금, 보리 1말
- 쌀 6되 : 팥 1말
- 쌀 3되 : 피 1말
- 쌀 4되 2홉 : 옥수수 1말
- 쌀 5되 : 기장, 조, 밀, 콩 1말

쌀을 대신한 환전율

- 쌀 1.00
- 조, 보리, 소금 2.50
- 팥 1.67
- 피 3.30
- 옥수수 2.38
- 조, 콩, 밀, 기장 2.00
- 면포 3.50
- 돈(냥) 5.00
- 좁쌀 1.25
- 은 2.50
- 금 0.075

1648년 도별 호수 구성(단위:호)

합계 431,255

- 강원도 10,660
- 경기도 26,043
- 경상도 115,125
- 전라도 122,659
- 충청도 67,624
- 평안도 39,927
- 함경도 24,530
- 황해도 24,687

17, 18세기 인구 추이(단위:명)

- 1648년 1,435,796
- 4.9배 증가
- 1777년 7,040,589

1648년 도별 인구 구성(단위:명)

강원도	54,003
경기도	81,244
경상도	424,572
전라도	431,837
충청도	174,052
평안도	145,813
함경도	69,348
황해도	54,927
합계	1,435,796

1646년 도별 징수 세액 구성(단위:석)

강원도	2,201
경기도	6,090
경상도	59,343
전라도	59,590
충청도	34,671
평안도	7,882
함경도	12,479
황해도	11,796
합계	194,052

1634년 도별 결수 구성(단위:결)

강원도	33,884
경기도	100,359
경상도	301,819
전라도	335,305
충청도	258,461
평안도	94,000
함경도	61,243
황해도	128,834
합계	1,313,905

17세기 전반 도별 인구·결수·세액의 구성비

- 인구
- 결수(원전)
- 세액

강원도 경기도 경상도 전라도 충청도 평안도 함경도 황해도

1646년 8도의 호당 조세 부담액(단위:말)

- 강원도 3.1
- 경기도 3.5
- 경상도 7.7
- 전라도 7.3
- 충청도 7.7
- 평안도 3.0
- 함경도 7.6
- 황해도 7.2
- 평균 5.9

1646년 8도의 1인당 조세 부담액(단위:말)

- 강원도 0.6
- 경기도 1.1
- 경상도 2.1
- 전라도 2.1
- 충청도 3.0
- 평안도 0.8
- 함경도 2.7
- 황해도 3.2
- 평균 2.0

1648년 8도의 호당 인구(단위:명)

강원도	5.1
경기도	3.1
경상도	3.7
전라도	3.5
충청도	2.6
평안도	3.7
함경도	2.8
황해도	2.2
평균	3.3

17세기 전반 호당 인구·1인당 조세 부담액·호당 조세 부담액 비교

- 호당 인구
- 1인당 조세 부담액
- 호당 조세 부담액

강원도 경기도 경상도 전라도 충청도 평안도 함경도 황해도

강원도 화음동에 새겨진 권토중래의 꿈 곡운 김수증이
1689년 강원도 화천군에 은거할 때 바위에 새긴 태극양의
도(太極兩儀圖). 양(陽)과 음(陰)이 순환하는 우주의 이치
를 나타내는 한편, 음의 기운이 왕성한 시기가 끝나고 양의
시대가 다시 돌아와 조선에서 유교 문명이 부흥하리란 기대
또한 보여 준다. 강원기념물 제63호.

03
조선의 선택

1644년

이자성이 이끄는 농민군은 명의 수도 북경을 점령했다. 명의 황제 숭정제는 황후 등에게 자결을 명하고 자신은 자금성 뒤 만수산 지금의 베이징 징산 산에서 자살했다. 산해관에서 청군을 막고 있던 오삼계가 청과 손을 잡았고, 청과 오삼계의 연합군은 이자성 군대를 격파하고 북경에 입성했다. 1592년 임진왜란으로부터 시작한 동아시아 삼국의 격동은 50여 년이 지나 명청 교체로 마감하고 있었다.

청은 빠르게 한족의 마음을 사로잡았고, 강희제가 재위한 17세기 후반에는 중국 대부분에 대한 지배권을 확보했다. 그리고 이전의 수많은 북방 유목계 왕조를 훨씬 뛰어넘는 성세를 누리며 250년 넘게 지속했다.

명청 교체는 오랑캐와 중화가 뒤바뀐 사건이기도 했다. 유교 지식인들은 이 상황을 착잡하게 바라보았다. 명 말의 대표적 학자 황종희黃宗羲는 반청 운동을 이끌었고 미래에 유교가 다시 부흥할 것을 기대하는 저술을 남겼다. 그러나 다음 세대의 학자들은 청왕조의 지배에 순응하지 않을 수 없었다. 황종희조차 자신의 제자가 청 왕조의 관리가 되려는 것을 말릴 수 없었다.

일본의 유학자들에게도 명청 교체는 충격이었다. 에도 막부의 유학자 하야시 슌사이林春齋는 반청 운동이 성공한다면 비록 먼 나라의 일이지만 상쾌할 것이라고 했다. 조선의 사대부들처럼 명을 중화로 보는 인식에 공감한 것이다. 그러나 일본은 스스로를 신국神國으로 여기면서 중국 중심의 사대 질서에는 제한적으로만 참여하는 오랜 전통이 있었다. 일본은 조선, 유구, 네덜란드, 청과 제한적으로 관계를 맺으며 중국 중심의 일원화된 체계와는 또 다른 관계망을 형성했다.

복잡한 사정은 조선 또한 마찬가지였다. 병자호란 이후 조선은 이미 공식적으로 청에 사대하고 있었다. 따라서 공적인 영역에서는 청의 요구를 수용하며 마찰을 줄였다. 복수설치復讐雪恥, 원수를 갚고 치욕을 씻음를 염원하던 효종조차 청의 요구에 따라 두 차례나 원정군을 파견해 청군 편에서 러시아와 전투를 벌이도록 해야 했다. 조선은 그렇게 새로운 현실에 대처하고 있었다.

그러나 대다수 지식인은 청 중심의 질서에만 머물지 않고 조선의 존재 의의를 새롭게 설정하고자 했다. 그들은 이전 유목계 왕조들이 100년을 넘기지 못한 역사를 기억하고 있었다. 따라서 청 또한 100년이 못 갈 것으로 예상했다. 그렇다면 '홀로 남은 유교 문명국' 조선은 다시 밝아질 유교의 보루가 되어야 한다고 생각했다. 지식인들은 국내의 여러 질서와 문화를 철저히 유교식으로 정비하며 미래를 맞고자 했다.

정비는 유학에서 시작해 당대의 정치, 사회 등 모든 분야에 미쳤다. 유학, 특히 주자학의 성격부터 달라졌다. 주자학은 새 사회 건설의 이념이 되었다. 예학禮學이 중시되고, 학파에 뿌리를 둔 붕당이 형성되었다. 붕당의 정점에는 이념가인 산림山林이 자리 잡고 있었다. 개인의 일상도 주자학적 예법에 따라 재구축되었다.

그 과정은 물론 순조롭지 않았다. 주자학을 사회에 관철시키는 폭과 깊이를 둘러싸고 치열한 논쟁이 벌어졌다. 예에 관한 논쟁인 예송禮訟이 몇 년이나 지속되고, 주자학을 어느 정도로 어떻게 실현할까를 두고 전례 없는 사상 논쟁이 벌어졌다. 논쟁이 없는 시절이야 없을 것이다. 그러나 예에 대한 해석을 두고 정권의 향배가 결정되거나, 사상 논쟁이 격화되어 이단 시비로 확대되는 것은 이전에 볼 수 없던 장면이었다. 그 장면은 조선이 유교의 불씨를 보존해 미래를 준비해야 한다는 집단적 책임감을 전제하지 않으면 연출될 수 없었다. 그렇게 조선은 세계 역사상 유례없는 전형적인 주자학 국가로 재탄생하고 있었다.

1.
이제
조선이
중화다

소현세자와 산해관 병자호란 후 청에 잡혀간 소현세자와 일부 관료들은 청과 이자성 군이 격돌했던 산해관 전투를 목격했다. 세자의 인질 생활을 기록한 『심양일기』에는 전투 장면과 청군의 북경 입성 과정이 생생하다. 사진은 그로부터 116년이 흐른 1760년에 조선 사신이 그린 산해관의 모습이다. 이 그림은 영조가 소현세자와 봉림대군이 거주했던 심양 세자관 터 등의 그림을 모아 편찬한 『심양관도첩』에 실려 있다.

병자호란은 불과 50여 일에 걸친 짧은 전쟁이었지만, 7년에 걸쳤던 임진왜란과는 다른 차원의 충격을 주었다. 조선 건국 후 250여 년간 조선의 지배층은 소중화인 조선이, 중화인 명과 함께 유교 문명권을 구축했다고 생각했다. 임진왜란은 그 문명권 밖의 침략자인 일본에 대한 문명 수호 전쟁이기도 했고, 결과는 승리였다. 그러나 병자호란의 결과는 달랐다. 조선이 오랑캐 천자에게 항복하고 사대의 대상을 바꾸었기 때문이다.

병자호란 8년 후 명은 이자성의 반란 앞에 스스로 무너지고, 청은 그렇게 무너진 명의 복수를 한다는 명분으로 자금성에 입성했다. 이로써 청이 중원의 새 주인이 되었다. 동아시아의 많은 유학자는 명청 교체를 '하늘이 무너지고 땅이 갈라진 사건天崩地解'이라거나 '모자를 신고 옷을 거꾸로 입은 형세冠裳倒置'라고 표현했다. 천지가 뒤바뀐 비상한 시국에서 조선은 어떤 길을 택할 것인가? 조선의 지배층은 그 물음에 답해야 했다.

명이 사라진 상황에서 지배층의 절대 다수는 '홀로 남은 유교국' 조선이 유교의 명맥을 이어야 한다고 생각했다. 그것은 역사에서 배운 교훈이기도 했다. 과거 중국을 지배했던 북방 유목계 왕조들, 대표적으로 금과 원은 100년을 넘기지 못했으니 청도 그럴 것이라고 조선의 사대부들은 생각했다. 따라서 조선이 유교를 보존하는 일은 미래를 위한 발판이었다. 그것은 책임과 희망을 동반했다. 유교 문화를 철저히 실현해야 한다는 의무, 조선을 발판으로 언젠가 천하의 유교 문화가 부흥하리라는 기대가 그것이었다.

문제는 명분과 현실의 비중이었다. 애초 공존했던 이 두 가지 원칙은 조선의 재건 방향이 뚜렷해질수록 한 방향으로 쏠리지 않을 수 없었다. 김상헌과 최명길의 행적과 그들에 대한 후대의 평가는 그 과정을 잘 보여 준다.

김상헌 묘 대표적인 척화신으로 추앙받는 청음 김상헌의 묘. 상석은 화려하게 장식했고 문인석은 옷주름 모양이 섬세하다. 묘비명은 1671년 김수증이 쓰고 세웠다. 경기도 남양주시 와부읍 소재. 경기기념물 제100호.

병자호란 때 두 사람이 강화와 척화를 대표하며 대립한 사실은 잘 알려져 있다. 1640년 김상헌은 반청反淸 여론을 조장하는 재야인사로 지목되어 청에 잡혀갔다. 2년 후 영의정 최명길도 명과 몰래 통교한 일로 인해 끌려갔다. 공교롭게도 심양에서 만난 두 사람은 오해를 풀고 서로의 진심을 이해하게 되었다는 미담을 남겼다. 그들의 화해는 강화와 척화 모두 국가를 위한 대의에서 나온 것이라고 받아들이는 공존의 불가피성을 보여 준다.

심양에서 돌아온 김상헌은 조야의 극찬을 받는다. 김상헌은 남한산성이 함락될 때 안동으로 내려갔기 때문에 인조에게 '세상을 속이고 명예를 훔쳤다'고 비난받을 만큼 비판이 그치지 않았던 처지였다. 그러나 심양에서 용골대에게 꼿꼿이 맞선 그의 일화[1]가 알려지자, 귀환한 그를 두고 '강상綱常을 지켜냈다'는 찬사가 이어졌다.

최명길에 대해서는 점차 부정적 평가가 강화되었다. 병자호란 당시의 과감한 결단력과 난후 수습 당시의 공정한 일처리에서 그의 탁월함은 빛났다. 그러나 『인조실록』에 실린 그의 졸기卒記[2]에는 이중적인 평가가 담겨 있다.

"기민하고 권모술수가 많았다. …… 화의론을 주장해 청의淸議에 버림을 받았다. …… 모두들 소인으로 지목했다. 그러나 위급한 경우에는 앞장섰고, 분명한 일처리에는 그에 미칠 사람이 없었다. 한 시대를 구제한 재상이라 하겠다."

김상헌의 부상과 최명길의 하락은 조선이 의리를 중시하는 기조로 유교 질서 재건의 방향을 잡아 갔다는 것을 보여 준다. 의리義理라는 말 속에는 보편타당한 이치天理라는 개념과 선악의 판단이 개입하는 가치正義 개념이 모두 들어 있는데, 후자의 비중이 강화되는 과정이었던 것이다. 구체적으로

1 **김상헌의 강직함** 1643년 김상헌은 청의 용골대로부터 석방 명령을 듣고 황제에게 감사의 절을 올리라는 요구를 받는다. 그러나 김상헌은 '허리가 아파 일어나지 못한다'면서 끝내 절하기를 거부했다. 그 외에도 몇몇 일화가 전한다.

2 **졸기** 실록을 편찬하는 사관이 사망한 인물에 대한 평가를 적은 기록. 일단 사초에 수록된 후 실록을 편찬할 때 첨가된다. 긍정적인 인물만이 아니라 모반한 자처럼 부정적인 인물도 후대에 경종을 울리기 위해 기록하곤 했다.

최명길 묘 대표적 강화신으로 꼽히는 지천 최명길의 묘. 3기의 봉분 가운데 중앙에 있는 봉분이 최명길의 묘이다. 묘 앞에 숙종 때 세운 신도비(왼쪽)가 있다. 충청북도 청주시 북이면 소재. 충청북도기념물 제68호.

그것은 춘추 의리春秋義理3, 명분 질서, 예의 등에 대한 강조로 나타났다. 이처럼 가치 개념으로서의 의리를 바탕으로 유교 문화를 재건하는 작업은 17세기가 저무는 숙종 후반에 가장 왕성했다.

김상헌과 최명길 집안의 인연은 그러한 과정을 반영하는 듯했다. 두 집안은 50여 년이 넘는 친교를 유지했다. 그러나 17세기 후반 김상헌의 손자 김수항은 노론을 이끌었고, 최명길의 손자 최석정은 소론을 이끌었다. 그리고 숙종 20년대인 17세기 말 노론과 소론의 대립이 격화하면서 두 집안은 절교했고 공존은 끝이 났다.

한편 의리에 대한 강조는 조선이 여전히 '유교의 나라'임을 국제적으로 인정받는 일이었고, 나름의 현실적 효과도 있었다. 정묘호란 때 조선에 귀환한 강홍립은 인조를 만난 자리에서, "조선이 200년 동안 황조皇朝, 명를 신하로 섬겼다는 말이 신의가 있다. 조선과 우호를 통하면 오래 지속되겠구나."라는 후금 장수 아민阿敏의 말을 전하며 강화 분위기를 이끌었다.

이 같은 기조의 발언은 그 후에도 종종 확인할 수 있다. 청은 조선을 거론할 때 '예의로 국가를 일으켰다'거나 '조선은 예의의 나라로 명에 대해 일편단심'이라는 수사를 종종 동원했다. 조선에서 수행된 명에 대한 추모 작업이 외교 문제로 불거지면 조선은 '명에게 입은 은혜를 잊지 못할 따름'이라고 해명했다. 조선의 해명을 묵인할 테니 청에 대해서도 신의를 지키라는 청의 요구, 겉으로는 복종하지만 마음속으로는 명을 이어 유교의 정통을 계승하겠다는 조선의 고집. 충돌하는 두 의지는 의리와 예의를 상호 추인하는 선에서 타협하고 있었다.

3 **춘추 의리** 공자가 엮었다고 전해지는 『춘추(春秋)』의 근본 정신. 공자는 『춘추』를 지으면서 사실을 기록할 뿐 아니라 명분을 바로잡고 대의를 밝혀 천하 질서를 바로잡고자 했다. '춘추의리'는 역사를 공명정대하게 비판하고 세상을 바로잡는다는 유교적 의리의 표준이 되었다.

주자학에서
주자주의로

흔히 조선을 유교의 나라, 더 좁게는 성리학 또는 주자학의 나라라고 말한다. 그런데 유교와 성리학의 방대한 체계 속에는 이질적 사고들이 존재하고 있다. 주자학은 북송 철학자들이 개척한 성과들이 주희朱熹를 거쳐 하나의 체계로 성립한 것이다. 그러나 주희의 집대성 이후에도 주자학 내의 주요 개념들에 대한 논쟁은 끊임없었다. 조선에서도 16세기부터 세계의 근원을 둘러싼 논쟁, 근원적 진리인 이理·기氣와 인간 마음의 작동 관계를 둘러싼 논쟁 등이 지속되었다.

유교와 성리학은 보편 철학을 담은 학문이지만, 격동기 지식인들은 유교적 가치를 신념화해서 사회적 실천에 나섰다. 공자가 강조한 보편 덕성인 인仁은 춘추라는 혼란 시기에 주周의 정통성을 회복하자는 주장이기도 했다. 주희가 강조한 보편 질서인 천리天理는 남송의 역사적 정통성을 공고히 하고, 당시 중원을 차지하고 있던 금을 부정하는 개념이기도 했다. 인과 천리는 현실에서는 사회 개혁과 민족 옹호의 무기였고, 그때에 공자와 주희는 복고주의자, 민족주의자가 되었다. 정통을 수호하고, 질서를 어지럽히는 난적亂賊을 토벌하는 춘추의리의 실현자인 것이다.

유교 문명권의 붕괴를 경험한 17세기 중반의 조선 지식인은 유교 가치의 신념화에 주목하지 않을 수 없었다. 많은 논쟁이 있었지만 결과적으로 그들은 이념화된 유교를 택했다. 주자학이 '주의화主義化'한 것이다. 이를 가장 일관성 있게 구축한 사상가는 송시열이었다. 그는 '오늘날은 송이 남쪽으로 내려왔을 때와 같다'고 해 자신의 시공간을 주희의 시공간과 동일시했다. 또 '주자가 조정의 부름에 응했던 것은 복수에 뜻을 두었기 때문'이라고 해 주희를 대학자뿐 아니라 중화 문화의 수호자로도 부각했다.

주희의 정신을 실현하기 위해 송시열은 '정학正學을 개창하고 대도大道를 밝히는' 사상 작업을 급선무로 보았다. 이를 통해 확립된 춘추 정신으로 무장한다면 '장차 군부君父를 위해 커다란 치욕을 씻고 오랑캐를 물리칠 것'이라 전망했다. 그는 평생 춘추

만동묘 부근에 새긴 글씨 송시열은 병자호란 후 충청도 화양동에 은거하면서 문인을 양성했다. 민정중이 북경에서 숭정제의 친필인 「非禮不動(비례부동, 예가 아니면 행하지 말라)」을 구입해 전해 주자, 1674년 송시열은 화양동 바위에 이를 새겨 넣었다(흰색 안). 충청북도 괴산군 청천면 소재. 괴산 송시열 유적이 사적 제417호로 지정되어 있다.

의리의 구체화를 위해 노력했으니, 그 노력의 정점에 만동묘萬東廟가 있었다.

송시열의 유언에 의해 화양동에 세워진 만동묘는 명의 만력제와 숭정제를 제사하는 곳이다. 사사롭게 황제를 제사한다는 파격에도 불구하고, 명에 대한 의리를 구체화했다는 점에서 그 상징성은 컸다. 만동묘의 설립 정신은 대보단大報壇을 통해 국가적으로 공인받았다. 대보단은 명의 60주기가 되는 1704년숙종 30에 창덕궁 후원 깊숙한 곳에 건립되었다. 만동묘와 마찬가지로 만력제와 숭정제의 신주가 모셔졌으며, 이곳의 제사는 종묘의 제사만큼이나 중시되었다.

대보단이 공공의 상징이라면, 연호年號는 일상을 장악했다. 현대의 시간은 서기西紀를 기준으로 하지만 당시의 시간 기준은 중국 황제의 연호였다. 병자호란 때 청 태조가 조선에 요구한 첫째 사항은 '명이 준 고명誥命4과 책인冊印5을 헌납하고, 명과 관계를 끊으며, 명의 연호를 버리고 일체의 공문서에 청의 연호를 쓴다'는 것이었다. 청 연호의 공식화는 명의 시간대에서 청의 시간대로 넘어감을 보여 준다.

공적 영역에서는 청의 연호를 사용하지 않을 수 없었지만, 대부분의 지식인은 사라진 명의 연호를 사적 공간에서 계속 사용했다. 명 황제의 마지막 연호인 '숭정'은 조선 사대부의 제문祭文, 편지 등에서 반복 사용되었다. 시간이 지나자 '숭정삼정축崇禎三丁丑6'과 같은 새로운 표기도 생겨났다. 명과 관련한 다양한 방식의 현창顯彰, 기록, 숭모 작업이 지속된 것은 물론이다.

조선이 유교 문명의 보루라는 인식은 다음 세기인 18세기에도 식지 않았다. 영조는 대보단에 명 태조의 신주를 추가했다. 명의 연호는 궁궐의 내전 건물에도 썼다. 이제 조선은 유교의 보루를 넘어 '조선이 중화'로서 이상화된 유교

4 **고명** 중국의 황제가 제후나 오품 이상의 벼슬아치에게 주던 임명장.
5 **책인** 황제가 제후를 책봉할 때 하사하는 책서(冊書)와 인장(印章). 책서는 책봉 내용을 기록한 문서이고, 인장은 대개 금으로 만든 금보였다.
6 **숭정삼정축** 연호를 이용한 연도 표기는 황제의 연호와 육십갑자를 합하는 방식이다. 예컨대 '만력정축', '강희정축' 등이다. '숭정삼정축'은 숭정 연호가 시작된 이후 세 번째로 돌아온 정축년이라는 의미이다. 1757년으로, 청 연호로는 '건륭정축'에 해당한다.

『반계수록』 반계 유형원의 국가 운영과 개혁에 대한 견해를 담은 책. 유형원이 전라도 부안에서 은거하며 집필했다. 토지 문제의 개혁에서 출발해 교육, 관직, 병제(兵制) 등 조선의 거시적 개혁 구상을 담고 있다. 훗날 이익·정약용 등의 남인 실학자, 박지원 등의 북학파, 영조대 개혁관료 홍계희, 정조 등에게 큰 영향을 주었다. 국립전주박물관 소장. 26권 13책.

문명을 건설했다는 자부로까지 고양되고 있었다. 그 인식은 먼 훗날 황제국을 표방한 대한제국에서 정점을 찍었다.

송시열의 '주자 식으로'와는 다른 경로의 유교 문명을 구상한 지식인도 있었다. 주자학과는 다른 모델을 체계적으로 구상한 대표적인 학자는 유형원이었다. 유형원은 『반계수록』에서 먼 옛날 이상 사회를 건설했다는 성왕聖王의 통치 시스템을 조선의 현실에 맞추어 제시했다. 고대 중국에서 시행되었다는 평등한 토지 제도인 정전법井田法7을 근간으로 교육·군사·관료 시스템을 정비하자는 그의 주장은 이념보다는 공공 시스템에 초점을 맞춘 것이었다. 주자학이 중세의 지배층인 사대부의 세계관에 충실했음에 비추어 볼 때, 고대 유교의 이상을 실현하자는 유형원의 구상은 주자학보다 더 근본적이었다.

주자학은 재건의 이념으로 기능하고 자존감을 회복시켜 주었지만, 그만큼 그늘도 깊었다. 유교에서 볼 때 이단인 도교, 불교 등에 대해 조선 사회는 17세기 초까지도 크게 경계하지 않았다. 16세기 들어 정착하기 시작한 성리학적 질서는 임진왜란 이후 오히려 요동치는 상황이었다. 광해군, 허균 등 파격적이거나 일탈적인 유형의 인물도 출현했다. 성리학을 공부했지만 불교와 도교를 넘나들었던 장유와 같은 회통會通8주의자도 있었다. 또 현실주의자였던 최명길의 행적에도 양명학의 영향이 깊게 배어 있었다.

그러나 이념은 다른 사상을 구축驅逐하고 사회 구성원의 일체감을 고양하는 속성을 갖는다. 주자학의 이념화도 다양한 사상의 입지를 협소화하는 길을 걸었다. 광해군, 허균 등 일탈적 인물은 폐위되거나 '괴물'로 낙인찍혔고, 장유 등 절충주의자의 모색은 잦아들었으며, 최명길과 같은 이들은 공

7 **정전법** 고대에 시행되었다는 이상적인 토지 제도. 토지를 '井(우물 정)' 자 모양으로 9등분해 여덟 농가에 평등하게 분배하고, 중앙의 공전(公田)은 공동 경작해 소득을 세금으로 바친다. 조선 시대에는 기자(箕子)가 평양에 이를 실현했다고 생각했다.

8 **회통** 서로 다른 교리나 사상의 근본 정신과 지향이 일치함을 강조해, 모순과 대립을 하나의 큰 체계 속에 융합하는 것.

장유 17세기 초반 서인을 대표한 문장가, 학자, 관료. 호는 계곡(溪谷). 이정구·신흠·이식과 함께 '사대가'로 불릴 정도로 문장이 뛰어났다. 학문은 주자학 일변도에 치우치지 않고 불교, 도교, 양명학 등에도 조예가 깊었다. 인조반정에 가담해서 공신이 되었고, 정치적 논쟁에서는 절충안을 많이 냈다. 딸은 봉림대군(효종)과 혼인해 훗날 인선왕후가 되었다. 초상은 국립중앙박물관 소장. 비단에 채색. 세로 172.1센티미터, 가로 102.4센티미터.

명과 이욕을 좇는 공리주의로 비판받았다.

다원성이 배제되고 난 뒤의 빈자리는 단순한 분별 논리와 동기론적 단죄[9]로 메워졌다. 현실의 다양한 차이는 가치판단이 개입한 선악의 분별로 도식화되었다. 예컨대 음양에서 음은 세계의 절반을 구성하는 절대 요소이지만, 의리라는 기준을 통과하고 난 후의 음은 사회의 어두움을 상징하는 부정적 요소가 되었다. 이단, 소인小人, 여자, 오랑캐 따위가 그들이다. 이런 범주에 대한 분별이 강조될수록 정통, 군자, 남성, 중화의 긍정성은 커졌다.

분별 논리가 세계를 설명하는 틀이라면 인식에서는 마음心을 판단의 기준으로 강조했다. 마음이 판단이 기준이 되면 학문보다는 학문하는 태도가, 정치보다는 정치적 입지가 우선시되는 논리를 만들어 낸다. 객관적 검증 기준을 상실한 논쟁은 따라서 논리의 비약과 도덕적 단죄로 흐르기 일쑤였다.

9 **동기론적 단죄** 행위를 인간 내면의 동기에 따라 판단하는 경향은 동서고금에서 흔히 찾을 수 있다. 유학도 마찬가지이다. 대표적으로 맹자는 『맹자』 등문공에서 "(이단은) 마음에서 비롯해 일에 해를 미친다."라고 했다. 종교, 사상 사이의 논쟁과 갈등이 격화할수록 상대를 동기론적으로 단죄하는 경향이 강화된다.

복수설치에서
북벌로

유교에서 위기를 타개하기 위해 등장하는 논리는 내수외양^{內修外攘}이다. 내실을 다지는 내수에 기반을 두어 외부의 적대 세력을 물리치는 외양의 효과를 보자는 것이다. 내수와 외양은 근본과 결과로서 연속적이다. 그러나 내수의 출발을 군주의 수신에서 할 것인가 민생의 안정에서 할 것인가, 외양의 강도는 의기^{義氣}를 보이는 것에 만족하는가 아니면 전쟁을 수행할 것인가 등 다양한 조합이 가능했다.

국가적 위기를 겪은 뒤 국왕은 국가의 재건과 함께 왕권의 입지를 다진다는 이중 과제를 해결해야 했다. 병자호란 후의 인조는 흔들린 왕권의 회복에 지나치게 집착했다. 소현세자가 급서하자 세자빈과 소현세자의 세 아들을 유배 보내고 왕위 계승권자인 세손 대신 둘째 아들인 봉림대군^{뒤의 효종}을 후계자로 택한 것도 그런 맥락이었다.

인조의 안배로 왕위에 오른 효종은 둘째 아들 출신이라는 취약한 정통성을 극복하고자 사대부와 백성 일반의 반청 정서에 적극 동조해 복수설치를 주장했다. 물론 그가 복수설치를 내세운 데는 청에서 볼모로 지낼 때 겪은 수모를 갚는다는 개인적 동기도 작용했다. 그러나 10여 년의 볼모 생활에서 효종이 무엇보다 뼈저리게 느낀 현실은 전쟁의 비정함과 명청 교체를 가져온 청의 압도적 무력이었다. 따라서 효종은 복수설치를 내세우면서도 당장 청을 상대로 복수전을 시도하기보다는 이를 명분으로 왕권을 강화하고 국방을 다지는 데 우선 순위를 두었다.

효종은 즉위 후 친청파 김자점 등 인조 후반에 성장한 세력을 대대적으로 숙청하고 본격적으로 군비를 정비했다. 어영청·금위영 등 중앙군을 강화하거나 정비하고, 강화도·남한산성 등 수도권의 요충지를 보수했다. 군비에 들어가는 재정을 충당하기 위해 노비 추쇄[10] 등을 강력히 추진하기도 했다. 표류해 온 네덜란드인 박연^{벨테브레이}, 하멜 등이 훈련도감에서 조총, 화포 등을 개량한 것도 그때의 일이다.

10 **추쇄** 도망하거나 노비 명부에서 빠진 노비를 색출해 원 소유자에게 돌려주는 일. 국가에서는 공노비가 바치는 신공(身貢)을 확보하기 위해 고려 때부터 종종 노비추쇄도감을 설치해 누락자를 파악했다.

「압록강변계도」 18세기 전반 청과 국경 분쟁을 겪은 뒤 압록강 주변의 국경 지역을 그린 지도. 압록강 연안에 배치된 군사기지인 진보(鎭堡)와 강 건너 청의 마을을 상세히 표시했다. 압록강 하구에는 일종의 군사 초소인 파수(把守)가 보인다. 숙종 때 이이명이 만든 「요계관 방지도」 등과 함께 북방에 대한 관심을 보여 주는 지도이다. 국립중앙박물관 소장.

조선에 대해 강경책을 주장하던 청의 섭정왕 도르곤[11]이 사망하고, 청이 완화된 태도로 나온 것도 우호적인 환경이었다.

비교적 안정된 전력을 보유하게 된 조선은 1654년효종 5과 1658년 두 차례 걸쳐 청에 조총군을 파견해 러시아와 전투했다나선정벌. 복수설치를 내건 효종이 청의 요구에 따라 군대를 파견한 일은 의아스럽기도 하다. 그러나 그것은 실전을 통한 군사력의 증강을 명분보다 우선시한 효종의 판단 때문에 가능했다.

그런데 복수설치를 명분으로 내세운다 할지라도 군사력을 앞세우는 일은 유교의 전통적인 노선은 아니었다. 유교는 국왕의 수신에서 출발해 민생을 다지는 내수를 외양의 전제 조건으로 삼기 때문이다. 효종 또한 그 점을 잘 알고 있었으므로 즉위 초부터 산림계 신료를 중용했다. 이때 형성된 서인의 정파가 바로 산당이다.

산당山黨은 이름에서 알 수 있듯이 '산림'이라는 '이념 지향이 강한 학자들'을 전면에 내세웠다. 산당의 영수는 김집과 김상헌이었다. 김집은 이이–김장생으로 이어지는 서인 학맥의 주맥이었다. 김상헌은 관료 출신이지만 척화파를 대표했다. 두 사람의 결합은 학문과 정치 이념의 결합을 의미했다. 김집의 제자 송시열은 김상헌의 문인도 자처하며 두 계열을 모두 계승한다는 것을 분명히 했다.

바로 이들 산당의 구성원은 유교의 정통적인 노선에 입각한 복수설치를 지지하고 있었다. 그 핵심은 군비 이전에 국왕의 수신에 기초한 인의의 정치가 선행해야 한다는 것이었다. 그 말은 조선을 주자학의 국가로 만드는 일이 곧 복수설치라는 이야기와 같았다.

효종은 사대부 일반의 지지를 획득하고 그들과 공조하는 것이 복수설치의 관건임을 잘 알고 있었다. 재위한 지 10년이 되는 1659년효종 10 효종은 이조판서 송시열을 독대했다.

11 **도르곤** 청 태조 누르하치의 열네 번째 아들. 조카인 순치제가 등극하자 주도권을 쥐고 섭정했다. 청의 북경 입성을 주도하고 한인 관료를 받아들이는 등 초창기 청의 안정에 기여했다.

김육을 기리는 잠곡서원 터 잠곡서원은 대동법 확대에 공헌한 김육의 학덕과 업적을 기리기 위해 1705년(숙종 31)에 세웠고, 1707년 숙종이 사액(賜額)했다. 김육은 광해군의 학정을 피해 이곳 경기도 가평군 청평면에서 10년 동안 은거하면서 농사를 지었다. 지금은 터만 남아 있다. 가평군 향토유적 제7호.

효종은 '청의 정세가 심상치 않고, 정예병 10만을 양성할 것이며, 우리가 거사하면 청 지배 하의 한인漢人이 호응할 것'이라 전제하고 앞으로 10년 동안의 준비 방략을 물었다. 이에 대해 송시열은 구체적인 방략을 제시하지는 않았다. 그는 '국왕의 수신이 요체이고, 그에 기반해 국가 기강이 확립되고 사대부들의 의지가 결집하면, 민생이 안정되고 국부國富가 달성되어 군대가 양성될 것'이란 장구한 계책을 언급했다.

두 사람의 대화는 평행선을 달리던 두 견해가 접점을 찾는 과정일 수도 있었다. 그러나 효종은 독대 후 바로 사망해 그 과정은 더 이어지지 않았다. 훗날 문건을 공개한 송시열은 효종과 자신이 복수설치의 이상을 공유했으며 자신은 효종의 대사大事를 계승할 책임을 지고 있다고 주장했다. 사대부들은 두 사람을 원대한 사업을 위해 의합義合한 군신으로 이상화했다.

그때 효종에 반대하고 송시열과 다른 길을 걸었던 이들도 있었다. 그들 또한 내수를 중시했으나, 인의의 핵심은 복수설치가 아니라 제도 개선을 통한 안민安民이라고 주장했다. 그들은 서울 출신이 많았으므로 '한당漢黨'[12]이라 불렸다.

한당의 영수는 김육이었다. 그는 광해군 대에는 관료의 꿈을 접고 경기도 가평에서 10여 년간 농사를 짓던 사람이다. 그 경험을 통해 그는 민생 개선의 필요성을 절감했다. 인조반정 후 40대 중반에 비로소 관직에 들어선 그는 효종 초 우의정에 올라 대동법의 확대 시행을 실현했다. 그 밖에도 의학 서적 간행, 화폐 유통, 시헌력時憲曆[13] 사용, 활자 주조 등 다양한 생활 개선책과 제도 개혁책을 추진했다.

김육은 효종의 군비 증강이 가져오는 폐해를 반대했다. 1656년효종 7에 올린 상소에서 그는 "(재해는) 음기가 성해 양

12 한당 한당의 영수인 김육의 집이 한강 인근에 있었으므로 한당으로 불렸다. 서울 출신으로 실무를 중시하는 관료들이 많았고 붕당적 성격은 약했다. 한당은 김육의 아들 김좌명·김우명 형제, 손자 김석주로 이어졌다. 김우명의 딸이 현종비 명성왕후가 되었으므로, 외척 집단이 되었다.
13 시헌력 예수회 신부 아담 샬이 만든 역법. 청은 1645년부터, 조선은 김육의 건의로 1653년부터 시행했다. 양력까지 고려한 가장 정교한 음력이다.

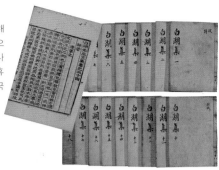

『**백호집**』 백호 윤휴의 문집. 윤휴는 숙종 초반 정쟁으로 인해
사사되었지만 서인들은 그를 대표적인 사문난적(斯文亂賊)으
로 규정해 1908년에 비로소 복권되었다. 윤휴가 남긴 글은 사
후에 아들들이 편집해 전해지다가 1927년에 간행되었다. 윤휴
는 주자의 경전 해석과 다른 자신의 독자적 해석을 제시했다. 국
립중앙박물관 소장. 18책.

기가 사그러지고, 무가 강하고 문이 위축되어 생겼다."라고 하면서 무비武備의 폐해를
조목조목 비판했다.

김육은 내수라는 큰 틀에서는 산당과 같았지만, 복수설치와 관련된 문제에서는
산당을 매우 날카롭게 비판했다. 충청도에 대동법을 시행할 때 김육은 다음과 같은
서문을 써서 산당이 주장하는 이념의 공허함을 지적했다.

"성현의 법은 오로지 백성들에게 은택이 돌아가게 하는 것일 뿐이다. …… 내가 바
라는 바는 마음을 바르게 가지고 일처리를 실질적으로 하는 것이니 절약해 백성을
아끼고 부역과 세금을 줄이는 것이다. 공허하고 멀리 있는 것을 추구해 뜬구름과 같
은 글은 숭상하고 싶지 않다."

대동법을 주장한 대표적 인물은 원래 이이였으므로 대동법은 서인 개혁 정책의
핵심이라고 할 수 있었다. 그런데 그 시행을 주도한 것은 이원익, 조익, 김육 등 붕당적
성격이 비교적 약한 관료들이었다. 김육이 대동법을 확대하려 노력할 때, 이이의 학통
을 계승한 김집 등의 산당이 대동법을 반대했다는 사실은 역설적이다. 그것은 내수의
핵심 정신을 어떻게 보는가에 따라 서인 내부가 재편되고 있었음을 보여 준다. 앞에서
도 살펴본 것처럼 송시열은 처음에는 스승 김집을 따라 대동법의 확산을 반대했으나,
나중에 대동법은 좋은 법이라고 동의해 안민 정책을 긍정하기에 이른다.

서인 내의 한당이나 산당과는 또 다르게 제도 개선을 통한 안민에서 출발해 북벌
北伐을 목표로 삼는 입장도 있었다. 남인의 산림 윤휴가 그런 입장을 취했다.

윤휴가 주장한 안민 정책의 핵심은 호포제였다. 대동법이 정착하고 공납의 폐단
이 줄어들면서 새로운 폐단으로 떠오른 것은 양역良役이었다. 양역은 군역 명목으로
군포軍布를 바치는 것이었다. 그런데 일반 양민과 달리 사족들은 군포를 바치지 않았
으므로 여기서 초래되는 불균등이 가장 큰 문제였다. 그때 호포제가 이 같은 불균등

효종릉의 무인석 영릉(효종릉)을 지키는 무신상. 효종의 뜻을 받든 북벌의 기수였을까? 영릉은 제17대 효종과 인선왕후 장씨의 무덤으로 왕릉과 왕비릉을 아래위로 배치한 동원상하릉 형식이다. 풍수지리에 의한 동원상하릉 형식은 조선 왕릉 중 최초이며, 경종과 선의왕후의 무덤인 의릉(懿陵)도 이런 모습을 하고 있다. 경기도 여주시 능서면 소재. 사적 제195호.

을 해소할 수 있는 근본 대책으로 자주 거론되었다. 호포제는 호戶를 기준으로 군포를 징수하는 정책이므로 양반과 상민을 막론하고 동등하게 적용되기 때문이다. 만약 호포제가 철저하게 시행되었다면 대동법에 버금가는 개혁이 되었을 것이다. 그러나 호포제는 결국 시행되지 않았다. 다만 영조 대에 호포제를 부분적으로 반영한 균역법均役法이 시행되었을 뿐이다.

윤휴는 호포제 외에 지패紙牌, 종이 호패의 사용, 오가작통법[14] 등도 제안했다. 호패의 불편을 개선하면서 국가의 대민 통제를 강화하려는 취지였다. 그러나 그가 제기한 정책은 오가작통법을 제외하고는 대부분 실험 차원에서 끝났다.

이들 정책의 목표는 이내 드러났다. 숙종 초반에 남인 정권을 이끌던 윤휴는 '북벌'이란 용어를 공공연하게 노출한 상소를 올려 조야를 놀라게 했다. 이어 그는 병거兵車, 전차·화차를 시험적으로 제작하고, 8도의 군사권을 일원화하는 도체찰사 설치를 주장해 실현시켰다.

윤휴의 북벌은 방어 위주의 북벌을 구상했던 효종과 달리 실제 전쟁을 염두에 둔 것이었다. 그런 점에서 안민에 기반한 적극적 외양이라 할 수 있다. 하지만 조선이 기대를 걸고 있었던 남명南明[15]은 이미 현종 초에 망했고, 숙종 초에 청은 이미 안정기에 접어들었으므로 그의 구상은 남인에게조차 동조받기 힘들었다.

14 **오가작통법** 5가로 1통을 구성해 면·리의 하부에 두어 국가의 대민 통제를 강화하자는 정책. 유민(流民)이나 도적 등을 통제, 방지하거나 천주교도 적발 등에 이용되었다.

15 **남명** 명이 멸망한 후 일부 왕족과 복명 세력이 남경, 복주 등지에 세운 왕조. 1662년에 계왕이 살해되어 끝났다. 효종 대에는 남명의 복위를 기대하며 복수설치를 주장했다.

복수설치, 내수외양, 북벌 등을 국시로 내건 조선 지식인들은 세계가 중화와 이적으로 나뉘어 있고, 우리는 중화에 속한다는 세계관을 가지고 있었다. 중세판 '문명과 야만'이라 할 수 있는 '화이관'이다.

중화와 이적 개념은 중국에서 기원했다. 애초 공간과 종족의 차이에서 생성되었으므로 중국을 선진으로, 주변을 후진으로 설정하고는 주변을 배척하는 속성을 가지고 있었다. 하지만 이러한 화이관은 공자와 맹자의 해석을 거치며 복잡하게 변했다. 공자는 "구이九夷, 오랑캐 지역로 가고 싶다."라고 말했다. 맹자는 "순 임금은 동이 출신이다."라고도 하고, "(남쪽 초나라의) 진량이 주공과 공자의 도를 좋아해 중국에 북학했는데, 북방 학자들보다 나았다."라고도 했다. 공자나 맹자의 초점은 구이, 순 임금, 진량과 같은 타자를 빌려 중국이라는 주체의 변화를 촉구한 데 있었다. 그러나 그 말에서 타자는 더 이상 열등한 존재가 아니라, '고상한' 혹은 '고상해질 수 있는' 존재가 되었다. 이로써 화이관은 열등하다고 배척되는 타자의 변화를 긍정할 수 있는 논리로도 기능하게 되었다.

중화는 고려부터 조선에 이르기까지 오랫동안 문명의 상징이었다. 고려 후반 이래 성장한 사대부들은 유교 문화와 중화를 동일시하고 새 국가의 모델로 삼았다. 그들은 명을 중화로, 조선을 소중화로 간주하고 문명국끼리 연대를 다져 나갔다. 16세기 들어 사림이 등장하자 중화는 일상으로도 침투하기 시작했다. 사림은 중화-소중화 질서의 핵심을 예의禮義로 보고 조선의 일상을 개조하기 시작했다.

17세기에 명청 교체를 경험한 조선은 소중화를 넘어 자신을 중화에 투영하기 시작했다. '홀로 남은' 유교국 조선이 중화를 계승해야 한다는 이른바 '조선 중화' 의식이 등장한 것이다. 조선 중화 의식은 16세기 이래 진행되어 온 중화의 일상화가 이제 중화와 나의 동일시로 내면화됨을 의미했다.

사대부들이 사용하는 용어가 '복수설치'로부터 '북벌'로 바뀌어 간 것 역시 중화의식과 관련이 깊다. 복수설치는 의리를 천하에 보여 수치를 씻고 잔존한 남명의 중국 복권을 돕는다는 의미였다. 하지만 북벌은 다르다. '벌伐'이란 말은 천자가 난적亂賊을 토벌하는 행위이다. 그러므로 북벌은 남명조차 망했으므로 유일한 정통인 조선이 청을 토벌한다는 의미를 내포했다. 조선을 정통으로 보는 이 같은 의식은 18세기로 가면 더 짙어져 문화 전반에서 조선의 고유색 강화로 나타났다. 바야흐로 조선의 국가적 구호는 '조선에 중화를'로부터 '조선이 중화다'로 이동 중에 있었다.

그러나 조선 중화의 인식은 치명적 허점 위에 세워져 있었다. 조선이 소중화나 중화로 특별할 수 있는 근거는 '유교 문화의 실현' 때문이었다. 그런데 유교는 보편 정신이자 문화이므로 누구에게나 열려 있었다. 청, 일본 등도 유교 문화를 받아들이기만 하면 얼마든지 중화가 될 수 있는 것이었다. 청이 한족을 지배하는 논리도 그 논리에 근거해 있었다. 명은 민심을 잃어 내분으로 망했고 천명을 얻은 청이 명을 위해 복수했다는 것으로 통치의 정당성을 내세웠다. 게다가 시간이 갈수록 청은 명보다 더 뛰어난 내치로 민생을 안정시키고 있었다.

조선의 지배층은 청왕조가 안정되어 가는 것을 복잡한 심정으로 바라보았다. 1662년 잔존 왕조 남명은 멸망했다. 1673년^{현종 14} 명의 장수였다가 청에 투항해 번왕藩王이 된 오삼계吳三桂 등이 이른바 '삼번의 난'을 일으켰다. 이 소식을 들은 조선의 지식인들은 오삼계 등이 복명復明의 대의를 내세우기를 바랐다. 그러나 그런 일은 일어나지 않았다. 삼번의 난은 1681년^{숙종 7} 평정되었다. 1650년대부터 금문과 대만을 근거지로 삼아 항청복명抗淸復明하던 정성공鄭成功과 그 자손들의 저항도 1683년^{숙종 9}에 정리되었다.

17세기가 저물어갈 무렵, 복수설치나 북벌은 정신이나 신념으로만 남게 되었다.

추사 김정희, 「**숭정금실**」 숭정금실은 '숭정금'을 보관하는 집이라는 의미이다. 숭정금은 명의 마지막 황제 숭정제의 유품인 현금(弦琴)이다. 조선 사대부들은 이 현금을 귀하게 여겼으며, 윤집의 후손들이 오랫동안 보관했다. 간송미술관 소장. 세로 138.2센티미터, 가로 36.2센티미터.

윤휴처럼 그 실천을 구상한 이는 극소수였다. 안정기에 접어든 청은 18세기 초부터 조선 사신의 행동 반경을 넓혀 주는 자신감을 보였다. 청의 문물과 내치의 효과를 목격한 조선의 지식인들은 북벌에 대해 다시 생각하지 않을 수 없었다.

18세기 중반에 들어서면 청이 100년 만에 망할 것이라는, 과거의 역사에 기대어 걸어 봤던 기대도 물거품이 되었다. 오히려 청은 위구르, 몽골, 티베트 등을 복속시키며 최대의 성세를 누렸다. 현대 중국의 국경을 거의 확정 지은 '청에 의한 동아시아의 평화'가 형성된 것이다.

1765년영조 41 북경을 방문한 홍대용은 『연행록』에서 청의 성과를 본격적으로 인정하고 기존의 역사 인식을 수정했다. 중화와 이적의 분별에 대한 의문에서 출발한 홍대용은 훗날 화이의 분별 자체가 무의미하다면서 모든 존재의 가치를 긍정하는 수준까지 나아갔다.

박지원, 박제가 등은 홍대용의 문제의식을 다른 방식으로 계승했다. 박지원은 북벌 정신과 북학의 조화를 꾀했다. 박지원은 북벌의 신념을 위해서라도 청의 발전을 인정하고 배우자고 주장했다. 박제가는 한발 더 나가 조선의 낙후성을 과감히 인정하고 청의 문물을 대폭 수용하자고 주장했다.

물론 북학의 대척점에 있던 내수외양의 논리가 18세기 이후에도 여전히 대다수 지식인의 마음을 사로잡고 있었던 것 또한 사실이다. 그 논리는 19세기에 위정척사衛正斥邪16 논리로 변신했다. 정正의 개념이 청을 포함한 유교 문화권으로, 사邪의 개념이 서양 문명으로 바뀌었을 뿐, 정통을 보위하고 난적을 물리친다는 위정척사의 논리 구조는 내수외양과 동일했다.

16 **위정척사** 정학(正學)을 보위하고 사학(邪學)을 배척하는 운동. 19세기에 보수적인 유학자들을 중심으로 일어났다. 정학은 유교를 의미하고 사학은 서학과 서양 문물을 의미했다.

17세기의 동아시아

명청 교체는 동아시아 각국의 운명을 바꿔 놓았다. 이 지역에서 중국과 밀접한 관계를 맺고 있던 나라들의 변화를 살펴본다.

몽골 중원의 주인이 된 청에게 가장 중요한 주변국은 몽골이었다. 명 이전에 중국을 제패한 원의 후예들은 크게 타타르와 오이라트의 동서 세력으로 나뉘었다. 16세기에 세력을 떨친 것은 타타르로, '대원'의 부흥을 외친 다얀大元칸의 손자 알탄칸은 1550년 북경을 포위할 정도였다경술의 변. 1635년 후금은 다얀칸의 직할 영역이던 차하르 몽골을 차지해 '대원'의 대통을 잇는다는 명분을 확보하고 청의 건국으로 나아갈 수 있었다.

이처럼 청이 약진하던 시기에 몽골을 제패한 것은 오이라트 출신의 중가르 세력이었다. 중가르는 17세기부터 18세기에 걸쳐 외몽골을 장악하고 마지막 유목 제국을 건설했다. 청이 건국되던 1636년, 중가르부 수장 호토고친은 오이라트 몽골의 맹주가 되어 '바토르 홍타이지'의 칭호를 받고 제국으로 가는 길을 닦았다.

바토르 홍타이지의 아들 갈단칸은 타림 분지를 장악하고 1688년 몽골 초원을 제패했다. 이러한 중가르의 약진은 청을 긴장시키기에 충분했다. 삼번의 난을 제압하고 중원의 안정을 확보한 강희제는 1696년숙종 22 직접 군대를 이끌고 중가르 원정에 나섰다. 갈단칸은 차오모도昭莫多에서 청군에 패하고 달아나다가 이듬해 4월 알타이 산맥 북쪽의 호브드에서 병사했다.

몽골의 다른 부족들을 복속시킨 청이 중가르를 궤멸시키고 중원과 유목 지대를 아우르는 제국을 건설한 것은 18세기 건륭제 때의 일이다. 이를 통해 청의 황제는 명실공히 중외공주中外共主, 즉 중화 문명의 주인인 황제와 바깥 세계의 주인인 대칸을 겸하는 지배자의 지위를 차지하게 되었다.

티베트 1578년선조 11 티베트 드레풍 사원의 주지 소남 갸초는 몽골의 권력자 알탄칸의 초청을 받고 청해靑海를 방문한 자리에서 '달라이라마'의 칭호를 받았다. '달라이'는 갸초에 해당하는 몽골어로 바다를 의미하고 '라마'는 스승이라는 뜻이다. 소남 갸초의 대를 이은 걀와 롭상 갸초가 1642년인조 20 오이라트 세력의 지원을 등에 업고 달라이라마 5세로서 티베트 국왕에 오른 이래 역대 달라이라마는 티베트의 종교적, 정치적 지배자로 군림하게 되었다. 그러나 몽골과 연결된 티베트를 방임할 수 없던 청은 내정 간섭을 단행했다. 티베트인의 저항으로 청은 달라이라마의 지위를 인정했으나 정치적으로는 사실상 티베트를 지배하게 되었다.

일본 청은 병자호란으로 조선의 항복을 받은 뒤 일본에 조선을 거쳐 조공하러 올 것을 요구했다. 일본은 이를 거부하고 청도 자신들의 요구를 고집하지 않았다. 명의 유신들이 복건 지역을 근거지로 청에 맞서면서 일본에 지원군을 요청하자 에도 막부는 청이 일본의 유구 지배와 대외무역에 악영향을 미칠까 염려해 이를 적극 검토했다. 그러나 1646년^{인조 24} 복건의 남명 정부가 멸망하자 더 이상 논의하지 않았다. 일본은 청의 책봉 체제에 들어가지 않는 대신 자신의 지배를 받던 유구가 청에 조공하는 것을 허용했다.

이처럼 청과의 관계가 안정된 뒤 일본의 대외 관계는 북의 마쓰마에^{松前} 창구, 조선과의 쓰시마 창구, 유구와의 사쓰마 창구, 서양·중국과의 나가사키 창구 등 '4창구론'으로 집약된다. 이때 일본은 대내적으로 조선과 유구는 일본에 조공을 바치는 나라, 서양 제국은 일본을 따라 배우는 나라, 청은 일본과 대등하게 교역하는 나라로 선전했다. 그리고 서양에 대비해 일본을 신국^{神國}, 불국^{佛國}으로 내세웠다. 이러한 일본의 인식은 19세기까지에도 막부의 대외 관계를 규율하게 된다.

베트남 1428년^{세종 10} 명의 지배에서 벗어나 독립국 다이비엣^{大越}을 세운 레^黎왕조는 명과 평화적인 조공-책봉 관계를 유지하며 번영하는 유교 국가를 건설했다. 그러나 16세기 말부터 북쪽의 찐^鄭씨와 남쪽의 응우옌^阮씨가 대립하는 남북 분열 시대에 돌입해 17, 18세기 내내 혼란을 겪었다. 이름뿐이던 레왕조는 1771년 무장봉기한 떠이선^{西山}의 농민군이 남북 세력을 토벌하고 왕조를 위협하자 청에 지원을 요청했다. 그러나 떠이선 세력은 건륭제의 청군과 맞서 대승을 거두었고, 외세에 의존하려던 레왕조는 멸망하고 말았다.

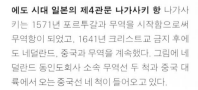

에도 시대 일본의 제4관문 나가사키 항 나가사키는 1571년 포르투갈과 무역을 시작함으로써 무역항이 되었고, 1641년 크리스트교 금지 후에도 네덜란드, 중국과 무역을 계속했다. 그림에 네덜란드 동인도회사 소속 무역선 두 척과 중국 대륙에서 오는 중국선 네 척이 들어오고 있다.

2.
예禮의
정치학

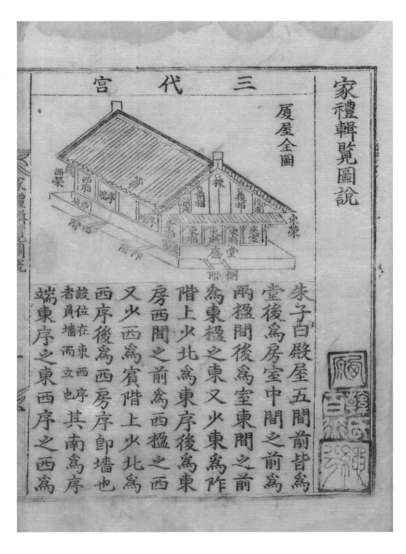

『가례집람』의 도설 부분 김장생이 『가례』를 증보, 해설한 책인 『가례집람』의 도설 부분이다. 1685년, 송시열을 비롯한 여러 제자의 노력으로 간행되었다. 『가례』의 본문을 중심으로 예서(禮書)의 고전과 여러 학자의 연구를 주석으로 완성했다. 통례, 관례, 혼례, 상례, 제례의 순으로 구성되어 있으며, 이해하기 쉽게 도설을 붙였다.

유교에서 예는 사람이 보편적으로 소유한 내면의 덕이 외화된 질서를 의미한다. 예는 일상 행동의 기본일 뿐 아니라, 사회·국가·세계 질서의 근본으로도 간주되었다. 정치에서도 군주의 덕에 기반한 예치禮治가 중심이고, 법法과 정政은 보조라는 생각이 주류적 사고였다.

주자학은 한발 더 나아가 예를 자연적이고 보편적인 질서와 일치시켰다. "예를 행하는 데는 조화가 중요하다禮之用, 和爲貴."라는 『논어』의 구절에 대해 주희는 "예는 천리가 적절하게 행해진 것이고 인간 만사의 의식과 법칙이다天理之節文, 人事之儀則."라고 해석했다. 이로서 예는 천리의 형상물이자 사회 운영의 기준이 되었다.

유교의 나라 조선에서 일상, 국가, 국제 관계는 모두 예에 기초해 운용되었다. 조선 초기에는 국가 전례와 외교 관행을 정착시키는 일이 시급했다. 국가 전례의 최종 성과물이 성종 대에 완성된 『국조오례의國朝五禮儀』였다. 외교 전례는 사대교린으로 정착되었다. 사대事大는 사소事小와 짝한 개념으로, 천자와 제후가 예에 기반해 서로 존중하고 쌍무적 책임을 갖는 질서였다. 비록 수직적 위계가 없는 것은 아니지만, 조선은 사대교린을 통해 중국 및 주변 민족들과 실질적인 평화를 확보할 수 있었다.

개인의 일상과 관련한 예법은 국가 전례와는 시간차를 두고 정착되었다. 국가에서는 일찍부터 삼강오륜과 같은 유교 예법의 대강을 설명한 교화서를 계속 편찬했다. 그러나 그 정도 수준으로는 예전부터 오랫동안 지속되어 온 일상을 바꾸는 데 한계가 있었다. 일상의 주요 고비인 탄생, 혼인, 죽음, 제사 등에서 수행되어야 할 예법에 관한 주자학의 지침서는 『가례家禮』였다. 따라서 『가례』의 보급과 정착이야말로 주자학적 일상의 전개를 살필 수 있는 가늠자라 할 수 있다.

『가례』는 고려 말에 수입되었으나 15세기까지 그 시행은 일부에 그쳤다. 실질적인 보급은 16세기 사림의 성장과 함께했다. 광범위한 보급과 함께 본격적인 예학 전문가

가 등장해 예서禮書를 저술하기 시작했다. 16세기를 대표하는 예학자는 송익필[1]이었다. 그의 『가례주설家禮註說』은 『가례』에 대한 당시 최고의 주석서로 평가된다.

『가례』를 한글로 번역하는 작업도 한편에서 진행되었다. 언해는 이황 등이 부분적으로 진행했고, 17세기 초에 신식이 완결했다. 신식의 언해는 1632년인조 10에 『가례언해』로 간행되어 『가례』가 폭넓게 보급되는 것을 가능하게 했다.

임진왜란과 병자호란은 주자학적 예법의 정착을 압박한 외부 요인이었다. 양 난을 겪는 과정에서 국가 기강이 해이해지고 사회 질서가 혼란해졌기 때문이다. 국가와 사회의 재건을 두고 조선 지배층은 이미 정착하고 있던 주자학적 예법을 강화하는 방향을 택했다. 인조반정의 명분은 광해군이 영창대군을 죽게 하고 인목대비를 서궁에 유폐한 패륜 행위를 바로잡아 인륜을 회복하고, 명에 대한 사대를 굳건히 해 국제 질서를 바로잡는 것이었다. 남인 학자 장현광[2]이 "다스림에는 예교禮教보다 더 앞서는 것이 없고, 학문은 예학보다 더 간절한 것이 없다."라고 한 발언에서는 예로써 사회 질서를 재건해야 한다는 절박함을 볼 수 있다.

주자학의 예법을 실현하는 데서 중요한 점은 적용 방법이었다. 대부분의 예서는 여러 예설禮說을 모으고 해설하는 형식을 취했다. 그런데 현실에서는 정형화된 설명을 벗어나는 사례가 항상 발생하는 데다 조선에는 고유의 전통과 습속이 있다는 점이 문제였다. 따라서 주자학의 예법과 조선의 현실을 맞추는 것이 관건이었다.

16세기 후반 이후 서인과 남인에서 예학의 대가들이 잇따라 배출되면서 이 같은 시대의 요구에 응답했다. 송익필과 이이의 제자인 김장생, 이황과 조식의 제자인 정구가 그들이었다.

1 **송익필** 서인의 예학을 기초한 학자. 이이와 성혼이 예에 대해서는 항상 문의했다고 하며, 김장생을 가르쳤다. 부친 송사련이 안당의 옥사를 빚어 냈고, 본인은 기축옥사의 배후자로 지목되어 동인에게 미움을 받았다.

2 **장현광** 17세기 초반 남인을 대표하는 학자. 정구의 문인으로 퇴계학파에 속하나, 심성론에서는 이황과 다른 주장을 폈다. 인조반정 후 남인을 대표하는 산림으로 초빙되었다.

『**오선생예설분류**』 송대 성리학자인 정호·정이·사마광·장재·주희 등의 예설을 모아 관혼상제와 잡례 등으로 체계 있게 분류해 정리했다. 전집은 주로 천자와 제후의 예를 다뤘고, 후집은 일반 사대부의 예를 수록했다. 유교를 중심으로 한 모든 법 질서를 종합적으로 다룬 책으로, 난해한 내용을 해박하게 규명했다. 고려대학교도서관 소장. 20권 7책.

김장생의 예서로는 『전례문답典禮問答』과 『가례집람家禮輯覽』이 대표적이다. 『전례문답』은 김장생이 '원종 추숭 논의[3]'에 참여했을 때 주장한 견해를 정리한 것이다. 그는 논쟁 중에 명분에 입각한 종법 앞에서는 왕실도 예외가 아님을 일관되게 주장했다.

『가례집람』은 주자의 『가례』를 보완한 책이다. 이 책의 특징은 중국의 유학자뿐 아니라 이황·김인후·송익필·정구 등 조선이 배출한 대표적 학자들의 예설까지 포괄했다는 점이다. 말하자면 『가례』에 조선의 현실을 적용한 저서로 이후 많은 예서의 표준이 되었다.

김장생은 인조반정 후에 서인을 대표하는 산림으로 활동했다. 사실 그의 업적은 정치 활동보다는 이이의 학맥을 서인 내에 뿌리내리고, 서인의 예학을 주자학적 명분주의에 확고히 올려놓은 데 있었다.

남인 예학의 대가 정구도 일찍이 『가례』의 해설서라 할 수 있는 『가례집람보주家禮輯覽補註』를 저술할 만큼 『가례』에 정통했다. 그러나 정구 예학의 특징은 『오선생예설분류五先生禮說分類』에 잘 드러난다. 이 책은 송의 사마광司馬光 등 다섯 학자의 예설을 분류한 것이다. 그런데 그 구성은 가례 외에도 향례鄕禮, 방국례邦國禮, 왕조례王朝禮 등을 폭넓게 포괄하고 있다. 말하자면 개인 예법과 사회, 국가의 예법을 종합하고 있었다. 그러므로 왕실·사대부·서민에 따라 달라지는 예의 차별성을 드러내고 있는 책이라 할 수 있다.

정구의 예학은 그의 문인인 허목에게 계승되었다. 허목은 현종 대에 전개되는 이른바 '기해예송[4]'에서 왕실의 특수한 위상을 강조하는 주장을 전개해 서인의 예설과 대립하게 된다.

3 **원종 추숭 논의** 인조의 생부 정원군을 원종으로 추숭하는 논의. 인조와 이귀 등 일부 공신은 혈연을 강조해 원종으로 추숭하자는 입장이었고, 김장생을 비롯한 대부분의 사대부는 추숭은 선조-인조로 이어지는 종통에 어긋난다고 해 반대했다. 그러나 1627년에 인조의 뜻에 따라 추숭되었다.

4 **기해예송** 1659년 효종이 승하하자 인조의 계비 장렬왕후의 복제 기간을 두고 일어난 논쟁. 종통과 예의 보편성을 둘러싸고 복잡한 논리가 오간 최대의 예송이다. 서인 산림 송시열 등은 기년복을 주장했고, 남인 산림 윤휴와 허목 등은 3년복을 주장했으나, 국제에 의한 1년복으로 결정났다.

예는 피보다
진하다

『가례』는 성년·혼인·죽음·제사 예절을 의미하는 관혼상제冠婚喪祭로 구성되어 있다. 이 네 영역을 관통하는 예법의 원리는 종법宗法에 기초한 명분이었다. 종법은 '적장자嫡長子, 적자이자 맏아들가 부친을 계승하고, 나머지 자식은 별도로 일가를 이룬다'는 『예기』에 근거를 두었다. 고대 이래 종법은 적장자에서 적장자로 이어지는 왕위 계승의 정통을 밝히는 기능을 했다.

성리학에서는 종법을 가족 질서로까지 확대했다. 가족이나 가문의 운영도 종법에 기초해야 한다는 것이다. 이로써 종법은 국가와 개인을 가리지 않고 실현되어야 하는 보편성을 획득했다. 그리고 예법의 핵심으로서 사회 운영의 기준이 되었다. 그러나 문제는 종법과 현실의 괴리였다.

조선의 가족 질서는 주자학의 종법과는 매우 다른 형태로 오랫동안 운영되어 왔다. 종법과 『가례』는 조선 초기부터 그 오래된 관습과 대결했고 때로는 절충되었다. 주자학적 종법 질서는 17세기에 접어들어서야 주류적 관행으로 정착되었다. 혼인, 재산 상속, 제사, 외가, 문중, 족보 등에 대해 우리가 전통이라고 생각하는 관념이나 의례는 대개 이 시기에 형성된 것이다.

16세기까지 혼인은 '신랑이 장인 집으로 장가가는' 남귀여가혼男歸女家婚이 일반적이었다. 주희의 『가례』는 그 반대로 '신부가 시댁으로 시집가는' 친영親迎을 올바른 예법으로 규정했다. 따라서 조선 초기부터 "예의의 나라 조선이 혼인은 중국을 따르지 않으니 천하의 웃음거리이다."라면서 친영을 정착시켜야 한다는 주장이 이어졌다. 친영의 보급에는 왕실이 나섰다. 1435년세종 17 윤평과 숙순옹주의 혼인이 친영으로 행한 최초의 혼인이었다. 이처럼 국가에서 권장했음에도 불구하고 친영은 좀처럼 정착되지 않았다. 그러자 일부에선 남귀여가의 풍속과 친영을 절충한, 이른바 반친영半親迎을 제시했다. 신랑이 신부집에 며칠 머무르고 신부를 데려오는 방식이었다.

청풍부원군 김우명 상여 김우명의 딸은 1651년에 세자(훗날 현종)의 빈으로 책봉되었다. 김우명은 현종이 즉위하자 청풍부원군이 되었고, 숙종이 즉위한 다음 해에 죽었다. 이 상여는 외손자인 숙종이 하사한 것으로, 김우명의 장례에 쓰인 모든 물품이 궁궐에서 나왔다고 한다. 현재 전하는 가장 오래된 상여이다. 국립춘천박물관 소장. 중요민속 자료 제120호.

친영이 절충안으로 정착한 까닭은 혼인이 육아와 재산 분배 같은 중요한 가족 운영 원리와 맞물려 있었기 때문이다. 신랑이 장가가는 남귀여가혼은 출산과 육아를 외가에서 담당함을 의미한다. 이이가 모친 사임당의 친정인 강릉에서 태어나 자랐음을 생각해 보면 쉽게 알 수 있다. 그 경우에는 외가의 지위가 친가에 못지않고, 외손과 친손의 구별이 없다. 따라서 딸도 아들과 같이 의무와 책임을 지고, 재산 역시 동등하게 상속받는 것이 상식이었다.

성종 대에 완성된 『경국대전』에는 재산 상속에 대해 '적처嫡妻, 정실부인의 자식은 맏아들, 중자衆子, 둘째 이하 아들, 딸의 구분 없이 재산을 고루 나눈다'고 규정되어 있다. 16세기까지 딸은 아들과 동등하게 재산을 상속받았으며, 혼인 이후에도 독자적인 재산권 행사가 가능했다. 그러나 17세기 이후 여자가 시집가는 혼인이 일반화되자 출가하는 딸에 대한 재산 상속은 축소되었다. 출가한 딸과 친정의 관계가 소원해지면서 친정에 대한 딸과 사위의 책임도 약해져 갔다. 이를 잘 보여 주는 것이 제사 양식의 변화이다.

16세기까지는 아들들, 사위와 딸들이 번갈아 조상 제사를 담당하는 윤회봉사輪回奉祀도 있고, 딸의 자식인 외손이 제사를 담당하는 외손봉사外孫奉祀도 있었다. 그러나 17세기에 접어들면 윤회봉사와 외손봉사는 사라지고, 제사는 적장자가 전담하는 것으로 변화했다. 그에 따라 재산 상속도 적장자 중심으로 바뀌어 갔다. 『부안김씨분재기』에는 제사와 재산 분배를 함께 생각하는 관념이 잘 드러나 있다.

사위나 외손자는 제사에 빠지는 자가 많고 비록 제사를 지내더라도 준비가 정결하지 못하고 정성과 공경이 부족하다. …… 정리상으로 보면 아들, 딸이 차별이 없으나 (딸은) 생전에 부모를 봉양하는 도리도 못하고 사후에는 제사를 지내는 예도 갖추지 못하니 어찌 재산을 딸에게 동등하게 나눠 줄 수 있겠는가?

하회마을 풍산 유씨가 600여 년간 대대로 살아온 동성 마을로, 겸암 유운룡과 서애 유성룡 형제가 태어난 곳이다. 하회(河回)는 낙동강이 '에스(S)' 자 모양으로 마을을 감싸 안고 흐르는 데서 유래했다. 2010년에 경주 양동마을과 함께 유네스코 세계 문화유산에 등재되었다. 중요민속자료 제122호.

혼인, 재산 상속, 제사 담당자의 변화는 외가의 비중이 하락하는 것과도 관련이 있었다. 오복친은 혈연의 멀고 가까움에 따라 상복의 형태와 입는 기간을 다섯 단계로 나눈 것이다. 고려 시대까지 친할아버지와 외할아버지에 대한 상복 기간은 같았고, 장인은 한 등급 아래였다. 그런데 『경국대전』에서는 외할아버지와 장인에 대한 상복 기간이 고려 시대에 비해 각각 두 등급씩 줄었다.

외가의 비중이 약해진 자리는 부계父系 시조를 중심으로 구성된 본관本貫이나 본관 안의 특정 지파가 결속한 문중門中이 차지했다. 문중은 17세기 이후 공고해지기 시작했다. 문중은 시조나 뛰어난 조상에 대한 제사를 지내고, 그들의 업적을 기리는 현창 사업 등을 통해 결속력을 다졌다. 또 제사를 위한 토지 등의 명목으로 문중 재산을 형성하고, 종계宗契·종회宗會 등 다양한 모임을 결성해 일종의 사회 조직으로도 기능했다. 향촌에서도 부계 성씨를 중심으로 한 동성 촌락同姓村落이 생겨났다. 본관이나 문중의 구성원들은 정기적으로 족보를 제작해 구성원들이 한 뿌리에서 나왔다는 동본同本 의식을 공유했다.

부계 친족 위주의 질서가 17세기에 대세를 이루게 된 이유는 종법을 중심으로 이완된 사회 질서를 재편하려 한 사회 구성원의 선택 때문이다. 그러나 종법의 강화와 정착에 논란이 없지는 않았다. 종법은 원래 부계 혈연, 그중에서도 적장자가 계승하는 것을 중시하는 관습에서 유래했다. 그런데 적장자를 정하는 것은 정통을 세우는 일이었으므로, 종법은 명분 질서를 고정하는 속성도 가지게 되었다. 그러나 고정적인 종법에 비해 현실은 항상 유동적이었다. 한번 종법으로 정해진 후에 새로운 변수가 생기는 일이 종종 있었다. 그럴 때면 명분을 앞세울 것인가 혈연을 앞세울 것인가 하는 문제가 생겼다. 대개 16세기까지는 혈연이 우세했다면 17세기 이후는 종법의 규범성이 더 강해졌다.

예학의 태두 김장생 호는 사계(沙溪). 송익필과 이이과 문인으로 과거를 포기하고 학문 연구와 문인 양성에 전념했다. 17세기 서인의 많은 지도자들이 그의 문하였다. 인조반정 이후 서인의 산림으로 정국 안정에 기여했다. 1717년(숙종 43)에 문묘에 종사되었다. 1883년(고종 20)에는 아들 김집 또한 문묘에 종사되었다. 영정은 국립중앙박물관 소장. 비단에 채색, 세로 101.5센티미터, 가로 62.0센티미터.

　　예컨대 집안에서 후사後嗣를 세우는 경우를 들어 보자. 친아들이 없어 양아들로 후사를 삼았는데, 그 후에 친아들을 낳았다면 어떻게 할 것인가? 16세기인 1553년명종 8의 수교受敎, 국왕의 명령는 그런 사례에 대해 다음과 같이 판시하고 있다.

　　"친아들이 제사를 받들고, 후사였던 양아들은 친아들과 의리로 보면 같은 형제이므로 중자衆子로 논한다."

　　명분보다 혈연을 앞세워 친아들을 후사로 삼는 판시인 셈이다.

　　그러나 17세기 예론이 본격화하면서 상황이 달라졌다. 예학의 태두 김장생은 양아들이라도 한번 후사로 삼으면 후에 친아들이 태어나더라도 그대로 양아들을 후사로 삼는 것이 옳다고 주장했다. 물론 나중에 태어난 친아들은 중자로 삼으라는 것이다. 혈연에 대한 명분의 우위를 주장한 것이다. 김장생의 견해는 1669년현종 10에 왕명으로 승인되었고, 영조 대에 편찬된 『속대전』에 그대로 실리게 되었다.

　　하지만 종법에 국법을 더한다고 해도 혈연에서 기인하는 자연스러운 감정을 거스를 수는 없었다. 세간에서는 친자가 태어나면 후사로 삼는 일이나 딸도 똑같이 사랑해 재산을 분배해 주는 일이 법전에 상관없이 여전히 빈번했다.

부모를 부모라
하지 못하는
조선의 국왕들

종법은 애초 왕위 계승의 원칙으로 출발했으므로 왕위의 정통성과 관련해 민감한 정치 문제로 비화할 수 있었다. 왕위는 원칙적으로 종통^{宗統}을 계승하는 적장자가 계승해야 하지만 실제로는 둘째 이하의 적자, 후궁의 아들, 심지어 손자나 방계 혈통이 잇는 사례가 많았다. 그런데 적장자가 아닌 자가 왕위를 계승하면 크건 작건 혈통과 종통의 불일치가 생기게 마련이었다. 종법의 명분에 따르면 선왕^{先王}과 새 왕은 부친-장자의 관계에 놓여야 하나, 실제의 혈통은 그와 다르기 때문이었다.

　적장자가 아닌 상태에서 왕위를 계승한 국왕은 자신의 친계 혈통을 종통과 일치시켜 왕위의 정통성을 확고히 하고자 노력했다. 대표적인 방법은 친부모를 추숭^{追崇5}하는 것이었다. 추숭은 조선 초기부터 있었다. 그러나 예학이 발달하고 왕실의 전례를 예법에 맞추려는 분위기가 강화되자, 국왕과 신료 사이에는 추숭 등을 둘러싸고 이전에 보지 못했던 논쟁이 일어나곤 했다.

　1610년 광해군은 친모인 공빈 김씨를 '공성왕후'로 전격 추숭했다. 광해군이 내세운 근거는 사친^{私親, 친부모}에 대한 효였다. 그러나 홍문관을 비롯한 신료들은 반대했다. 서자인 광해군은 후사가 없던 선조의 왕비 의인왕후의 아들이란 명분으로 왕위에 올랐다. 신료들은 바로 이처럼 한 번 정해진 종통을 바꿀 수 없다며 공빈 김씨의 추숭에 반대했다. 그러나 광해군의 강력한 의지로 1615년에 공성왕후의 신주를 종묘에 모심으로써 추숭은 완료되었다.

　광해군은 선조의 후궁인 공빈의 둘째 아들이었다. 따라서 광해군이 세자로 책봉된 뒤에 태어난 선조의 적자 영창대군이나 같은 서자라도 장자인 친형 임해군에 비해 왕위 계승에서 취약점이 있는 것은 사실이었다. 그는 어머니 공빈을 추숭함으로써 그 약점을 보완하려 한 것이다. 그러나 대다수

5 **추숭** 죽은 후에 왕이나 왕후로 올려 주는 일. 추존(追尊)이라고도 한다. 성종이 자신의 친부 의경세자를 덕종(德宗)으로 추숭한 일이 있었다. 연산군은 재위 시에 친모인 폐비 윤씨를 제헌왕후로 추숭했으나 연산군이 폐위된 후 철회되었다.

왕실의 족보 『선원록』 왕실 관련 문서는 조선 초기 태종 대부터 틀을 갖추었다. 그 중 『선원록』은 왕실 직계손을 위주로 정기적으로 편찬되었다. 1680년(숙종 6)에는 50책의 방대한 『선원록』이 편찬되었고, 이듬해 이를 간추린 『선원계보기략』이 편찬되었다. 이후에는 주로 이를 수정하고 보완하는 차원에서 이루어졌다. 국립고궁박물관 소장.

신료와 유학자에게 그 같은 노력은 오히려 예법의 명분을 문란케 하는 일로 인식될 따름이었다. 결국 광해군이 축출된 인조반정 후 공빈의 추숭은 철회되었다.

공빈 추숭 논쟁에서 국왕인 광해군은 혈연에 근거한 효를 중시한 셈이고 그에 반대한 신료들은 종통과 명분을 중시한 셈이다. 이러한 입장의 차이는 인조 대에 복제服制, 상복 기간 논쟁과 추숭 논쟁으로 더 복잡하게 불거졌다. 이른바 '계운궁啓運宮, 인조 친모 구씨의 궁호 복제 논의'와 '원종元宗, 인조 친부 정원군 추숭 논의'가 그것이다.

계운궁 복제 논의는 1626년 인조의 친모 구씨가 사망하자 인조의 상복 기간을 둘러싸고 일어났다. 인조와 이귀, 최명길 등 일부 공신은 친부모에 대한 효는 천륜이라 주장하며, 모친상에 해당하는 상복 기간을 주장했다. 그러나 정승을 비롯한 대다수 신료는 조부모·백숙부모에 대해 행하는 상복 기간을 주장했다.[6]

인조는 큰아버지에 해당하는 광해군을 몰아내고 왕위에 오르면서 할아버지인 선조와 부자 관계를 맺는 것으로 왕통을 계승했다. 신료들은 인조가 그렇게 정통성을 획득한 마당에 비록 친모라 하더라도 계운궁과의 사사로운 관계는 축소되어야 한다고 주장했다. 사실 인조의 주장대로 삼년상을 치른다면 계운궁에 대해서 국상을 치르는 것이므로 무리가 없지 않았다. 계운궁 복제 논의는 양쪽이 한 발씩 양보해 장유가 제시한 절충안으로 결정되었다.[7]

원종 추숭 논의는 복제 논의보다 훨씬 더 길고 파급력이 더 컸다. 논쟁은 인조반정 직후 인조가 친부 정원군에 대해 자신이 어떤 호칭을 사용해야 하는가 묻는 데서 이미 싹트고 있었다. 서인 산림 박지계[8]는 부자 관계를 그대로 인정하

6 **계운궁 복제 논의** 인조는 자최(齊衰) 3년복을 주장하고, 신료들은 자최 부장기복(不杖朞服)을 건의했다. 자최복 중에는 5종의 상복이 있다. 그중 자최 3년복이 모친상에 해당한다. 부장기는 1년복에 상장(喪杖, 상주가 짚는 지팡이)이 없는 것을 말한다.

7 **장유의 절충안** 장유는 자최 3년복과 자최 부장기 사이에 있는 자최 장기(杖朞)를 건의했다. 자최 장기는 1년복에 상주가 상장(喪杖)을 짚는 것을 말한다. 장유의 절충안은 특별한 근거가 있는 것이 아니고 다만 국왕인 인조의 권위를 예우한 측면이 강했다.

8 **박지계** 조선 중기의 학자. 호는 잠야(潛冶). 재야에서 학문에 몰두하다 인조반정 후 서인 쪽 산림으로 천거되었다. 원종 추숭 논쟁에서 인조의 입장을 지지했다.

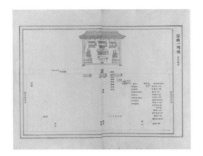

「종묘일간도」 국왕과 왕비의 신주가 모셔진 종묘 안 신실(神室) 한 칸의 배치도. 『종묘의궤』에 실려 있다. 신주를 모신 신주장을 중심으로 좌우에 금책, 옥책 등을 보관하는 책장과 어보를 보관하는 보장이 있다. 신주는 제사 때 신주장 앞에 있는 신탑(神榻)으로 옮겨진다. 신탑에는 신주를 받치는 궤(几)가 있다. 제상은 신탑 앞에 놓여 있다. 규장각한국학연구원 소장.

자고 주장한 반면, 또 다른 서인 산림 김장생은 인조가 선조를 계승해 부자 관계가 되었으므로 정원군에 대해서는 백숙부와 조카에 해당하는 호칭을 써야 한다고 주장했다. 이 논의는 신료들이 종통과 혈연을 절충한 안으로 결정되었다.

그러나 인조는 친부모를 추숭하려는 입장을 굽히지 않았고 추숭을 둘러싼 지루한 논쟁이 이어졌다. 기본 논리는 이전과 다르지 않았다. 인조 등은 정원군을 원종으로 추숭해 '선조-원종-인조'로 종통과 혈통을 일치시키려 했고, 신료 대다수는 사사로운 혈연 때문에 이미 '선조-인조'로 정해진 종통을 어지럽힐 수 없다며 반대했다. 논쟁은 1632년 정원군을 원종, 계운궁을 인헌왕후로 추숭하고, 1635년 원종과 인헌왕후의 신주를 종묘에 모시는 것으로 완료되었다.

원종 추숭 논쟁은 인조의 강력한 의지에 따라 결정되었다. 이귀, 최명길 등 공신 일부와 산림 박지계 등 인조의 입장을 지지한 사람은 소수였다. 대부분의 공신, 신료와 학자, 유생 일반은 반대했다. 나중에 벌어지는 예송이 서인과 남인으로 확연히 갈라지는 점과 다르다. 붕당은 아직까지 정책에서는 뚜렷한 특징을 가지고 있지는 않았던 것이다.

이론적으로 주목할 점은 대다수 학자와 신료가 주장한 종통 우선 논리이다. 종통을 강조할 때 명분의 보편성이 혈연을 앞선다는 논리도 가능하고, 왕실의 종통은 특별하다는 논리도 가능하다. 그런데 원종 추숭을 반대한 신료와 학자들의 논리에는 명분의 보편성과 종통의 특수성이 서로 구별되지 않은 채로 있었다. 그러나 훗날 현종 대 벌어진 두 차례의 예송禮訟에서 서인과 남인은 명분의 보편성과 종통의 특수성에서 확연히 다른 견해를 드러냈다.

1659년 효종이 승하하자, 인조의 계비이자 효종의 계모인 장렬왕후가 효종에 대해 어떤 상복을 입어야 하는가라는 문제가 떠올랐다. 『국조오례의』에 딱 들어맞는 사례가 없었으므로, 영의정 정태화를 비롯한 대신들은 『경국대전』에 의거해 1년복에 해당하는 자최^{齊衰} 기년^{朞年}을 건의했다.

한편 조정에서는 중요한 사안에 대해서 예법을 잘 아는 신료나 학자에게 견해를 묻는 일이 많았으므로 이 경우에도 자문을 구했다. 서인 산림 송시열은 애초에는 별다른 이견이 없었다. 그러나 남인 산림 윤휴는 종통을 중시해야 하기 때문에 국왕에 대해서는 누구나 3년복인 참최^{斬衰9}를 입어야 한다고 주장했다. 그러자 송시열은 효종이 둘째 아들의 자격으로 종통을 계승했으니 적장자와는 달리 참최에 해당하지 않는다고 반박했다. 윤휴는 그런 규정이 사대부에나 해당하고 왕가에는 해당하지 않는다고 재반박했다. 그러나 논쟁은 일단 수그러들었고 결론은 조정 대신들이 애초 건의한 기년복으로 결정되었다.

해를 넘기고 1년 가까이 지나 장렬왕후가 상복을 벗을 때쯤 논쟁이 재개되었다. 남인 산림 허목의 상소가 발단이었다. 맏아들이 죽으면 다음 아들이 맏아들이 되는데 효종이 그런 경우이므로, 장렬왕후는 맏아들에 대한 상복을 입어야 한다고 주장한 것이다. 이에 대해 송준길과 송시열은 다시 반박했다. 그들의 요점은 둘째가 맏아들이 되는 것은 맏아들이 미성년에 죽었을 때에나 해당한다는 것이었다. 맏아들이 성년으로 죽었는데도 둘째를 맏아들로 세운다면, 부모의 처지에서는 맏아들 둘을 세운 셈이 되므로 자칫하면 참최를 두 번 입을 수도 있다며 반박했다.

애당초 송시열과 윤휴의 논쟁 초점은 사대부의 예법과 왕가의 예법이 동일한가 아닌가였다. 그런데 송시열과 허목

9 **참최** 상복의 하나. 기간은 3년이고 가장 비중이 크다. 부친상, 남편상 등에 입는다. 그 밖에 조부를 직접 계승한 적손(嫡孫), 죽은 장자를 위해 생존한 부모 등도 입는다. 그러나 다양한 사례에 대해 『의례』, 『가례』, 『대명률』, 『경국대전』 등의 규정이 서로 다른 경우가 있었다.

의 논쟁에서는 둘째가 맏아들이 될 수 있는가 아닌가로 초점이 이동했다. 그런데 후자에서는 송시열의 주장이 정치적으로 불리하게 해석될 소지가 있었다. 애초 송시열은 윤휴와 논쟁할 때 둘째 아들이 종통을 계승해도 참최에 해당하지 않는 사례를 들었었다. 그중 하나가 '아들體'이지만 '맏이가 아닌不正' 이른바 '체이부정體而不正'이었고 효종이 그에 해당한다고 보았다. 그런데 당시 소현세자의 아들이 생존해 있었고, 송시열의 논리로 보면 그는 '맏正'이지만 아들은 아닌不體' 이른바 '정이불체正而不體'에 해당하게 되었다. 따라서 송시열의 논리는 효종과 소현세자 아들 사이의 왕통 문제로 비화할 수 있었다.

허목의 문제 제기 후에도 신료 다수는 여전히 기년복 결정을 지지했으나, 원두표처럼 3년상으로 전환하는 인물이 나오기 시작했다. 그리고 얼마 안 있어 윤선도가 올린 상소로 인해 완전히 다른 국면이 전개되었다. 윤선도는 허목의 설을 지지하면서, 송시열·송준길이 효종의 정통성을 흔들었다고 비판했다. 윤선도 주장의 핵심은 송시열 등이 효종을 '체이부정'이라 해 그의 정통성을 인정하지 않았다는 것이다. 서인들은 예론에서 비롯한 견해를 왕권의 정통성 논란으로 비약시킨 윤선도의 논리에 경악했고, 강력하게 탄핵해 윤선도를 유배 보냈다.

기년복을 관철시킨 서인은 자신들의 예론이 관철되었다고 보았다. 그리고 3년복을 주장한 남인의 논리는 잘못일 뿐 아니라 정치적 의도를 담고 있었다고 보고 그들의 정계 진출을 막았다. 허적, 유혁연 등 예송에 가담하지 않은 일부 남인을 제외한 윤휴, 허목 등 대다수 남인이 정권에서 소외되었다. 그러나 남인도 지속적으로 문제를 제기해 불씨는 남아 있었다.

2차 예송으로 일컬어지는 갑인예송은 1674년현종 15 효종비 인선왕후가 승하하자 일어났다. 쟁점은 시어머니인 장렬왕후가 인선왕후에 대해 맏며느리에 해당하는 상

조선 시대 여성의 수의 고인의 시신을 정화하고 온전한 상태로 매장하기 위해 고인에게 입히는 옷. 조선 중·후기 무덤에서 발굴된 복식을 보면 일상복을 수의로 한 예가 많고, 멱목·악수 등만 새로 만들었다는 것을 알 수 있다. 왼쪽은 당의, 오른쪽은 겹치마이다. 국립민속박물관 소장.

복을 입을 것인가, 둘째 며느리에 해당하는 상복을 입을 것인가였다.

갑인예송의 논리는 장렬왕후가 효종 부부를 맏아들 부부로 대할 것인가 아닌가의 문제였으므로 기해예송과 크게 다르지 않다. 서인계 관료들은 기해예송 때와 마찬가지로 둘째 며느리에 해당하는 9개월의 대공을 건의했다. 이번에는 남인 산림들이 참여한 논쟁은 없었다. 대신 국왕 현종이 당사자로 나섰다.

현종은 3일 동안 서인계 신료들과 논쟁하면서 기해예송의 문서들까지 아울러 검토했다. 그리고는 서인의 주장을 뒤집고 맏며느리에 해당하는 기년복으로 결정했다. 그리고 기해예송에서 가장 예민한 쟁점이 되었던 '체이부정'설을 비판하고 남인의 예론이 옳았다고 판정했다. 현종은 영의정 김수흥과 예관禮官 등을 유배 보내고 사건을 수습하는 와중에 승하했다. 새로 즉위한 숙종은 예를 그르쳤다는 이유로 송시열 등 대부분의 서인을 유배 보내고 남인을 중용해 정국을 일변시켰다.

갑인예송은 국왕들이 전면에 나섰다는 점에서 기해예송과 달랐다. 현종은 서인의 집권이 장기화하는 상황에 점차 염증을 느끼고 있었다. 심지어 청으로부터 조선은 '군주가 약하고 신하가 강하다'는 말까지 들려오는 상황이었다. 동기야 어쨌든 송시열 등의 예론이 결과적으로 왕통을 약화시키는 빌미를 제공한 것도 용납할 수 없었다. 현종의 의중을 읽은 외척 김석주의 역할도 무시할 수 없다. 현종의 처남 김석주는 한당의 영수 김육의 손자로서 송시열 등과 대립과 연대를 거듭하다가 갑인예송에서 서인을 축출하는 데 결정적인 역할을 했다. 따라서 숙종 초반에는 서인이 밀려나고 남인과 외척이 연대하면서 견제하는 정국이 조성되었다.

예에 대한 논의는 조선왕조 내내 지속했지만 갑인예송과 기해예송은 '예송'이란 고유명사로 굳어질 정도로 치열하고 파급력이 컸다. 이를 보는 현대인은 고개를 갸웃거리게 된다. 예의 중요성은 인정한다 하더라도 그것이 정권의 향배를 가를 정도였는

송시열의 사당 대로사 1785년 정조가 송시열을 제향하기 위해 세운 사우(祠宇). 경기도 여주 남한강변에 있다. 송시열이 이 곳에서 영릉(효종릉)을 바라보며 통곡했다고 한다. 원래 이름은 송시열에 대한 존칭을 담았던 '대로사(大老祠)'였는데 19세기 후반 대원군이 서원을 정리할 때 '강한사'로 이름을 바꾸어 남게 되었다. 대로사 현판 글씨는 정조 대 벽파의 영수였던 김종수가 썼다. 글씨에 힘이 넘친다. 경기도 여주시 하동 소재. 경기도 유형문화재 제20호.

지 의아할 수 있다. 예송을 주도한 주역들도 그런 예상까지는 하지 않았을 것이다. 다수는 학설 차원의 문제로 생각했기 때문이다. 그러나 예론이 종통 문제, 정국 운영의 방향과 얽히면서 결론은 정치적으로 내려지고 말았다. 결국 국왕, 서인, 남인이 예론에 민감하게 반응한 것은 예론의 근저에 국왕과 사대부의 위상과 국가 운영에 대한 시각 차이가 있었기 때문이다.

김장생에서 송시열로 이어지는 서인 산림은 주자학에서 강조하는 보편 원리를 중시했다. 주자의 『가례』는 의리와 예법의 일반 원칙이었으므로 기본적으로 왕실도 적용 대상이었다. 송시열은 장유長幼라는 보편 원칙 앞에는 왕실도 예외가 아니라고 생각했기 때문에 체이부정을 끝까지 포기하지 않았다. 그런데 보편 예법을 왕실에 관철할 것인지 여부는 국왕의 위상과 연동된 민감한 문제였다.

송시열은 국왕의 권력도 보편 원리인 의리에 부합할 때 정당성을 인정받는다고 생각했다. 의리를 공유한다는 점에서 국왕도 근본적으로 사대부와 다를 바가 없었다. 그는 국왕이 사대부를 대표한다고도 했다. 그렇다면 신하는 국왕에 대한 충성의 전제로 의리를 확인해야 했다. 이때 국왕과 신하의 관계는 의리로 맺어진다는 '의합義合'을 강조하지 않을 수 없다. 송시열의 논리에서는 결과적으로 국왕의 전제권이 축소되고 신하들의 자율성이 강해질 수 밖에 없었다.

김장생은 원종 추숭에서 종통을 강조하고, 송시열은 기해예송에서 효종의 체이부정을 언급했다. 얼핏 보면 송시열은 종통을 경시해 스승 김장생과 다른 결론을 내린 듯하다. 하지만 명분의 절대성을 강조했다는 점에서 두 사람의 논리는 동일했다. 혈통의 특수성을 강조하는 인조와 왕실의 특수성을 강조하는 남인의 논리에 반대했기 때문이다.

윤휴와 허목으로 대표되는 남인 산림은 생각이 달랐다. 의리와 예법의 보편성을

강조하는 점에서는 그들도 송시열과 차이가 없었다. 그러나 그들은 의리를 대변하는 국왕의 특수한 지위를 인정했다. 이 논리 또한 유학의 논리에서 나왔다. 유학에서는 가家-사회-국가가 동일한 윤리성에 기초해서 움직인다. 인과 같은 개인의 덕성은 현실에서 효와 같은 실천 윤리가 되고, 국가 차원에서는 군주에 대한 충이 된다. 이로써 군주는 의리의 체현자이면서 신민에게는 아버지 같은 위상으로 군림한다. 군주와 신하가 의제적擬制的 부자 관계가 되면 신하의 충성은 효의 절대성과 마찬가지로 절대적이 된다. 따라서 윤휴는 모든 신민은, 그가 왕의 어머니일지라도, 군주에 대해 동일한 예법을 지켜야 한다고 주장했다. 또 허목은 종통을 이은 군주는 장유長幼의 차례에 구애받지 않는다고 주장했다.

이처럼 군주의 특별한 위상을 강조하는 논리는 성리학 이전의 고대 유학에 근접해 있었다. 허목의 스승 정구는 고례古禮에 관심을 갖고 개인과 국가 예법의 차이에 주목한 바 있었다. 허목 등은 관심을 고대 유학으로 확장해 육경六經10을 깊이 연구했다. 육경은 공자 이전 고대 중국의 문물과 예제禮制를 주로 설명한 경전들이다. 그 사회에서는 사士가 형성되지 않았으므로 대체적으로 국왕과 '민 일반'의 구도가 중심이었다. 따라서 사의 특별한 위상을 강조하는 성리학과는 국가 운영의 지향이 달랐다.

이처럼 예송은 겉으로는 상복을 둘러싼 논쟁이었지만 속내로 파고들면 국왕의 정통성 문제라는 미묘한 정치 문제를 내포하고 있었다. 또한 국가 운영에서 국왕과 사대부의 자율성을 둘러싼 사상 문제도 내포하고 있었다. 그것이 정책에서 서로 다르게 나온 것이다. 국왕은 때로는 사대부의 대표자를 자처하며 서인의 손을 들어 주었고, 때로는 국왕권의 특별한 위상을 강조하며 남인의 손을 들어 주었다.

10 **육경** 『시경(詩經)』, 『서경(書經)』, 『예기(禮記)』, 『악경(樂經)』, 『역경(易經)』, 『춘추(春秋)』를 말함. 현재는 『악경』을 제외한 오경(五經)이 전한다. 공자 이전 시대의 유학 정신과 문물을 담은 경전이다.

17세기 전후 각국의 왕권 계승

왕위 세습의 원칙을 꼬치꼬치 따지며 논쟁을 벌인 예송은 군주제 진화의 한 극점을 보여 준다. 한 가문이 대대로 권력을 독점하는 비정상적인 현상을 논리적으로 뒷받침하려다 보니 나가도 지나치게 나간 것 아닐까?

적장자 우선이라는 빠듯한 원칙을 우리에게 수출한 중국은 정작 같은 시기에 다른 문화권에서 배출된 권력자를 맞으면서 그 원칙이 흔들리고 있었다. 청도 일가의 세습을 배제하지는 않았지만 꼭 장자여야 하는 것은 아니었다. 조선의 국왕과는 비교도 할 수 없는 권력을 독점하고 있던 청의 황제는 분열의 위험 없이 권력 세습을 이어갈 수 있는 방법을 발명했다. 황태자밀건법이라고 불리는 이 비법은 18세기 옹정제 때 사용되기 시작했다. 그것은 황제 생전에는 후계자를 공표하지 않은 채 몰래 그 이름을 써서 상자에 넣고 밀봉해 건청궁 내 정대광명正大光明이라고 쓴 현판 뒤에 두었다가 황제가 죽은 뒤 대신들의 입회하에 개봉하는 방식이었다. 이 방법으로 황제는 죽을 때까지 권력을 틀어쥘 수 있었고 황자들은 황제의 눈에 들기 위해 조심하며 암투를 벌일 수밖에 없었다. 세습군주제

발전의 정점에 서 있다고 할 수 있는 밀건법을 통해 우리는 군주의 권력이 그것을 가진 자에게나 노리는 자에게나 얼마나 소름끼치는 저주였을지 실감할 수 있다.

조선의 예송이나 청의 밀건법은 특정 가문에 의해 독점되는 세습제의 모순을 끌어안으면서도 그것이 사적으로 독점되거나 훼손되지 않도록 엄정한 원칙을 적용하려는 노력을 담고 있다. 그래서 동아시아의 군주제가 비교적 안정적으로 2000여 년간 유지되었는지도 모른다.

그러나 동시대 유럽에서 보이는 왕위 세습의 행태들은 권력의 사적인 본질을 감추고 최소한의 공공성을 과시하려는 노력조차 하지 않는 것처럼 보인다. 결혼을 통해 문어발처럼 온갖 나라의 왕권을 빨아들이던 합스부르크 가문이 좋은 예다. 15세기부터 신성로마제국의 황제 자리를 차지하기 시작한 이 가문은 잇단 통혼을 통해 여러 나라의 왕위 자격을 흡수해 가더니, 16세기 카를 5세 때는 유럽 최강인 에스파냐의 왕까지 겸하게 되었다. 카를 5세가 유럽의 두 강대국을 통째로 차지한 것은 그에게 지존의 혈통을 물려준 부모의 정략결혼 덕분이었다. 그의 부친은 신성로마제국 황제 막시밀리안 1세의 아들 펠리페, 모친은 에스파냐 왕 페르난도 2세의 딸 후아나였다. 여기에 운까지 따르면서 카를은 모계로는 에스파냐의 왕위, 부계로는 신성로마제국의 제위를 물려받았다.

왕권이란 가문과 가문의 결혼을 통해 창출되는 지참금 같은 것임을 보여 준 합스부르크 가문은 서서히 유럽의 중심 무대에서 퇴장하게 된다. 카를 5세의 후손이 번성하지 못하는 사이 에스파냐 왕가는 루이 14세의 손자인 펠리페 5세의 손으로 넘어가 대대로 부르봉 왕가 후손의 통치를 받았다. 그리고 프랑스, 영국 등 신흥 강국이 세력을 확장함에 따라 합스부르크 가문은 점점 더 설 자리를 잃어 가게 된 것이다.

정도전이 일갈했던 것처럼 세습 권력은 좋은 지도자의 지속적인 출현을 보장하지 않는다. 그래서 국가 이전의 공동체나 초기 국가에서는 지도자가 세습되지 않았다. 전설의 성군으로 일컬어지는 요와 순이 그러했고 고구려, 백제, 신라 삼국이 초기에 그랬다. 힘이든 연륜이든 지혜든 뛰어난 자가 혈통에 관계없이 지도자 자리를 이었다.

이슬람 세계가 처음에 보여 준 것도 그러한 모습이었다. 예언자 무함마드는 신의 사도일 뿐 권력자가 되려 하지 않았고 세습은커녕 후계자를 지정하지도 않았다. 그의 추종자들이 최대한 그와 가까운 지도자를 민주적으로 선출하던 것이 정통 칼리파 시대였다. 그러나 이슬람 권력이 강대해지면서 결국은 예언자의 뜻에 반역하는 세습제가 등장했으니, 그 첫 번째 왕조가 우마이야였다. 그 후에도

이슬람 세계는 종교적 권위를 앞세운다면서 바그다드의 칼리파가 각 이슬람 왕조의 군주인 술탄을 서임하는 형식을 따랐다.

이러한 종교 공동체 우위의 사고방식을 깨뜨린 군주가 16세기 오스만튀르크제국의 술탄 셀림 1세였다. 그가 칼리파를 겸임하면서 형식적이나마 유지되던 종교 공동체는 무너졌다. 사파비왕조와 무굴제국의 샤 역시 독자적인 세습 왕조를 건설해 갔다. 세습은 혈연을 통해 권력을 단단히 다지지만 결국 그 혈연으로 권력의 공공성을 파괴하고 끝내는 자기 자신을 파괴하게 되어 있었다.

오스만튀르크제국 술탄칼리파의 투구
원뿔 모양이며, 보석을 박아 넣었다.

청 황제의 모자
제사를 지낼 때 쓰던 붉은 모자. 공단으로 만들었다.

3.
붕당의 전성시대

노론의 영수 송시열 조선 중기 문신 겸 학자이자, 서인-노론으로 이어진 붕당의 영수이다. 이이-김장생으로 이어지는 학맥을 계승한 주자학의 대가였다. 방대한 저술을 남겼는데 정조 대 『송자대전』으로 편찬되었다. 그림은 복건에 유복(儒服) 차림으로, 엄정한 모습을 잘 표현해 많은 송시열 초상 가운데 수작으로 평가받는다. 국립중앙박물관 소장. 비단에 채색. 세로 89.7센티미터, 가로 67.3센티미터. 국보 제239호.

17세기 조선의 정치 주체로서 가장 주목할 만한 집단은 붕당이다. 주자학에서 붕당은 정치 운영 단위로 중시되었고, 조선에서는 선조 대에 형성되어 정치의 주역으로 등장했다. 조선에서 붕당의 활동은 중국에서도 찾아보기 힘들 정도로 적극적이었으므로, 주자학의 정치 이론은 조선에서 가장 전형적으로 실현되었다.

정치 주체로서 붕당은 생물과도 같은 속성을 지녔다. 분화하고 공존하고 대립하며 마침내 탕평蕩平이라는 새로운 구도에 편입되었다. 붕당은 기본적으로 학파에 기반한 이념을 중심으로 결성되었지만 지역, 연령, 이해관계 등 다양한 요소가 개입하면서 정치 지형을 수놓고 있었다.

선조 대에 형성된 최초의 붕당은 동인과 서인이었다. 동인은 다시 선조 후반에 서인에 대한 태도를 두고 온건파인 남인과 강경파인 북인으로 갈라졌다. 임진왜란 직후 정국을 주도한 북인은 이산해 등이 이끄는 대북大北과 유영경 등이 이끄는 소북小北으로 나뉘었다. 이 가운데 주도권을 쥔 것은 광해군의 즉위에 기여한 대북이었다.

집권 초기에 광해군은 권력 기반인 대북뿐 아니라 남인과 서인도 광범위하게 등용해 전후 수습을 도모했다. 그러나 후반기로 갈수록 대북의 독주가 두드러졌다. 광해군 집권 말기는 '서인이 이를 갈고, 남인이 원한을 품고, 소북이 비웃는' 형세가 조성될 정도였다.

인조반정으로 대북은 정계에서 재기하지 못했다. 북인의 후예들은 정치적으로는 남인, 서인에 흡수되었다. 그러나 가문 차원에서는 북인들의 정체성이 존속했다. 훗날 탕평 정치가 오래 지속되어 붕당의 정치적 의미가 약화되자, 소북 계열의 인물들은 『북보北譜』 등을 편찬해 북인의 정체성을 드러내기도 했다.

인조반정은 서인이 주도하고 남인이 공조한 정변이었다. 서인은 원래 노장 관료와 훈척 중심이었으므로 학문적 결속력이 떨어지는 편이었다. 그러나 이귀로 대표되는

인목왕후를 호위하는 문인 선조의 계비 인목왕후는 광해군과 대북 세력에게 부친 김제남과 아들 영창대군을 잃고 자신은 서궁(현 덕수궁)에 유폐되었다. 그러나 인조반정으로 그녀와 광해군 등의 운명은 뒤바뀌어, 광해군은 폐위되고 대북은 정계에서 완전히 퇴출되었다. 그녀의 능은 경기도 구리시에 소재한 동구릉 가운데 목릉(穆陵)으로, 선조와 의인왕후의 능과 함께 있다. 사진은 목릉의 문인석. 사적 제193호.

이이, 성혼의 문인들이 인조반정을 주도한 이래 서인의 학문적 정체성은 한층 높아졌다. 그들은 반정 후에 일시적으로 다양한 그룹으로 분화하기도 했다. 공신 집단과 비공신 집단이 공서功西와 청서清西로 갈라지고, 북인에 대한 입장을 두고 노서老西와 소서少西로 갈라지기도 했다. 한편 남인은 이원익, 장현광 등을 중심으로 정계의 일각을 차지하고 있었다.

병자호란을 전후한 시기에는 강화와 척화, 복수설치 등의 이슈가 일시적으로 기존의 붕당 구조를 정지시켰다. 신료와 학자 다수는 붕당에 상관없이 척화와 복수설치를 주장했다. 그러나 전쟁을 어떻게든 마무리지어야 했던 인조와 김류, 최명길 등 당국자들은 현실적으로 강화를 주도하지 않을 수 없었다. 또 인조 후반기에는 김자점 등 청의 후원을 받는 친청 그룹도 형성되었다.

혼란이 정리되고 붕당의 이념적 성격이 부활한 것은 효종 때였다. 효종은 집권 초에 김자점 등 친청 그룹을 숙청하고 산림과 척화파 인사들을 중용했다. 이에 부응해 서인 내에서 이념을 중심으로 정파가 형성되었는데, 산림이 주도했으므로 산당이라 불렸다. 산당은 김장생-김집-송시열로 이어지는 이이 학통의 산림과, 김상헌 등 척화파 관료의 결합이었다. 실무형 관료 출신으로 제도 개선을 통해 안민을 추구하는 서인 그룹은 김육을 중심으로 한당을 결성했다. 효종이 김육의 손녀를 세자빈으로 책봉했으므로 한당의 핵심 인사는 현종·숙종 대에 외척이 되었다.

한편 남인은 효종과 현종 대에 허적·권대운 등이 관료로 입지를 굳혔고, 허목과 윤휴가 산림으로 명성을 날렸다.

현종 초반과 후반에 벌어진 예송에서 서인과 남인은 본격적으로 학문과 정책에서 뚜렷한 색깔을 보였다. 이제 붕당은 기존의 공존과 연립 구도를 벗어나 스스로 독자적 정책을 내걸어 경쟁하고, 경쟁에서 승리하면 정권을 독점하는 단계로 나아갔다.

소론의 영수 남구만의 사우 남구만은 조선 후기의 문신으로 소론의 영수로 활동했다. 호는 약천(藥泉). 숙종 후반기 정승을 수 차례 지내며 정국을 노련하게 운영했다. 국방, 지리, 역사 등에도 해박했다. 이 사우는 남구만이 낙향해서 살았던 경기도 용인에 세워졌던 것을 1998년에 후손들이 중건한 것이다. 경기도 용인시 모현면 소재. 용인시 향토유적 제53호.

이러한 흐름은 두 가지 측면에서 조명해 볼 수 있다. 첫째 임진왜란, 인조반정, 병자호란 등의 혼란을 수습하기 위해 불가피했던 붕당 연립이 마감하고 있다는 것이다. 둘째 붕당이 단독으로 정치를 전담할 수 있는 인물과 정책 역량을 갖추게 되었다는 신호이다. 숙종 대를 기점으로 붕당정치는 바야흐로 새 국면에 접어들고 있었다.

숙종 초반 남인은 예송에서 승리해 정권을 잡았다. 그러나 이내 허적을 중심으로 한 탁남과 허목·윤휴를 중심으로 한 청남淸南으로 갈라졌다. 1680년숙종 6 역모로 인한 정국의 급격한 변화경신환국1가 일어나 남인이 도태되고 서인이 집권했다. 이때 서인은 남인과 외척에 대한 처리를 둘러싸고 노론老論과 소론少論으로 갈라졌다. 노론은 송시열·김수항 등이 이끌었으며, 소론은 남구만·최석정 등이 이끌었다.

숙종 초반 남인에서 서인으로 정국이 변화한 것은 역모와 관련해 하나의 붕당이 정계에서 완전히 축출된 사건이었다. 이것은 과거에는 경험하지 못하던 충격적인 사건이었다. 이 같은 정국 변화를 '환국換局'이라 부른다. 이후 환국은 숙종 대는 물론 경종을 거쳐 영조 대 초반까지 서인과 남인 사이에서, 그리고 서인에서 갈라진 노론과 소론 사이에서 수차례 일어나게 되었다.

환국기에 각 붕당은 상대 붕당의 사상이나 국왕에 대한 충성심을 문제 삼으며 대립했다. 대다수 붕당 구성원들은 이 같은 민감한 문제에 대한 논쟁을 통해 자기 붕당을 정통과 의리를 대변한 군자당으로, 상대 붕당을 그에 반하는 소인당으로 규정하며, 자기 붕당이 정권을 전담하는 '일당 전제一黨專制'를 옹호했다. 하지만 붕당정치가 치열해질수록 한편에서는 붕당정치를 반성하거나 대안을 모색하는 흐름 또한 자라고 있었다.

1 **경신환국** 1680년 3월 남인의 영수인 영의정 허적의 집에서 잔치가 열렸다. 그날 비가 오자 숙종은 궁중에서 쓰는 용봉차일(기름을 칠해 물이 새지 않도록 만든 천막)을 보내려 했는데 벌써 허적이 가져간 뒤였다. 노한 숙종은 유배 갔던 서인 김수항을 영의정으로 삼는 등 요직을 모두 서인으로 바꿨다. 그해 4월 허적의 아들 허견이 숙종의 오촌인 복창군, 복선군 등과 반역을 모의했다는 고변 사건이 있어 허적 부자는 시차를 두고 죽음을 당했다. 이 사건은 역모로 붕당의 진퇴가 결정되는 환국의 서막이었다.

학파가 다르면
붕당도 다르다

붕당은 비록 사족 계층의 참여에 한정되긴 했지만, 현대의 정당에 비견될 정도의 이념, 정책, 운영 구조를 가지고 있었다. 붕당의 이념과 정책은 학파와 밀접한 관련이 있었다. 학파는 조선 초기부터 존재했지만, 붕당의 모태가 된 학파는 16세기에 활동한 유학자들에 연원을 두었다.

학파와 붕당이 긴밀히 연계된 것은 동인이 먼저였다. 동인의 형성기에 주축을 이룬 학자들은 이황, 서경덕, 조식의 문인이었다. 서인은 동인에 비해 관료, 훈척이 많았으므로 뚜렷한 학문적 구심을 갖지 못한 편이었다. 그들은 이이와 성혼이 합류하면서 비로소 정체성을 가져 나갔다.

선조 후반 동인이 남인과 북인으로 나뉠 때, 남인은 이황의 문인이 주축이 되고 북인은 서경덕·조식의 문인이 주축을 이루었다. 그런데 서경덕은 기氣를 중시하는 개성적인 성리설을 주장했으므로, 이理를 중시하는 주자학의 주류 학설과는 거리가 있었다. 조식은 실천을 중시해 이론에 관한 저술이 부족했고, 수양에서도 도교의 영향이 없지 않았다. 따라서 그들은 학계에서 비판받는 처지에 있었다. 게다가 조식의 수제자인 정인홍[2]이 대북 정권의 핵심으로 활동하다 인조반정으로 죽었으므로 이들 학파의 영향력은 미미해졌다.

인조반정을 계기로 서인 내에서는 이이와 성혼의 문인들이 큰 비중을 차지하게 되었다. 그렇지만 반정 후에도 서인의 구성은 공신계·비공신 관료계·산림 등으로 복잡했고, 사안에 따라 정파를 이루는 형편이었다.

효종 대에 산당이 출현하면서 서인의 구성은 다시 한 번 바뀌었다. 산당은 이이 학파의 적자인 김장생-송시열 학파와 척화파 관료를 대표하는 김상헌 등의 결합이었다. 산당이

2 **정인홍** 조선 중기의 학자·의병장·문신. 남명 조식의 수제자로 최영경, 곽재우 등과 함께 경상우도 남명학파를 대표했다. 임진왜란 때 합천에서 왜군을 격퇴하고 영남의병장의 호를 받아 숱한 전공을 세웠다. 선조 말년에 북인이 소북, 대북으로 나뉘자 이산해, 이이첨과 함께 대북을 영도하며 광해군 대의 정국을 주도했다.

호론의 '호'는 의림지 충청북도 제천시 모산동에 있는 저수지. 제천의 옛 이름인 내토, 대제 등이 모두 큰 둑이나 제방을 의미하는 것으로 보아 역사가 매우 오랜 것을 알 수 있다. 충청도의 별칭인 '호서(湖西)'라는 말은 바로 이 저수지의 서쪽이라는 뜻이다. 명승 제20호.

출현한 것은 서인이 주자학의 의리 노선을 견지하면서 이념 투쟁으로 정국을 주도할 것임을 의미했다.

이황의 문인이 주축을 이룬 남인은 17세기 중반을 지나면서 지역에 따라 분화했다. 경상도 지역에서는 이황의 학맥이 지속해 20세기까지 흔들림이 없었다. '퇴계 학통'을 고수한 이들을 '영남 남인'으로 부른다. 한편 대대로 서울에서 산 남인은 '기호 남인'이 되었다. 숙종 대 정국에 참여해 탁남과 청남으로 갈라진 이들은 기호 남인이었다.

남인이 지역적으로 갈라지면서 학문도 달라졌다. 두 그룹 모두 퇴계의 학통을 자부했으나 영남은 퇴계의 학문을 그대로 고수한 데 비해 기호 남인의 학문은 점차 다른 내용을 포괄하게 되었다. 그중 정구-허목으로 이어지는 학맥이 두드러졌다. 허목은 퇴계의 학문뿐 아니라 육경六經에 담긴 고대 유학도 중시했다. 허목 등이 예송에서 왕실 예의 특수성을 강조한 것은 그 결과이다. 이후 그들은 국가 차원의 제도 개혁을 통해 주자학을 보완하고자 했다. 허목의 학문은 18세기에 이익을 중심으로 형성된 이른바 '성호학파'의 등장에 큰 영향을 주었다.

서인은 숙종 초반 노론과 소론으로 분화하면서 학통도 달라졌다. 노론은 '이이-김장생-송시열'로 이어지는 학통을 수립했고, 소론은 '성혼-윤선거-윤증'으로 이어지는 학통을 수립했다. 이후 소론의 학자와 유생들은 주로 서울-경기 일원에 거주했으므로 큰 분화 양상을 보이지는 않았지만, 노론 학파는 18세기 초반에 지역을 중심으로 크게 분화했다.

충청도에 기반을 둔 노론 학자들은 18세기 초반이 되면 호론湖論3을 형성하게 된다. 호론은 송시열-권상하로 이어지는 학통을 수립하고, 송시열의 의리 노선을 고수한다. 한편

3 **호론** 충청도의 노론 학파. 충청도를 뜻하는 호서(湖西)에서 따왔다. 송시열의 수제자인 권상하와 그의 제자인 한원진, 윤봉구 등이 형성했다. 한원진의 제자 김한록이 영조의 계비 정순왕후의 당숙이므로 훗날 다수가 벽파와 연결되었다.

서울의 노론 학자들은 낙론洛論4을 형성한다. 낙론은 송시열-김창협으로 이어지는 학통을 수립하고, 송시열의 의리 정신을 변화된 상황에 맞게 적용하고자 했다. 두 학파는 18세기 내내 호락논쟁湖洛論爭5으로 불리는 대규모 철학 논쟁을 벌이기도 했다.

학파가 붕당의 이념과 정책의 산실이라면 붕당의 인적, 물적 기반은 서원이었다. 잘 알려져 있다시피 서원은 교육 기능과 유현儒賢에 대한 제사 기능을 겸비하는 사학기관이다. 하지만 서원은 지역 유생들이 향촌 운영에 참여하는 사회 기구이자 정치 담론을 집약하는 정치 기구로도 작용했다. 제사를 목적으로 설립된 사우祠宇 역시 서원과 비슷한 기능을 했다.

서원은 선조 대 이후 증가하기 시작해 1644년에는 '(서원 건립이) 해가 갈수록 증가해 고을마다 서로 이어져 있다'는 지적이 나올 정도였다. 효종 이후에는 1년에 서원은 평균 세 개 이상, 사우는 네 개 이상 생겨났다. 숙종 말년인 1720년숙종 46까지 전국적으로 서원은 360여 개소, 사우는 150여 개소에 이르렀다.

효종 대 이후 서원이 비약적으로 증가한 것은 붕당의 성장과 관련이 깊었다. 서원은 유명한 학자, 정치가의 연고를 기려 세우는 일이 많았다. 붕당의 지도자들은 자기 붕당과 연관이 깊은 지역에 서원을 세워 지역 유생과의 유대를 공고히 했다. 지역 유생들 또한 서원 건립을 계기로 지역에서 영향력을 넓히고 정계·학계의 진출을 도모했다. 사액을 명분으로 토지, 노비 등을 하사한 국가의 격려도 큰 동력이었다. 환국이 빈발한 숙종 대에는 서원과 사우의 건립 수효서원 166개소, 사우 174개소가 가장 많고, 연평균 건립 비율도 가장 높았다. 붕당의 지원과 지방 유생들의 호응이 빚어낸 결과였다.

4 **낙론** 서울의 노론 학파. 서울을 뜻하는 '낙하(洛下)'에서 따왔다. 송시열의 제자인 김창협과 김창협의 문인들이 형성했다. 낙론에서 홍대용 등의 일부 그룹은 이른바 북학론을 전개했다. 정치적으로 다수가 시파와 연계되었다.

5 **호락논쟁** 호론과 낙론이 벌인 철학 논쟁. 큰 주제가 인성(人性)과 물성(物性)의 동이(同異) 여부였으므로 '인물성동이논쟁'으로도 부른다. 이 논쟁은 청에 대한 평가와 연결되었으므로 당대의 세계관 변화와 관련 있었다. 논쟁이 장기화하면서 지역, 학파, 정치 갈등 등이 복잡하게 얽혀 노론의 분화가 촉발되었다.

서원 건립이 남발되고 서원과 붕당 사이의 밀착이 강화될수록 서원이 공론을 빙자해 당론의 소굴이 되었다는 비판도 커져 갔다. 영조는 서원을 당론의 온상으로 지목해 1741년[영조 17] 170여 개소의 서원과 사우를 철폐했다. 그럼에도 불구하고 서원을 중심으로 결집한 일부 유생은 향촌민에 대한 비행을 저지르고 당론을 주장했다. 교육과 제사라는 근본정신에서 이탈해 간 서원은 1870년[고종 7] 흥선대원군의 서원 철폐령으로 47개소를 제외하고는 모두 철폐되었다.

노강서원 강당 1675년 김수항의 발의로 윤황의 학문과 덕행을 추모하고 지방민의 유학 교육을 위해 건립한 노강서원의 강당. 숙종 대 후반 윤선거, 윤증 부자의 관작이 삭탈되면서 사액 현판이 철거되기도 했지만 경종 대 복액되면서 윤선거와 윤증 부자가 추가로 배향되었다. 소론의 중심 서원 가운데 하나로, 흥선대원군의 서원 철폐령 때 훼철되지 않은 47개 서원 중 하나이다. 충청남도 논산시 소재. 보물 제1746호.

붕당의
정신적 지주,
산림(山林)

붕당에는 재야에 광범위하게 포진한 유생과 조정에서 붕당의 정책을 실현하는 관료 외에 '산림'이라는 독특한 존재가 있었다. 산림은 '산림숙덕지사山林宿德之士'나 '산림독 서지사山林讀書之士'의 줄임말이다. 쉽게 말해 '재야의 덕망과 학식이 높은 선비'를 말한 다. 이들이 학파뿐 아니라 붕당의 정신적 지주로 재야와 조정에서 큰 영향력을 미치면 서 산림이란 용어로 굳어졌다. 17세기 조선이 주자학의 이상을 가장 잘 실현했다고 평 가받는 데는 이들 산림의 존재와 활동에 힘입은 바 크다.

재야의 학자에 불과한 산림이 왜 그토록 큰 영향력을 발휘할 수 있었을까? 그것 은 일차적으로 유교의 정치 전통에 기인한다. 유교에서 이상적인 정치는 성인 군주인 성왕聖王의 정치이다. 예컨대 요堯와 순舜 시절에는 도덕聖과 정치王이 분리되지 않았다. 그렇지만 성왕은 현실에서는 언제나 이상일 따름이다. 유학자들은 공자 이래로 성聖 과 왕王은 분리되었고, 성왕의 도통道統은 공자·맹자·주자 같은 성현聖賢이 계승했다 고 생각했다.

분리된 성과 왕의 통일은 어떻게 가능할까? 몇 가지 방법이 있다. 손쉬운 길은 능 력을 갖춘 국왕이 성왕을 표방하는 것이다. 문제는 이를 지속적으로 관철할 방법이 없다는 점이었다. 조선만 하더라도 그 정도의 평가를 받거나 성왕을 적극적으로 표방 할 능력을 갖춘 군주는 세종, 영조, 정조 정도였다. 이를 보완하는 방법은 국왕이 자신 을 대리하는 재상을 잘 지목하는 것이었다. 그러면 통치의 일정 수준은 보장할 수 있 었다. 그러나 재상은 결국 국왕의 보좌역에 불과한 데다 재상권이 커질수록 국왕의 견 제 또한 커진다는 한계가 있었다.

다른 방법은 공자의 도통을 계승한 학자가 국왕을 잘 계도해 분리된 성과 왕의 간 극을 메우는 것이었다. 그것은 공자와 맹자가 걸은 길이기도 했으니, 이 사례가 유교에 서는 전형이었다. 그러나 중국의 천자나 조선의 국왕은 학자를 형식적으로 초빙한 사

성왕의 표본 요 아득한 옛날 중국을 다스렸다는 전설상의 임금이다. 순과 함께 오제(五帝)의 마지막에 위치한다. 요는 백성들을 잘 다스린 이상적인 군주였고, 효행으로 이름난 순을 등용하여 자신의 두 딸을 주고 제위를 선양했다. 요와 순이 다스린 시대를 '요순시대'라고 하며 태평성대를 상징한다.

례가 많았고, 그들을 스승의 예로 맞이하거나 제도화한 사례는 드물었다. 따라서 학자·산림이 군주에 대해 차지하는 비중이 커질수록 유학자들의 기대는 커지게 마련이었다.

산림과 국왕, 관료, 유생의 관계 및 산림의 역할 등은 광해군 대에 기본 꼴을 갖추었다. 조식의 수제자 정인홍은 조정에 올라간 일이 많지 않으나 자신이나 휘하의 유생들, 또는 언관의 상소를 통해 정계에 많은 영향을 미쳤다. 그의 지속적인 영향력은 이이첨 같은 고위 관료와 연계되고 그들의 지원을 받았기 때문에 가능했다. 산림, 유생, 관료의 협조를 통한 정국 운영은 이후에도 지속되었다.

인조반정 후 반정 세력은 '숭용산림崇用山林'을 정치 원칙의 하나로 내세워 산림의 지위와 역할을 더욱 중시했다. 가장 큰 변화는 산림을 위한 직책을 잇달아 설치하는 제도화에 있었다. 1623년 성균관에 설치된 사업司業, 종4품을 시작으로 세자시강원의 찬선贊善, 정3품, 익선翊善, 자의諮議 등이 계속 설치되었다. 1658년에는 성균관에 좌주祭酒, 정3품가 설치되었다. 산림직은 대부분 세자의 교육 관련 직책이었으므로 산림은 세자의 스승이 되었다. 따라서 세자가 훗날 국왕이 되면 산림은 그 국왕과 특별한 관계를 누릴 수 있었다.

산림은 일반 관료와 달리 과거를 거치지 않고 유일遺逸6로 천거되었다. 유일은 학식과 덕망으로 뽑혔기 때문에 큰 영광으로 여겨졌으며 만약 합당한 인물이 없으면 자리를 비워둘망정 새 인물을 임명하지는 않았다. 국왕이 산림을 부르는 것을 징소라 하는데 그럴 때는 해당 산림에게 특별한 예우와 예물을 갖추었다. 산림은 승진에서도 파격적인 대우를 받았다.

인조반정 이후 산림으로서 처음 불린 이들은 서인 가운

6 **유일** 학식과 덕망이 높은 재야의 선비를 천거하여 발탁하는 제도 혹은 그렇게 발탁된 사람. 시험으로 인재를 뽑는 과거의 대안으로 자주 강조되었지만 조선 전기에는 형식적 천거에 그치는 경우가 많았다. 조선 후기에는 산림이 유일로 천거되어 정계와 학계에서 큰 영향력을 발휘했다.

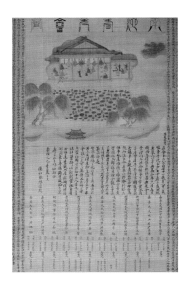

데 김장생과 박지계, 남인은 장현광이었다. 이후 17세기를 대표하는 학자들은 대부분 산림으로 징소되는 영광을 누렸다. 노론을 대표하는 산림으로는 김집·송시열·송준길·이유태·권상하·김창흡 등이 있고, 소론으로는 윤선거·윤증·박세채 등이 있었다. 남인 중에는 윤휴·허목·정시한·이현일 등이 손꼽히는 산림이었다.

그러나 환국기를 지나면서 산림의 위상은 떨어지기 시작했다. 붕당 사이의 대립과 논쟁이 격화함에 따라 산림이 공론이 아니라 자기 정파의 이해만을 대변한다는 비판을 받게 되었기 때문이다.

붕당정치의 대안으로 탕평 정치가 전개되고 국왕이 군사君師, 국왕이자 사대부의 스승를 자임하며 성왕을 표방하자, 산림의 위상은 결정적으로 격하되지 않을 수 없었다. 사회의 변화도 산림의 지위가 떨어진 원인이었다. 18세기에 접어들자 도시의 문물이 흥기하고 학문이 전문화되어 갔으며 새로운 학문 풍조도 일어났다. 이런 변화 속에서 향촌에서 유교 경전 위주로 공부를 하던 산림의 사회 인식과 식견은 뒤떨어지지 않을 수 없었다.

산림의 정치적 영향력은 영조 대에 현격히 축소되며, 정조 대에는 노골적으로 친왕적 속성을 드러내는 산림도 나오기 시작한다. 그리고 19세기에는 세도 가문의 식객과 같은 인물도 나와 산림은 점차 형식적인 지위로 전락해 간다. 산림의 위상 저하는 붕당정치가 유례없이 강했던 한 시대가 저물고 있음을 잘 보여 준다.

붕당정치는 공론을 통해 정치 명분을 내세우는 공론 정치를 활성화시켰다. 공론은 공공公共의 의론 혹은 공정한 의론이라는 뜻이다. 붕당은 구조 면에서도 정당과 흡사하고, 무력이 아닌 공론을 통해 정치를 운영했다는 점에서도 현대의 정당 정치에 종종 비견된다.

공론이 중요해진 것은 조선 중기 언관과 사림이 성장하면서였다. 공론을 결정하는 권한은 원칙적으로 국왕에게 있었다. 공론을 주장하는 상소가 국왕에게 올라가고 국왕이 중요한 상소에 대해 응답하는 것은 그 때문이었다. 그런데 사림이 성장하면서 의리는 공적인 것이라는 인식이 확산되었다. 사림은 공의公議를 대변한다고 자부하며 공론에 입각해 국왕과 관료의 전횡을 저지하거나 사림의 요구를 관철시키는 제도와 관행을 만들어 나갔다.

중종 대에는 조정에서 언관의 자율성이 크게 신장되었다. 대표적인 제도가 이조 낭관의 자천自薦이었다. 이조 낭관은 언론을 담당하는 삼사三司, 사헌부·사간원·홍문관 당하관[7]에 대해 추천권을 갖는 중요한 자리였다. 이 같은 이조 낭관에 대한 자천권은 대략 중종 대에 관행으로 정착되어 언관 임명의 자율성이 높아졌다. 이후 낭관과 언관은 밀접한 연계를 가지며 국왕, 고위 관료, 훈척에 대한 비판을 활발히 수행했다.

언관들의 입지가 강화됨에 따라 언관 후보 집단인 유생 일반의 정치적 입지도 강화되었다. 17세기에 들어서 유생들의 상소는 재야의 언론이 되어 산림과 함께 붕당의 정책을 대변하게 되었다.

언관과 유생들이 활발하게 공론을 표방하고 나서자 이를 옹호하는 논리와 관행도 정착되었다. '언관은 국왕의 이목耳目, 선비士는 국가의 원기元氣'라는 말이나 '선비의 기풍이 국가의 흥망과 관계있다'는 말이 자주 쓰이면서 언관과 유생들

7 **당하관** 정3품 하(下) 이하의 품계에 해당하는 벼슬을 통틀어 이르는 말. 문관은 통훈대부(通訓大夫), 무관은 어모장군(禦侮將軍) 이하의 품계에 있는 자. 조정에서 의례를 행할 때 당(堂) 아래에 있다 해서 붙여졌다.

김홍도의 「수찬행렬」 영조 때 문신인 담와 홍계희를 주인공으로 하는 평생도 중 한 폭. 수찬은 홍문관의 정5품 관직이다. 홍문관은 최고의 문필 기관이자 언론기관으로 그 관원은 청요직으로 여겨졌고 정승, 판서 등 고위 관리들은 예외 없이 이곳을 거쳐 갔다. 국립중앙박물관 소장. 비단에 엷은 채색. 세로 77.0센티미터, 가로 38.0센티미터.

의 자유로운 의사 표명을 가능케 했다. 실제로 언관이나 유생은 상당한 수준의 비판을 개진할 수 있었다. 또한 상소 외에도 권당^{捲堂}8 같은 동맹휴학, 권간^{權奸}으로 지목받은 인사를 유적^{儒籍, 유생의 명부}에서 삭제하는 등의 방법을 동원해 공론을 관철했다.

언관과 유생의 발언에 대해 국왕이나 권신^{權臣}들은 반발하고 탄압할 수 있었다. 하지만 유생은 국가의 원기이므로 죄줄 수 없다는 논리는 이미 상식이 되어 있었다. 심지어 국왕이 처벌하려 해도 대신 이하는 의례적으로, '언관이나 유생의 상소가 예법에 서투르기 때문'이라거나 '과격한 표현이 있더라도 마음은 봐줄 만하다'는 식으로 옹호하게 마련이었다. 이 같은 관행이 정착된 것은 공론의 활성화가 가져오는 긍정성을 공유했기 때문에 가능했다.

붕당정치가 성숙해지자 언관과 유생을 비롯한 붕당 구성원들의 공론 대결은 더욱 치열해졌다. 논쟁이 치열해질수록 붕당은 스스로 공론을 대변한다고 여겼지만 점차 당론과 구별하는 것이 어려워졌다. 따라서 공론의 '공^公'을 둘러싼 논쟁이 발생하지 않을 수 없었다.

공은 바름^直이나 옳음^正일 수도 있고, 마치 지금의 '데모^{demo, people}'처럼 '다수의 공공^{公共}'일 수도 있으며, 누구나 수긍할 수 있는 보편이나 공공의 구조일 수도 있었다. 전자로 본다면 공을 둘러싼 시시비비를 가리는 일이 중요하고, 후자로 본다면 조정을 하거나, 법 혹은 공공 시스템을 중시하게 된다. 17세기에 공을 두고 벌어진 송시열과 서필원 사이의 논쟁은 그 두 경향을 대변한 것이었다.

1663년^{현종 4} 청의 사신이 왔을 때 홍문관 수찬 김만균은

8 **권당** 성균관을 비롯한 학교의 유생들이 집단 휴학으로 의사를 표출하는 일종의 시위. 공관(空館) 역시 비슷하다. 권당이 일어나면 조정은 대사성 등을 통해 타이르거나 주동자를 정거(일정 기간 동안 과거 응시를 금지)하는 등으로 대응했다.

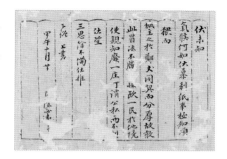

자신의 할머니가 병자호란 때 죽었으므로 사신 접대를 수행할 수 없다고 상소했다. 이
에 대해 서필원은 그처럼 개인 상황을 일일이 용인하면 공적인 업무가 수행되지 않아
조정의 기강이 서지 않는다고 비판했다. 그러자 송시열은 김만균이 내세운 의리는 겉
으로는 사의私義인 듯하지만 인륜과 의리에 근본한 지공至公의 표출이므로 국가의 의
리는 그것에 기반해야 설 수 있다고 반박했다.

논쟁은 현종이 김만균을 파직시키는 선에서 해결되었다. 하지만 이 논쟁은 당시
공의 의미가 여러 각도에서 해석되고 있음을 보여 주었다. 서필원은 국가公와 개인私
사이에 적절한 분리가 필요하다는 입장이었다. 개인마다 처지를 내세우면 국가 업무
가 수행될 수 없기 때문이다. 반면 송시열은 인간의 심성에서 나오는 보편 의리가 곧
공이고, 국가의 공 역시 이에 기반해야 한다고 주장했다. 두 차이는 공에 대한 전제가
다르므로 해결될 수 없었다.

이처럼 공론을 두고서도 엇갈리는 해석은 얼마든지 가능했다. 한 붕당이 공론에
입각해 상대방을 비판하면, 상대방도 공론을 내세워 반박했다. 모두가 공론의 대변자
일 수도 있고 모두가 공론에 위배된다는 비판을 받을 수도 있었다.

시스템도 문제가 없지는 않았다. 이조 낭관 자천권은 긍정적 효과 못지않게 한 정
파가 독점한다는 비판도 늘 따랐다. 애초 붕당이 동서로 갈라진 것도 이조 낭관 임명
을 둘러싼 갈등이었다. 사헌부와 사간원의 탄핵이나 감찰도 원칙적으로는 만장일치
제를 통해 최대한 공정성을 확보하려 했지만, 현실에서는 소수 의견을 지닌 사람이 자
리를 피했으므로 몇몇의 의논만으로도 탄핵이나 비판이 가능했다.

붕당-언관, 유생-공론으로 이어지는 구조가 조정되는 것은 영조가 이조 낭관 자
천권을 폐지하고 정조가 직접 공리公理의 담당자를 자임하고 나서는 18세기의 탕평기
를 기다려야 했다.

17세기 조선의
붕당과
영국의 당파

17세기 후반 조선의 예송은 붕당들의 전후 공조가 깨지고 사생결단의 당쟁이 벌어질 것을 예고하는 사건이었다. 두 차례 예송의 결과 남인 정권이 수립된 가운데 경신환국으로 나아가던 1679년숙종 5, 영국에서는 왕위 계승을 둘러싸고 조선의 붕당정치와 비슷한 정치 상황이 전개되고 있었다. 찰스 2세의 동생인 요크공이 가톨릭교도란 이유로 그의 왕위 계승을 배제하려는 법안이 의회에 상정되면서 의회는 두 개의 당파로 갈라졌다.

왕위 배제 법안에 찬성하는 의원들은 반대하는 세력을 '토리당'이라 부르며 경멸했다. '토리Tory'는 아일랜드의 떠돌이 도적 집단을 의미하는 말이었다. 또 반대 세력은 찬성 측을 역시 경멸하는 의미에서 17세기 중반 스코틀랜드의 폭도를 뜻하는 '휘그Whig'를 사용해 '휘그당'이라 불렀다. 왕권을 옹호한 토리당은 귀족·지주·국교도 등을 중심으로 보수 노선을 표방했다. 반면 왕위 계승에 개입함으로써 왕권을 제한하려 한 휘그당은 귀족을 지도자로 하면서도 상인·비국교도 등의 지지를 받고 있었다.

왕권을 옹호하는 당파와 왕권을 제한하려는 당파가 대립하는 모습은 예송 당시의 남인과 서인을 연상시키는 측면이 있다. 그렇다면 이후 전개 과정은 조선과 영국이 반대의 길을 걸은 셈이다. 조선의 예송은 환국과 탕평으로 이어지며 조정자·판결자로서 왕의 권위가 높아지는 길을 연 반면, 토리당과 휘그당의 싸움은 왕권의 약화와 시민혁명으로 이어졌기 때문이다.

권리장전 명예혁명의 결과 1689년 12월 의회에서 '신민(臣民)의 권리와 자유를 선언하고 왕위 계승을 정하는 법률'이라는 이름으로 제정된 법. 영국 의회정치의 기초를 세우고 절대주의를 끝냈다.

왕위 배제 법안을 둘러싼 대결에서는 토리당이 승리해 요크공은 제임스 2세로 즉위했다. 그러나 제임스 2세가 가톨릭교도를 관리로 등용하고 국민이 싫어하는 상비군을 설치하는 등 가톨릭 부활 정책과 절대왕정을 추진하자 의회는 그에게 등을 돌렸다. 휘그당은 물론 가톨릭에서 분리된 영국국교회를 지지하는 토리당도 가톨릭 일변도의 정책을 좋아할 리 없었다.

1688년 의회는 영국의 자유와 권리를 수

호하기 위해 네덜란드에 있던 오라녜공 빌럼과 메리 부부를 불러들였다. 빌럼 부부가 1만 5000명의 군대를 이끌고 귀국하자 제임스 2세는 망명하고 부부는 공동으로 왕위에 올랐다. 이듬해 의회는 왕권을 제한하고 의회의 권리를 수호하는 권리장전을 제출해 국왕 부부의 승인을 받았다. 이 역사적 사건은 적어도 잉글랜드 지역에서는 유혈 사태 없이 이루어졌다 해서 '명예혁명'으로 불린다.

명예혁명을 주도한 휘그당은 이후 100년 가까이 월폴 경 등의 지도 아래 영국 정치를 주도해 나갔다. 19세기부터는 신흥 시민계급과 제휴해 자유주의적 개혁을 목표로 선거법 개정 등을 추진하면서 자유당이라는 근대 정당으로 바뀌어 나갔다. 한편 토리당은 18세기 말 프랑스혁명에 대한 공포에서 일어

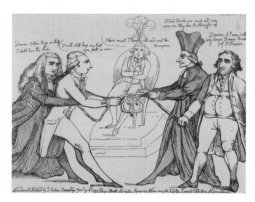

토리당과 휘그당의 힘겨루기를 묘사한 풍자만화

난 보수적 풍조 아래 약 50년간 정권을 잡았으나, 산업혁명이 전개되고 자유주의적 풍조가 일어나자 이에 대응하면서 보수당이라는 근대 정당으로 변신한다.

조선의 붕당, 영국의 휘그·토리당은 공적인 정강과 정책을 가지고 권력을 추구하는 근대 정당은 아니었다. 그러나 영국의 사례처럼 근대 정당으로 발전할 싹은 가지고 있었다. 조선의 붕당이 새로운 사회 세력을 흡수해 근대 정당으로 이어지는 것을 막은 핵심 요인은 18세기의 강력한 왕권이었을까, 19세기 말의 제국주의 침략이었을까, 아니면 그 자체의 한계였을까?

윌리엄 3세(오라녜공 빌럼)와 메리2세 메리는 제임스 2세의 장녀였지만 아버지와 달리 프로테스탄트 신자였다. 빌럼 부부가 군대를 이끌고 귀국하자 수많은 귀족이 그들의 편으로 넘어갔으며 제임스 2세의 둘째 딸인 앤도 언니 편에 가담했다. 제임스 2세는 탈출로를 봉쇄당했지만 맏딸 부부의 묵인 아래 런던을 벗어날 수 있었다. 메리 2세는 남편과 공동으로 왕위에 올라 남편이 없을 때에만 정무를 돌보았다. 사진은 1689년 대관식을 기념하는 그림이다.

4.
탕평을 향하여

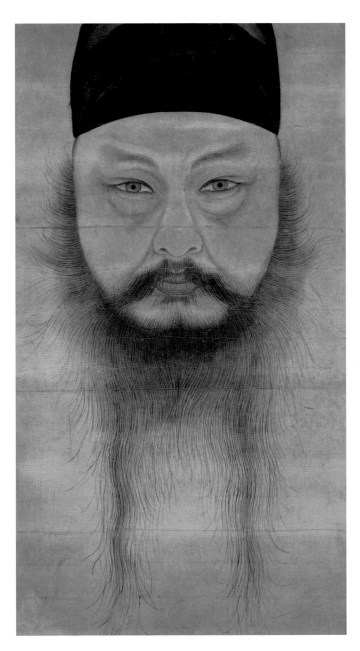

윤두서의 「자화상」 호는 공재(恭齋). 윤선도의 증손이고, 성호 이익과 친분이 깊었다. 형제와 절친한 친구 이잠(이익의 형)이 당쟁으로 죽거나 귀양가자 벼슬에 나가지 않고 학문과 시·서·화로 일생을 보냈다. 겸재 정선, 현재 심사정과 함께 '3재'로 불린 조선 후기의 대표적인 문인 화가이다. 초상화의 최고 걸작으로 평가받은 그의 자화상은 세밀하고 생생한 묘사와 박진감 넘치는 기백이 살아 숨 쉰다. 당대의 치열했던 정치에 대한 울분과 질책이 전달되는 듯하다. 고산윤선도 전시관 소장. 세로 38.5센티미터, 가로 20.5센티미터, 국보 제240호.

1675년 숙종은 남인을 대거 정계에 등용했다. 조정에 진출한 남인은 이내 탁남濁南과 청남淸南으로 분기했다. 허적, 권대운 등을 중심으로 하는 탁남은 다수파였고, 허목, 윤휴가 이끄는 청남은 소수파였다. 탁남은 관료 출신이 많아 서인에 대한 온건한 처벌과 정책 조정에 주력한 반면, 청남은 산림인 허목과 윤휴를 주축으로 서인에 대한 강경한 처벌과 정책 변화에 주력했다. 남인 정권은 탁남이 정치를 이끌면 청남이 이를 비판하는 형식으로 운영되었다.

조정 일각에는 숙종의 외삼촌 김석주와 장인 김만기가 군영軍營 대장으로 건재해 있었다. 이들은 서인 출신으로, 숙종을 보위하는 역할을 자임했다. 이를 의식한 듯 일부 남인은 종친인 복창군 형제[1]와 친하게 지냈다.

남인과 외척의 불안한 동거는 군권을 두고 갈리기 시작했다. 남인들은 군권의 일원화를 위해 도체찰사부都體察使府[2] 설치를 주장했고, 영의정 허적이 도체찰사가 되었다. 그러자 이에 대한 숙종과 외척 김석주의 의구심이 커졌다.

1680년 종친 복선군과 허적의 서자인 허견이 역모를 꾸몄다는 고변이 올라왔다. 숙종은 고변을 계기로 남인 전체를 일거에 정계에서 도태시켰다. 허적, 윤휴 등은 사사되고 허목은 유배되었다. 그리고 숙종은 서인 일색의 정권을 구성했다. 이를 경신환국庚申換局이라 한다. 경신환국은 예송을 통한 교체가 아니라, 역모 사건에 따른 것이었으므로 관련자에 대한 처벌은 예전에 비할 바가 아니었다. 바야흐로 붕당들은 충忠과 역逆을 사이에 두고 가파르게 대치하기 시작했다.

경신환국 당시 최종 처분은 숙종이 내렸지만 전체적인 기획은 외척인 김석주, 김만기 등이 주도했다. 이듬해 김석주

1 **복창군 형제** 복창군, 복선군, 복평군. 인조의 손자이고 인평대군의 아들들이다. 현종의 사촌이고 숙종의 종숙(오촌 삼촌)이다. 1680년 경신환국 때 복선군이 남인 허견의 추대를 받고 역모를 꾸몄다는 죄목으로 모두 사사되었다.

2 **도체찰사부** 한 지역의 군정과 민정을 총괄해 다스리는 임시 관청. 정승이 도체찰사가 되어 지휘한다. 고려 말기에 처음 등장했다. 숙종 초반에 윤휴가 북벌의 총괄 기구로 상설화를 건의했으나 실제 운영은 허적이 맡았고 큰 활동은 없었다.

외척의 대표 김석주 호는 식암(息庵). 김육의 손자. 1674년 갑인예송 때 남인의 영수 허적과 결탁해 송시열, 김수항을 숙청했으나, 남인의 정권이 강화되자 서인과 제휴해 허적을 제거했다. 지나친 정탐정치를 자행하여 서인 소장층에게 반발을 사 노론과 소론의 분기 원인을 제공했다. 1689년 기사환국 때 공신 지위를 박탈당했다가 훗날 복구되었고, 숙종 묘정에 배향되었다. 초상은 국립중앙박물관 소장.

와 김익훈^{김만기의 숙부}은 또 다른 역모 사건으로 남인을 완전히 숙청하려 했다. 그런데 이 사건은 정탐을 근거로 무리하게 조작한 측면이 강했다. 젊은 서인 관료들은 반발하며 김익훈을 탄핵했다. 그러나 노성한 이들은 김익훈의 공로를 감안해 온건한 처벌을 주장했다. 송시열도 김익훈을 옹호했다. 이로써 서인은 외척에 타협적인 노론과 비판적인 소론으로 재편되었다. 한편 외척을 대표하던 김석주가 1684년^{숙종 10} 사망하면서 서인 외척 세력은 위축되었다.

1688년 겨울에 소의 장씨가 왕자를 낳았다. 장씨는 역관 집안 출신으로 남인과 가까웠다. 해를 넘기자 숙종은 새로 태어난 왕자를 원자^{元子}로 정하고자 했다. 원자는 첫아들이란 뜻이고 추후 강력한 왕위 계승자를 의미했다. 후궁 소생의 생후 두어 달 남짓한 아기를 원자로 정하려는 것에 대해 대다수 서인은 시기상조라고 반대했다. 그러나 숙종은 강한 추진력으로 아들을 원자로 정하고 장씨를 희빈으로 봉했다. 이에 노론의 영수 송시열이 나서 원자 정호를 서둘렀다며 숙종을 에둘러 비판했다. 숙종은 송시열의 간섭에 대해 국본^{國本}을 흔드는 것으로 해석해 서인 대다수를 파직하고 남인을 대거 기용했다. 이것이 1689년^{숙종 15}의 기사환국^{己巳換局}이다.

기사환국은 서인과 남인 사이의 갈등에서 비롯한 것이 아니었다. 그것은 숙종의 거의 독단적인 거사였다. 외척이 퇴조하고 서인이 노론과 소론으로 갈라진 상태에서 숙종의 처분에 제동을 거는 세력은 없었다. 숙종은 기사환국 후 당시 왕비였던 인현왕후를 일반인^{庶人}으로 강등시키고, 원자의 어머니인 희빈 장씨를 왕비로 삼겠다는 전지를 내렸다. 그리고 송시열, 김수항 등 서인의 거물들을 사사했다.

이 일련의 사건은 겨우 반년 남짓한 시기에 일어났다. 표면적으로는 숙종의 급작스러운 독단으로만 보였지만, 처분의 이면에는 서인 붕당의 장기 집권에 제동을 걸고 정국을 장악하려는 계산이 있었다.

인현왕후가 살던 안국동 옛집, 일명 감고당(感古堂) 인현왕후의 부친 민유중의 집이다. 원래 서울시 종로구 안국동에 있었는데 지금은 경기도 여주시 명성황후 생가 옆으로 복원 이전했다. 인현왕후는 폐위된 뒤 이곳에서 거처했다. 인현왕후의 5대손에 해당하는 명성황후도 머물렀고 여기서 왕비로 책봉되었다. 명성황후는 인현왕후를 추모해 '감고당'이란 이름을 붙였다.

재등장한 남인은 권대운, 목내선 등의 탁남을 중심으로 구성되었다. 그들은 명분과 정책에 근거해 자력으로 정권을 장악한 세력이 아니었다. 따라서 그들이 펼친 정책은 기껏해야 서인의 스승인 이이와 성혼의 위패를 문묘에서 빼거나 1680년 경신환국 때 피해를 당했던 남인을 복권시켜 주는 정도의 고식적인 것에 그쳤다. 새 외척으로 등장한 왕비 장씨 일가도 자기 힘으로 정국을 주도해 나가는 힘이 약했다. 왕비 장씨의 오빠라는 이유만으로 총융사에 발탁된 장희재가 권력을 남용하다가 자멸을 초래하는 모습에서 그 취약성을 볼 수 있다.

1694년[숙종 20] 남인과 서인이 서로를 맞고변하는 일이 일어났다. 서인 김춘택 등이 폐비 민씨를 복위시키려는 음모가 있다는 고변이 있자 우의정 민암이 조사에 나섰다. 그러자 이번에는 서인 쪽 유생이 남인 일부의 역모를 고변했다. 당시 중전 장씨보다 숙원 최씨[3]를 새로 총애하던 숙종은 그녀와 가까운 서인의 손을 들어 주었다. 숙종의 처분에 따라 영의정 권대운을 비롯한 남인은 사사되거나 유배되고, 소론 남구만이 영의정에 올랐다. 서인이 5년 만에 다시 권력을 잡은 것이다. 이른바 갑술환국이다.

갑술환국에서는 고변의 진실 따위는 관계없이 오직 숙종의 처분만 중시되었다. 숙종의 처분은 대상만 바뀌었을 뿐 5년 전 기사환국과 동일했다. 숙종은 폐위되었던 민씨를 왕비로 복위시키고, 중전 장씨를 희빈으로 강등했다. 탁남은 정계에서 완전히 도태되었다. 청남계 인사 일부만이 훗날 탕평책에 힘입어 정계에 진출하고 정조 대 정국의 일각을 이루었을 뿐이다.

숙종 전반기의 환국은 종통과 정국 변화를 연결 지은 숙종의 구도에 따라 좌우되었다. 다만 세자[훗날 경종]가 건재하고 희빈 장씨도 세자의 생모 지위를 유지했으므로 왕위 계승을 둘러싼 정쟁의 불씨는 여전히 남아 있었다.

3 **숙원 최씨** 본관은 해주이고 최효원의 딸이다. 인현왕후를 섬기며 궁중 생활을 했다. 인현왕후의 복위를 기도하는 모습이 눈에 띄어 승은을 입고 1693년에 숙원이 되었다. 1694년에 연잉군(훗날 영조)를 낳고 1699년에 숙빈에 봉해졌다.

학문과 정치는
둘이 아니라
하나다

환국의 명분은 어떤 붕당의 행위가 왕권의 정통성을 흔드는가 아닌가였다. 일단 환국이 시작되면 하루아침에 충과 역이 갈리곤 했다. 그때 각 붕당은 잘못된 행위가 마음과 학문의 잘못에서 나온 것이라는 논리로 상대를 맹공격했다. 사상과 정치를 바로 연결 지은 것이다. 따라서 정치가 치열해질수록 사상 논쟁도 치열해지게 되었다. 환국기에는 정치 투쟁을 충역시비忠逆是非라 했고, 사상 논쟁은 사문시비斯文是非4라 했다.

서인과 남인 사이의 사문시비는 송시열과 윤휴의 대립이 대표적이다. 윤휴의 집안은 북인이었지만 그의 생전에 이미 와해되었으므로 의미가 없었다. 그는 붕당에 상관없이 남인, 서인과 폭넓게 교유했다. 오히려 송시열·송준길·윤선거 등 서인 학자들과 더 돈독한 관계를 맺을 정도였다. 젊은 시절 윤휴는 송시열과 의기투합해 함께 병자호란의 치욕을 씻자고 다짐하기도 했다. 송시열은 윤휴보다 10세나 연상이었지만 윤휴의 재주와 학문을 높이 평가하고 그의 절개를 백이伯夷5에 비유하기도 했다.

그러나 이후 송시열과 윤휴는 점차 학문적, 정치적으로 다른 길을 걸었다. 송시열은 서인을 대표하는 산림으로 효종 대 이래 정계와 학계에서 활약했다. 그는 주자가 살았던 남송 대의 역사적 상황을 그대로 조선에 적용해 주자의 사상과 실천을 조선에 적용하려 했다. "주자 저술의 일점 일획도 바꾸지 말라."라는 유명한 말에서 알 수 있듯이, 송시열은 학문에서도 주자의 저술을 그대로 믿고 따랐다.

윤휴 역시 주자를 존경했으나 주자의 학문은 조선의 현실에 맞추어 가감될 수 있다고 보았다. 그는 주자의 대표적 저술 『중용장구中庸章句』와 『대학장구大學章句』6에 대해 자신의 의견을 붙여 재해석했다. 윤휴의 작업은 보기에 따라서 주자를 수정한 것으로 아니면 새 학설을 주장한 것으로 해석될 수 있었다.

4 **사문시비** 유교의 정통과 이단을 가리는 논쟁. 사문은 공자가 "하늘은 이 도를 없애지 않으실 것이다(天地未喪斯文也)."라고 말한 이래 유교 혹은 유교 문화를 의미하게 되었다.

5 **백이** 상대 고죽국의 왕자. 주 무왕이 상을 토벌하자, 그 행위가 인의에 위배된다 해서 아우인 숙제와 함께 수양산에 들어가 고사리를 캐 먹다가 굶어 죽었다. 후대에 청절(淸節)의 상징으로 추앙받았다.

윤선거 처 공주 이씨 정려(旌閭) 윤선거의 처이자 윤증의 어머니인 공주 이씨의 정려. 공주 이씨는 병자호란이 일어나 가족과 함께 강화도로 피란을 갔으나, 강화도가 함락되자 오랑캐의 손에 죽느니 차라리 목숨을 끊겠다며 자결했다. 그 뒤 조정에서는 정경부인을 증직하고 1681년에 정려를 내렸다. 충청남도 논산시 노성면 윤증 고택 바로 앞에 있다.

주자에 대한 윤휴의 수정은 한 세기 앞선 16세기나 한 세기 뒤인 18세기라면 그리 문제 될 수준이 아니었다. 그러나 17세기에 주자학이 이념으로 강화되는 상황에서 서인은 주자의 저술에 대해 수정된 견해를 제기하는 윤휴를 용납할 수 없었다. 서인은 유학을 어지럽힌 이단이란 의미의 '사문난적斯文亂賊'으로 윤휴를 공격했다. 윤휴는 1680년 경신환국 때 역모에 관련되었다는 이유로 사사되었다. 같은 시기에 사사된 허적은 1689년 기사환국 때 신원되었지만 사문난적이라는 학문적 낙인이 찍힌 윤휴는 복권되지 않았다. 그가 복권된 것은 20세기 초였다.

서인과 남인과의 사문시비는 서인의 승리로 귀결되었다. 그런데 1680년 경신환국 이후 집권한 서인이 노론과 소론으로 갈라지자 이번에는 그들 사이에 사문시비가 일어났다. 여기에는 노론과 소론의 학문적 지도자로 추앙받는 이들 사이의 개인적, 학문적 갈등이 한몫했다. 당시 노론과 소론 사이에 벌어진 가장 큰 논쟁은 이른바 '회니시비懷尼是非'였다. 논쟁의 두 주역인 송시열과 윤증이 각각 충청도의 회덕과 이산에 살았기 때문에 붙여진 이름이었다.

회니시비는 매우 오랫동안 복잡하게 전개되었는데 그 대강은 다음과 같다.

성혼의 외손자 윤선거는 원래 송시열, 윤휴와 절친했다. 그런데 송시열과 윤휴가 주자 저술에 대한 입장에서 차이를 보이자 송시열은 윤휴와 절교했고, 윤선거는 송시열의 압박으로 마지못해 윤휴와 절교했다.

윤선거의 아들 윤증은 송시열의 수제자였다. 윤선거가 죽자 윤증은 부친 윤선거의 묘갈명墓碣銘7을 스승인 송시열에게 부탁했다. 평소 윤휴에 대한 윤선거의 태도를 탐탁치 않게 여기던 송시열은 묘갈명을 무성의하게 써 주었다. 그러

6 『**중용장구**』와 『**대학장구**』 『중용』과 『대학』은 원래 『예기(禮記)』의 한 편이었다. 주자가 두 편에 주석을 붙여 따로 한 권씩의 책을 만들고, 『논어』, 『맹자』와 더불어 사서(四書)로 불렸다. 『중용』과 『대학』은 전통적으로 주희의 『중용장구』와 『대학장구』를 의미하며, 두 책은 주자학의 핵심을 보여 주는 중요한 텍스트가 되었다.

7 **묘갈명** 묘갈은 무덤 앞에 세우는 머리 부분이 둥그스름한 작은 비석. 묘갈명은 여기에 새기는 글로, 보통 망자의 행적을 짧게 정리한다.

송시열의 제자이자 맞수인 윤증 윤선거의 아들로 김집의 문하에서 주자에 관해 배우고, 김집의 권유로 송시열의 가르침을 받았다. 그러나 서인이 노론과 소론으로 분기할 때 소론의 영수로 스승인 송시열과 대립하게 된다. 그가 살던 이성(지금의 충청남도 논산시 노성면)은 이른바 '충청도 양반'의 본거지로, 그의 고택 주변에는 향교, 궐리사(闕里祠) 등이 있어 이 지역의 유학을 이끌어 갔다.

자 이에 불만을 가진 윤증은 스승인 송시열의 독선을 비판하는 편지를 작성했다. 윤증은 그 편지를 보내지 않았지만, 송시열은 다른 경로로 그 편지의 내용을 전해 받게 되었다. 송시열은 분노했고, 두 사람은 논쟁 끝에 결별했다.

회니시비의 발단이나 전개는 사사로운 차원이었다. 그것이 노론과 소론의 분당에까지 영향을 미친 것은 의리와 관련한 논쟁으로 번졌을 뿐 아니라 붕당의 학문 정통을 세우는 일과도 연결되었기 때문이다. 의리와 관련한 논쟁은 윤휴의 학문에 대한 평가, 윤선거의 강화도 행적[8]에 대한 평가, 스승 송시열과 부친 윤선거에 대한 윤증의 태도 등에 대한 것이었다. 이는 노론과 소론의 의리에 대한 상호 검증까지 확대되어 조정과 재야를 막론하고 큰 논쟁에 휩싸였다. 그 와중에 노론은 이이-김장생-송시열로 이어지는 학통을 세우고, 소론은 성혼-윤선거-윤증으로 이어지는 학통을 세웠다.

노론과 소론 사이의 사문시비는 회니시비 외에도 몇몇 사건이 더 있었다. 노론은 소론 학자 박세당의 『사변록思辨錄』, 최석정의 『예기유편禮記類編』 등을 문제 삼아 또 다른 논쟁을 벌여 나갔다. 회니시비는 윤선거와 유계가 공저한 『가례원류家禮源流』 논쟁으로 또다시 불붙었다. 일련의 논쟁은 결국 숙종이 개입해 노론의 손을 들어 줌으로써 일단락되었다.

사문시비는 학문적 논쟁에 그치지 않았다. 논쟁의 와중에 종종 '그릇된 마음이 그릇된 학문을 낳고, 그릇된 학문이 그릇된 정치 행위를 낳는다'는 식의 논리가 동원되어 사문시비와 충역시비를 바로 연결했다. 숙종도 학문 간의 논쟁에 개입해 사문시비를 정치적으로 발화시켰다. 이 같은 학문과 정치의 연결은 18세기 들어 영조가 탕평책을 전개하면서 사문시비를 학자들 사이의 논쟁으로 제한해 충역시비와 연결되는 고리를 끊자 현저히 영향력이 약화되었다.

8 **윤선거의 강화도 행적** 병자호란 때 윤선거는 부인, 친구와 함께 강화도가 함락되면 죽기를 약속했다. 강화도가 함락되자 부인과 친구들은 죽었으나, 윤선거는 노모가 계셔서 강화도를 탈출했다. 윤선거는 이를 자책해 끝내 벼슬에 진출하지 않았다.

1694년 갑술환국으로 남인이 몰락한 이래 소론이 주도하고 노론이 일부 안배된 정국이 10여 년 지속되었다. 소론의 영수 남구만은 일진일퇴를 거듭하며 원한이 쌓여 가는 환국에 대해 비판적이었다. 그는 갑술환국 이듬해에 상소를 올려, "염탐을 자행하고 역모를 조작하거나 고변을 통해 일거에 정국을 뒤집고, 국왕의 처분이 내려지면 상대방을 역적으로 몰아 극단적으로 처벌하는 일이 되풀이되고 있다."라고 주장했다.

이처럼 남구만은 온건한 조정을 통해 정국을 진정시키려 했고, 권대운 등 역모와 무관한 남인을 신원하려 노력했다. 그러한 소론의 노선은 갑술환국 이후 최대의 정치 문제였던 세자의 외숙부 장희재에 대한 처분에서도 잘 나타난다. 당시 장희재는 복위한 중전 인현왕후를 모해했다는 혐의를 받고 있었다. 그러나 남구만 등은 장희재를 죽이면 세자가 불안해진다고 주장해 유배를 보내는 데 그쳤다.

그러나 세자와 희빈 장씨에게 온정적이었던 소론 주도의 정국은 18세기에 들어서며 흔들리기 시작했다. 1701년^{숙종 27} 8월 병을 앓던 인현왕후가 승하했다. 그로부터 두어 달 뒤 희빈 장씨도 왕비를 몰래 음해한 일이 발각되어 사사당했다. 희빈 장씨의 오라버니인 장희재도 죽음을 면할 수 없었다. 그리고 남구만, 최석정[9], 윤지완 등 세자를 감싸고 돌던 소론의 지도자 또한 일시적으로 정계에서 물러났다.

숙종 30년^{1704~1713}를 지나면서 노론이 소론의 학문과 명분을 비판하는 일이 잦아졌다. 첫 사건은 '이경석 비문^{碑文} 논쟁'과 박세당이 저술한 『사변록』에 대한 시비였다. 이경석은 병자호란 후에 쓰여진 삼전도비문의 작자였다. 어쩔 수 없이 쓰긴 했지만 그는 이 때문에 끝내 송시열의 비난을 받게 되었다. 이경석이 죽은 후 1702년^{숙종 28} 소론 학자 박세당은 이경석의 비문을 지으면서 송시열의 편협함을 비판했다. 한편 박세당은 사서^{四書} 등을 독창적으로 주해한 『사변록』을 1693년에 저술해

9 **최석정** 호는 명곡(明谷). 최명길의 손자이다. 남구만에 이어 수차례 영의정에 올라 소론이 주도하는 정국을 이끌었다. 유학뿐 아니라 수학에도 조예가 깊어 『구수략(九數略)』을 지었다.

병신처분의 빌미가 된 『가례원류』
주자가 저술한 『가례』의 본문에 유학의 경전 및 학자들의 주설을 단책이다. 노론 측에서는 유계의 단독 저작으로, 소론에서는 유계와 윤선거·윤증 부자의 공동 저작으로 간주해 논쟁의 빌미가 되었다. 규장각 한국학연구원 소장. 14권 8책.

세간에 알리고 있었다.

박세당이 이경석의 비문을 지은 이듬해, 노론 유생들이 공개적으로 박세당을 사문난적이라 비판했다. 박세당이 비문에서 송시열을 비판한 것과 『사변록』의 내용을 문제 삼은 것이었다. 이에 대해 소론 학자와 관료들이 박세당을 엄호해 큰 논쟁으로 번졌다. 이 논쟁은 숙종이 박세당을 유배 보내고 노론 학자 김창협에게 『사변록』을 변파辨破, 잘못을 밝힘시키는 등 전체적으로 노론의 입장을 지지해 종결되었다.

이와 흡사한 과정이 1709년숙종 35에도 일어났다. 최명길의 손자 최석정이 지은 『예기유편』을 둘러싼 논쟁이었다. 이 책은 『예기』를 저본으로 하고 일부 내용을 사서·『효경』 등과 비교해 재정리한 것으로, 1693년에 초판이 간행되어 이미 16년을 넘긴 상황이었다.

당시 노론은 대보단 건립을 주도하면서 병자호란 때 강화를 주도한 최명길을 공격하고 있었다. 그런 최명길의 손자가 쓴 『예기유편』이 경연 교재로 채택되자 노론 유생들이 들고일어났다. 이 책이 주자의 학설을 바꾼 것이라면서 최석정을 윤휴와 박세당에 이은 이단이라고 비판한 것이다. 숙종은 처음에는 영의정인 최석정을 옹호했다. 그러나 이듬해 노론의 주장을 수긍해 『예기유편』을 불태우고 최석정을 사직시킨 뒤 노론 측의 이여[10]와 김창집을 영의정, 우의정에 임명했다. 이로써 노론은 소론에 대해 우세를 차지하게 되었다.

『예기유편』 논쟁 후에도 몇 년간은 노론의 우세 속에 소론이 함께 참여하는 정국을 이루었다. 그 불안한 균형은 1714년숙종 40부터 깨지기 시작했다. 1714년 소론 산림 윤증이 사망했을 때 최석정이 제문祭文에서 송시열을 비판했다. 이에 대해 노론 유생들은 최석정이 송시열뿐 아니라 효종까지 비방했다면서 시비를 걸었다.

10 **이여** 숙종 때의 문신. 호는 수곡(睡谷). 노론에 속했으나 당론이 지나치게 치열해지는 것을 경계했다. 숙종 후반에 좌의정, 영의정을 역임했다.

1717년, 노론의 세 정승
왼쪽부터 영의정 김창집, 좌의정 이이명, 우의정 권상하이다. 숙종 43년 5월 12일 숙종은 세 정승을 모두 노론으로 임명했다. 초상은 삼성미술관 Leeum, 일본 덴리대학교, 개인 소장.

이 대립은 이듬해 『가례원류』 시비로 절정에 이르렀다. 『가례원류』는 병자호란 뒤 서인 학자 유계와 윤선거가 『가례』에 관한 여러 학자의 견해를 분류해 편집하고 훗날 윤선거의 아들 윤증이 보완한 저작이었다. 훗날 유계의 손자 유상기가 이 책을 간행하고자 윤증에게 초본을 청했는데, 윤증은 이를 공동 저작으로 간주하고 내주지 않아 마찰이 생겼다. 유상기는 결국 다른 초본을 구해 간행했다. 그 간행본에 서문과 발문을 쓴 권상하와 정호[11]가 윤선거와 윤증을 비난했고, 1714년 이 책을 숙종에게 올리면서 공식적인 문제로 불거졌다.

『가례원류』의 저작권에서 출발한 논쟁 주제는 송시열과 윤선거, 송시열과 윤증 사이에 벌어졌던 회니시비의 쟁점들에 대한 평가로 다시 불붙었다. 논쟁에는 노론과 소론의 학자, 관료들은 물론 숙종까지 개입해 1716년^{숙종 42}까지 진행되었다.

숙종은 처음에는 '아버지가 중하고, 스승은 가볍다'는 논리를 들어 윤증의 입장을 지지하고 노론 관료들을 축출했다. 그러나 1716년 7월 숙종은 윤증이 송시열을 비판한 이른바 「신유의서」[12] 등 회니시비 관련 문서를 검토한 후, 송시열이 옳고 윤증이 잘못되었다는 '병신처분'을 내렸다. 또 숙종은 윤선거의 문집 판본을 없애고, 윤선거-윤증 부자에 대한 선정^{先正, 선대의 뛰어난 신하} 칭호를 금지하고, 관작을 삭탈하는 조치를 차례로 내렸다.

1717년^{숙종 43} 5월, 숙종은 김창집을 영의정, 이이명을 좌의정, 권상하를 우의정에 임명한다. 노론이 정승을 독차지한 노론 삼상^{三相} 정권이 성립한 것이다. 노론이 남인, 소론과 오랫동안 사문시비, 충역시비를 벌이고 난 후에 차지한 일당전제였다.

그해 7월, 숙종은 좌의정 이이명과 독대한 직후 세자^{훗날}

11 **정호** 숙종~영조 대 노론의 강경파 문신. 송시열의 문인. 회니시비 등의 논쟁에서 소론 공격에 앞장섰다.
12 **「신유의서」** 송시열이 윤선거의 묘갈명을 성의 없이 써 주자 윤증이 작성한 편지. 친구 박세채의 만류로 보내지 않았다. '의서'는 써 놓고 보내지 않은 편지를 말한다.

장희빈 묘 궁녀의 신분으로 왕비까지 올랐던 희빈 장씨의 묘. 경기도 고양시 서오릉 안쪽 깊숙한 곳에 자리잡고 있다. 서오릉에는 숙종과 인경왕후·인현왕후·인원왕후의 능 또한 자리잡고 있다. 희빈 장씨의 묘는 원래 경기도 양주에 있었는데, 숙종 45년에 경기도 광주로 옮겼다가 1969년에 다시 이곳으로 옮겼다. 경종이 즉위하고 희빈을 옥산부대빈에 추존했으므로 대빈묘라고도 한다. 규모도 작고 석물 등도 초라하다. 사적 제198호.

경종의 대리청정을 관철했다. 대리청정이 독대라는 비상한 절차를 거쳐 시행되었으므로 소론은 세자의 왕위 계승과 관련한 모종의 시나리오가 있는 것으로 의심했다. 세자는 희빈 장씨의 소생으로 남인, 소론과 친했다. 따라서 일부 소론은, 세자에게 대리청정을 하게 한 뒤 흠을 잡아 세자를 자리에서 끌어내리고 숙종과 숙빈 최씨의 소생인 연잉군^{훗날 영조}을 대안으로 삼는 음모가 숙종과 노론 정권 사이에 있는 것 아니냐고 의심했던 것이다.

숙종 말년은 겉으로는 노론이 유례없는 정국 주도력을 가진 듯 보였다. 하지만 세자의 왕위 계승을 둘러싼 의혹과 노론과 소론 사이의 갈등은 최고조에 달한 상태였다. 갈등은 결국 경종 대에 전개된 두 차례의 커다란 정치 사건으로 폭발한다. 신축년^{1721, 경종 1}의 환국과 이듬해 임인년의 옥사가 그것이다. 두 사건을 합쳐서 이른바 '신임환국^{辛壬換局}'13이라 부른다. 그때 절정에 오른 갈등이 진정되는 것은 영조 대 초반 두 차례 환국을 더 겪은 뒤의 탕평 선포를 기다려야 했다.

13 **신임환국** 신축년(1721)의 환국과 임인년(1722)의 옥사를 합쳐 부른 말. 신임옥사(辛壬獄事)라고도 한다. 신축환국은 노론이 왕세제였던 연잉군(영조)의 대리청정을 추진하다가 정권을 잃은 사건이다. 임인옥사는 목호룡이라는 인물이 '노론 일부 인물이 경종을 시해하려 한다'고 고변해 귀양 가 있던 4대신을 비롯한 노론 인물들이 대거 처형당한 사건이다.

　우리는 지금까지 숙종 초반에서 영조 초반까지 대략 50여 년에 걸쳐 간헐적으로 발생했던 '환국'의 진행을 지켜보았다. 남인 정권을 일시에 무너뜨린 경신환국[1680]은 환국이라는 급격한 정치 변화가 이전의 정국 전개와는 얼마나 다른 변화를 불러오는지를 뚜렷이 보여 주었다. 경신환국 9년 후에 벌어진 기사환국으로 서인 정권이 무너지고 남인 정권이 수립되었다. 이 사건은 희빈 장씨의 등장과 인현왕후의 퇴장이라는 극적인 사건과 함께 진행되었다. 그러나 기사환국으로 수립된 남인 정권은 오래 가지 못했다. 5년 만에 갑술환국으로 다시 서인으로 정권이 바뀌고, 희빈 장씨는 강등되고, 인현왕후는 복위되었다. 이로써 남인은 정계의 중심에서 사실상 떨어져 나갔다. 이후 소론과 노론으로 갈라진 서인도 경종 대와 영조 초반 몇 차례 더 환국에 휩싸이며 정권을 주고받은 끝에, 영조의 탕평 선포를 맞이하게 된다.

　환국에 앞서 붕당정치의 쟁점이 되었던 예송은 예를 둘러싼 정책 논쟁이었다. 따라서 예송에서 패한 자에 대한 처벌은 예를 그르쳤다는 정도의 수준이었다. 서인이든 남인이든 아직은 상대방에 대해 동류의 사람으로 인정하는 분위기가 있었다. 그러나 환국 정치에서는 역모 행위에 대한 염탐과 고변, 왕위 계승 등 민감한 영역에 대한 입장 등이 복잡하게 얽히고설키면서 사상과 정치가 한 다발로 묶여 돌아갔다. 따라서 환국에 뒤따르는 처벌의 강도는 예송에 비할 바가 아니었다. 각 붕당이 상대방을 근본적으로 부정한다는 것, 정쟁의 결과를 논리적으로 예상하기 어렵다는 것 등이 환국 정치의 특징이었다.

　17세기 후반 숙종 대에 정치가 붕당의 공존에서 환국으로 전환한 것에 대해서는 다양한 시각에서 살필 수 있다. 먼저 붕당의 이념을 중시하는 입장이다. 이 주장은 주로 당대에 자신이 속한 붕당을 지지하는 이들이 주장했다. 유교 정치에서 붕당은 옹호될 수도, 부정될 수도 있는 정치 집단이었다. 이익을 도모하는 집단으로 볼 수도 있고,

인현왕후가 승하한 경춘전 인현왕후는 중전에 복위하고 6년이 지난 1700년 봄부터 다리 통증과 종기 등으로 고생하다 1701년 8월에 창경궁 경춘전에서 승하했다.

올바른 이념의 결사나 개혁 그룹으로 볼 수도 있기 때문이다. 송의 구양수歐陽修가 '군자들의 진붕眞朋'을 긍정한 것이나 주자가 '군주를 옳은 붕당으로 이끌자'고 했던 '인군위당引君爲黨' 등의 논리는 붕당의 존재와 정치력을 긍정하는 강력한 논거였다.

붕당이 이념의 결사로 군자당을 자처한다면, 정치 논리에서는 군자-소인의 분별과 선악의 분별을 강조하지 않을 수 없었다. 상대 붕당을 소인의 붕당으로 공격하게 되는 것이다. 따라서 원칙적으로 붕당의 공존은 불가하며 일당전제를 추구하게 된다. 붕당이 공존하거나 붕당 간의 갈등을 국왕이 기계적으로 조정해 주는 일 따위는 원칙인 의리義理를 절충하거나 편리에 따라 현실을 추종하는 것이라고 비난받았다.

그런 논리에서 보자면 병자호란 이후 현종 대까지 이어진 붕당 간의 공존은 붕당정치 본연의 모습이 아니고, 전후 수습을 위한 임시 선택일 뿐이었다. 예송은 붕당이 성장함에 따라 정책적 차이를 뚜렷이 드러내어 간 시기였다. 그리고 환국 국면에서는 붕당정치가 가장 난숙해져 일당전제를 실현했다. 일당전제야말로 군자당이 정계의 주도권을 장악한 것이라고 보았기 때문이다. 그리고 일당전제를 실현할 수 있는 근거는 올바른 사상이었다고 설명했다.

요컨대 노론의 일당전제는 노론이 주장한 학문과 의리의 결과인 셈이다. 따라서 숙종이 노론과 소론의 오랜 사상 시비에 개입해 노론의 승리를 선언하고 이어 노론 주도의 정국을 조성해 준 1716년의 병신처분은 노론에게 강렬한 인상을 남겼다. 영조 대 이후 노론의 강경파인 준론峻論은 병신처분을 국왕의 이상적인 태도로 간주하고, 국왕들이 그 처분을 재현해 주길 바랐다. 그러나 영조는 사문시비와 정치시비를 차단하고, 정조는 국왕 주도의 의리를 내세웠다. 따라서 18세기 영·정조 대에는 한 붕당이 전제하는 일은 나타나지 않았다.

붕당의 이념보다는 붕당의 실제 모습과 정치 현실을 중시하는 이론도 가능했다.

박세채 호는 남계(南溪). 현종·숙종 대의 문신·학자로 황극탕평론을 펴서 당쟁을 막으려 했으나 결국 윤증과 함께 소론의 영수가 되었다. 유학 전반에 걸쳐 많은 저술을 남겼는데 특히 예학(禮學)에 뛰어났다. 그의 사후 문인 다수는 노론이 되었다. 영정은 경기도박물관 소장. 경기도 유형문화재 제163호.

개인을 군자와 소인으로 확연히 구분할 수 없는 것처럼, 한 붕당을 군자나 소인 일색으로 단정하는 일은 관념적인 구분일 따름이었다. 따라서 이런 이론을 주장하는 사람들은 현실에 존재하는 어떤 붕당이든 군자와 소인이 섞여 있으므로 이를 변별해서 조정하는 일이 중요하다고 보았다.

그러한 조정론의 선구자는 동서 붕당 사이의 화합을 위해 노력한 이이였다. 그의 입장은 박세채가 '황극탕평론皇極蕩平論'을 주장해 계승했다. 박세채는 붕당의 구성원을 근본적으로 사士로 보았다. 따라서 그들에 대해서는 시비가 아니라 우열로 판단하자고 했다. 판단은 국왕이 무편무당無偏無黨의 입지에 섰을 때 가능했다. 그리고 국왕의 조정권은 황극, 즉 의리를 상징하는 절대적 권위로서 중시되었다. 훗날 영조와 정조는 박세채의 탕평론을 크게 중시해 탕평 정치의 이론적 바탕으로 삼았다.

붕당에 대한 국왕의 주도권을 중시하면 환국의 평가도 달라진다. 환국은 붕당의 처지에서는 전제냐 아니냐의 문제였지만, 그 판정은 국왕의 처분에 기댈 수밖에 없었다. 따라서 국왕에게 환국이란 붕당들을 연립시키는 방식에서 적절한 기간 동안 한 붕당에게 정국 주도권을 허용하는 방식으로 변화한 것이었다. 그런데 환국을 통해 한 붕당의 독점을 깨고 다른 붕당을 중용하는 일은 왕권 강화가 전제되지 않으면 성립하기 어려웠다. 그런 점에서 환국은 왕권의 강력함을 반증하는 지표이기도 했다. 최종 판단자였던 국왕의 역할은 환국을 주도한 숙종의 모습에서 이미 나타나고 있었다.

한편 이상의 시각과 달리 환국을 붕당정치가 빚어낸 구조적인 문제로 보는 시각도 있었다. 붕당 자체의 역사로 본다면 붕당의 공존은 붕당이 상호 의존을 통해 성장을 도모하는 과정이었다. 이윽고 붕당이 자기 완결적 구조를 갖추었을 때 공존은 불가능해졌다. 숙종 대 초반부터 나타난 환국과 일당전제는 붕당의 발전이 부른 필연적 결과가 아닐 수 없었다.

환국을 붕당정치의 구조가 빚어낸 결과로 간파한 학자가 이익이었다. 이익은 「붕당론」에서 붕당의 대립은 관직 후보자의 수효와 관직의 불일치에서 기인하므로, 후보자들이 무리를 지어 이권을 다투게 된다는 구조적 원인을 지적했다. 이익은 그 대안으로 과거 급제자의 수를 줄이고, 과거를 준비하는 양반 다수를 생산직으로 돌리는 구조 조정을 주장했다.

마지막으로 숙종 대에는 숙종 개인의 정통성 또한 환국의 큰 요소였음을 지적하지 않을 수 없다. 효종, 현종, 숙종으로 이어진 왕가의 혈통은 후대에 '삼종혈맥三宗血脈'으로 불릴 정도로 인상적이었다. 삼종은 효종–현종–숙종을 말한다. 세 국왕 모두 적자로 왕위에 올라 안정적으로 왕위를 마감했다. 이 같은 사례는 조선왕조 유일의 사례였다.

따라서 숙종은 조선의 어느 국왕보다도 정통성이 견결했고 막강한 왕권을 행사할 수 있었다. 숙종의 위엄은 서인–노론 이념의 상징인 송시열에게 사약을 내릴 정도였다. 숙종은 그러한 위엄에서 나오는 자신감으로 오랫동안 유생들이 주장했지만 왕실에서는 껄끄럽게 미루어 둔 숙제들을 해결할 수 있었다. 세조에 의해 폐위되고 죽임을 당했던 단종노산군의 복위, 단종의 복위를 추진하다 처형당한 사육신의 복관復官, 인조에게 억울한 죽임을 당했던 소현세자빈강빈의 복위 등이 이 시기에 이루어졌다.

이처럼 위풍당당한 숙종의 모습은 이념의 시대로부터 강력한 국왕의 시대로 넘어가는 이행기를 상징하기에 부족함이 없어 보였다. 숙종의 오랜 치세가 끝나고 짧았던 경종 대를 지나면 조선왕조 최장의 재위 기간을 자랑하는 영조의 치세가 열린다. 조선은 바야흐로 고전 왕정의 난숙을 향하고 있었다.

숙종을 지키는 위풍당당 무인석 숙종, 인현왕후, 인원왕후의 능은 명릉으로 경기도 고양시 서오릉 안에 위치한다. 서오릉에는 숙종의 첫째 왕비 인경왕후의 능인 익릉도 있다. 숙종 대 정국 변화의 중심에 있었던 희빈 장씨는 서오릉 안의 대빈묘에 묻혔고, 숙빈 최씨는 경기도 파주시에 있는 소령원에 묻혔다. 경기도 고양시 용두동. 사적 제198호.

17세기의
절대군주

근대 이전 수천 년간 인류 사회의 대부분은 군주 한 사람에게만 주권이 부여되는 전제군주제에서 살았다. 자의식이 발달한 인간의 속성을 고려하면 그렇게 많은 사람이 그처럼 오랫동안 한 사람의 군주에게 주권을 양도하고 그의 신민 되기를 허용했다는 것은 쉽게 납득이 되지 않는 일이다. 특히 국민주권을 당연시하는 현대의 시선에서 볼 때는 더욱 그러하다.

전제군주제는 인간의 본성에 위배되는 체제이기 때문에 온갖 강제력과 수사력을 동원해 권력을 유지하고 강화하기 위해 노력해 왔다. 우리는 그러한 전제군주제의 진화 과정이 도달한 절정의 형태들을 17세기 동서양 각국의 군주제에서 볼 수 있다. 청에서 극점에 다다른 중국의 황제 독재제, 붕당정치의 조정자로 서서히 권력을 회복해 가던 조선의 탕평 군주, 정교政教 분리의 전통을 깨고 수중에 종교의 권위와 정치권력을 집중시킨 오스만튀르크제국의 술탄칼리파, 지방분권적인 봉건제의 틀을 벗어나 모든 사회 계급의 위에 우뚝 선 유럽의 절대군주⋯⋯.

문명 세계에서 거의 비슷한 시기에 전제

왕권의 강화라는 동일한 흐름이 나타난 것은 흥미로운 사실이다. 그러나 이러한 동일한 흐름이 다음 시기인 18, 19세기에 동일한 결과를 낳은 것은 아니다. 특히 영국과 프랑스에서는 절대왕정이 사실은 전제군주제 몰락의 예고편이었던 것으로 판명되고 말았다.

삼십년전쟁을 통해 유럽 최강국으로 등장한 프랑스는 동시대 어느 누구에게도 뒤지지 않은 강력한 전제군주를 배출했다. 인조, 효종, 현종, 숙종의 4대에 걸쳐 프랑스 왕으로 군림한 루이 14세는 아마도 가장 유명한 유럽의 절대군주일 것이다. 그가 실제로 했는지조차 논란 속에 휩싸여 있는 '짐은 곧 국가'라는 말은 유럽 절대왕정을 상징하는 말로 역사에 깊이 아로새겨져 있다.

1643년 루이 14세가 다섯 살 어린 나이로 왕위에 오르자 그를 대리해 국정을 이끈 섭정 마자랭은 왕권 강화를 위해 귀족에 대해 강압적인 정책을 펼쳤다. 그러자 귀족들이 절대왕권에 반대해 반란을 일으켰으니 이를 프롱드의 난이라고 한다. '프롱드Fronde'란 당시 청소년 사이에 유행하던 돌팔매 용구를 가리킨다. 그러니까 프롱드의 난은 귀족들이 왕정에 대해 돌을 던진 사건인 셈인데, 그것은 마지막 돌팔매가 되고 말았다.

1661년현종 2 마자랭이 죽자 루이 14세는 본격적인 통치에 나서 무소불위의 권력을 행사하기 시작했다. 절대왕정의 이데올로기로 알려진 '왕권신수설'은 루이 14세를 위해 준

프랑스 왕 루이 14세(왼쪽)와 무굴제국의 샤 아우랑제브 예순이 넘은 나이에도 화려한 패션을 선보이는 루이 14세의 모습이 프랑스 절대왕정의 절정기를 웅변한다. 그에 비하면 무굴제국 역사상 가장 강력한 황제로 꼽히는 아우랑제브의 말 탄 모습은 오히려 검소해 보이기까지 한다. 루이 14세와 아우랑제브는 사후에 그들의 군주제가 쇠퇴하기 시작했다는 공통점을 갖고 있다.

비된 말이었다. 그는 신이 내려 준 왕권을 방해할 권리를 가진 것은 없다는 오만한 자신감 아래 상비군을 동원해 영토를 확장하는 전쟁을 감행하고, 재무총감 콜베르를 등용해 중상주의 정책을 통한 국부 증진에 힘썼다. 에스파냐를 세력권으로 끌어들이고 합스부르크 가문과의 경쟁을 승리로 이끌어 프랑스를 유럽 최강으로 만든 루이 14세는 국민에게 자신을 '태양왕'으로 부를 것을 당당히 요구했다. 1685년^{숙종 11}에는 신교의 자유를 허용했던 낭트칙령을 폐지해 종교마저 절대군주의 이름으로 통일했다.

그러나 루이 14세의 재위 기간에 프랑스는 고공 행진과 급락을 한꺼번에 경험했다. 잦은 전쟁은 무역으로 벌어들인 돈을 까먹었고 무역마저도 네덜란드와 영국의 도전으로 여의치 않았다. 호화로운 베르사유 궁전에서 벌이는 사치스러운 연회는 귀족들을 파산시키는 데서 그치지 않고 태양왕 자신의 밑천

마저 바닥이 보일 지경으로 몰아갔다. 낭트칙령 폐지는 부메랑으로 돌아와 프로테스탄트의 무장봉기를 초래하고 신교 국가들과의 전쟁을 피할 수 없게 만들었다. 재위 만년에 패배를 거듭해 위신과 국력을 잃어 간 루이 14세는 병든 몸으로 초라하게 죽어 갔다.

'짐은 곧 국가'라는 말이나 왕권신수설은 고도로 발달한 전제군주제의 전통 위에 선 동아시아 군주들에게 초보적인 논리로 보였을지 모른다. 그런데도 루이 14세가 그토록 강한 권력을 수중에 넣을 수 있었던 것은 유럽의 독특한 역사적 조건 때문이었다. 귀족과 시민 계급이 어느 쪽도 완전한 우위를 점하지 못한 시대에 왕정은 양쪽 모두를 딛고 서서 초월적 권력을 행사할 수 있었다. 그러나 대립의 균형이 무너지는 순간 왕정의 앞날은 보장할 수 없는 것이었고, 그 불안한 미래는 다음 세기에 바로 현실이 되어 루이 14세의 후손들에게 들이닥쳤다.

조선 후기 유교 문화의 이모저모

'홀로 남은 유교 왕국'의 시공간

일상 나 중심에서 조상 중심으로

고려 시대 '나' 중심으로 조상 생각하기

부계와 모계를 동등하게 파악하는 통념이 조상에 대한
생각에도 반영되었다. 조부모, 증조부모, 고조부모를
다 나타내는 팔조호구(八祖戶口) 등이 유행했다. 이때
가계도는 나를 중심으로 역피라미드 형태를 띤다.

위로 올라갈수록 넓어지는 가계도

나를 중심으로 부모, 조부모 4인, 증조부모 8인, 고조부모
16인을 위로 올라가며 파악한다. 이 관념은 조선 후기에도
종종 작성된 팔고조도(八高祖圖)를 통해 볼 수 있다.

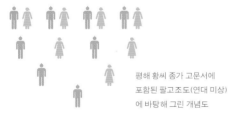

평해 황씨 종가 고문서에
포함된 팔고조도(연대 미상)
에 바탕해 그린 개념도

나

조선 전기 과도기 – 하향식 족보의 등장

조선 초기부터 시조로부터 자손이 퍼져나가는 하향식
족보가 등장했다. 그런데 초기 족보에서는 친손과 외손
을 동등하게 보고 딸과 사위, 외손 등도 모두 기록했다.

『안동권씨성화보』

친손과 외손을 모두 포함하는 자손보 형태. 성화보는 현전
하는 가장 오래된 족보이다. 기재된 9000여 명 중 친손은
867명에 불과하고 대부분이 외손과 그들의 자손이다.

남귀여가혼(男歸女家婚) 조선 전기까지 신랑이 장
인 집에 들어가 살던 혼인의 일반적 형태. 남귀여
가혼에서는 출산과 육아의 상당 기간을 외가에서
담당했다. 이는 17세기를 기점으로 점차 사라지
고 신부가 시댁으로 시집가는 일이 보편화된다.

오죽헌 : 강원도 강릉 신사임당의 친정에 있는 별채.
신사임당의 아들인 이이는 외가인 이곳에서 태어나
유년 시절을 보냈다.

유교 문화는 17세기에 뿌리를 내려 현대 한국 사회의 '전통'으로 자리 잡았다. 그 과정은 유교식 예법(禮法)의 정착이고, 나와 가족, 조상과 후손에 대한 새로운 상식을 만드는 일이었다. 개인의 일생으로 본다면 태어나 자라는 곳, 혼인, 재산 상속, 제사 지내는 일들이 모두 달라짐을 의미했다. 이러한 유교적 전통은 명청 교체와 맞물려 조선의 시간과 공간에 대한 독특한 인식을 형성시켰다.

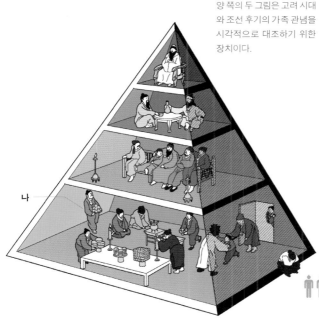

양쪽의 두 그림은 고려 시대와 조선 후기의 가족 관념을 시각적으로 대조하기 위한 장치이다.

나

조선 후기 부계 조상 중심으로 '나' 생각하기

부계 혈연이 강화된 족보는 17세기부터 일반적으로 작성되었다. 시간이 지날수록 자식을 출생 순서가 아니라 남녀 순서로 기재하고, 외손에 대한 기록을 축소했다.

김준근, 「장가가는 모양」

'장가가기'에서 '시집가기'로 조선 후기에는 신부 집에서 혼례를 치르고 함께 신랑 집으로 돌아온다. 혼례를 치르러 가는 장면.

아래로 내려갈수록 넓어지는 가계도

남성 시조를 출발점으로 삼아 자손을 아래로 기록해 나가므로 나를 포함한 같은 항렬의 수많은 자손이 동일한 조상을 공유한다는 생각이 자연스럽게 굳어진다.

『안동권씨후갑인보』 중 윤희종 수록 부분에 바탕해 그린 개념도

균등 상속에서 장자 중심 상속으로 조선 전기까지는 친가와 외가의 지위가 동등해 아들과 딸의 재산을 균등하게 상속했으며, 제사 봉행 등의 의무도 동등했다. 『경국대전』에도 재산 상속에 대해 '정실 부인이 낳은 자식은 아들딸의 구분 없이 재산을 고루 나눈'다고 규정되어 있다. 17세기 이후 친가의 지위가 올라감에 따라 출가하는 딸에 대한 재산 상속이 축소되고 딸의 의무도 약해졌다.

❼ ❻ ❺ ❹ ❸ ❷ ❶

「율곡선생남매분재기」

율곡의 부친 이원수가 사망한 지 5년째에 율곡 선생의 7남매가 모여 작성했다. 부친과 모친 신사임당이 남긴 토지와 노비를 『경국대전』의 규정에 따라 공평하게 나누어 가졌다.

❶ **첫째 아들 이선** 노비 16인, 논 15마지기, 밭 1하루갈이   ❷ **첫째 딸 조대남 처** 노비 16인, 논 10마지기, 밭 29부
❸ **둘째 아들 이번** 노비 16인, 논 8마지기, 밭 1/4하루갈이   ❹ **둘째 딸 윤섭 처** 노비 15인, 논 8마지기, 밭 14부
❺ **셋째 아들 이이** 노비 15인, 논 8마지기, 밭 19부   ❻ **셋째 딸 홍천우 처** 노비 15인, 논 12마지기, 밭 27부
❼ **넷째 아들 이위** 노비 15인, 논 12마지기, 밭 14부

시간 현실의 시간과 명분의 시간

조선의 시간 만들기

연호(年號) : 조선은 병자호란 이후 청의 연호를 공식적으로 사용했다. 그러나 사대부들은 특별한 공간에서 계속 명의 연호를 사용했다. 명나라 마지막 황제의 연호인 '숭정(崇禎)'은 심지어 19세기 말에도 쓰였다. 이는 유교의 정통성이 조선에서 연속하고 있음을 상징하는 기준이었다.

새 연호의 등장 청태종공덕비(일명 삼전도비) 말미의 '숭덕 4년 12월 초8일(崇德四年十二月初八日)'. '숭덕(崇德)'은 청 태종의 둘째 연호로 숭덕 4년은 1639년(인조 17)이다.

연보에 쓰인 숭정 연호 『봉암집』 연보의 '숭정 56년'은 숭정이 살았다면 재위 56년(1683)이란 뜻.

법전에 쓰인 명청의 연호 『수교집록』 각 조항의 시기에 따라 '숭정(崇禎)'과 '강희(康熙)'가 보인다.

		1644	1683	1698	1703
서기	1639	갑신	계해	무인	계미
간지	기묘	인조22	숙종9	숙종24	숙종29
조선	인조17	숭정17			
명	숭정12				
청	숭덕4	순치1	강희22	강희37	강희42

유교 중심 만들기

17세기 사대부들은 조선이 유교의 명맥을 지켜야 하기 때문에 의리를 특히 강조했고 각종 상징을 만들었다. 숙종 대에는 국가에서도 그 같은 상징을 세웠다. 18세기에 접어들면 달라진 인식이 나타난다. 조선이 성공적으로 유교 문화를 실현했기 때문이다. 사대부들은 조선 문화가 곧 유교 문화라는 자부심을 갖기 시작했다. 조선의 국토, 역사, 어문, 풍속, 예술 등이 새롭게 인식되었고, 조선의 고유함을 찾는 학문과 예술이 일세를 풍미했다.

화양동과 만동묘(萬東廟) – 춘추의리의 상징
송시열의 제자 권상하 등이 스승의 뜻에 따라 1703년에 만동묘를 창건했다. 사진은 만동묘정비.

대보단 – 춘추의리의 국가 계승
1704년 창덕궁 뒤편에 대보단을 조성했다. 처음에는 명의 두 황제의 신주를 모셨는데 영조 대 명 태조의 신주를 추가했다. '황단(皇壇)'으로도 불렸다. 숙종 이래 고종 대까지 조선의 국왕들이 대개 연 1회 제사를 지냈는데, 종묘의 제사처럼 중시되었다. 이 특이한 제사가 오랫동안 지속한 까닭은 조선이 명을 계승한 유교 문명의 종주국이라는 자부심이 있었기 때문이다.

공식 문서에 쓰인 청의 연호

중국과 일본 관련 외교 문서를 집대성한 『동문휘고』. 1725년 당시 청 황제의 연호인 '옹정(雍正)'을 볼 수 있다.

함인정

창경궁 함인정 현판에 보이는 숭정 연호

왕실도 때로는 숭정 연호를 사용해 사대부와 공감하고 있음을 나타냈다. '숭정기원후삼정축(崇禎紀元後三丁丑)'은 숭정 재위 후 세 번째 돌아온 정축년을 의미하며 1757년(영조 33)에 해당한다.

제문에 쓰인 숭정 연호

『성재집(省齋集)』 제문에 '숭정오정축'이 보인다. 숭정 재위 후 다섯 번째 돌아온 정축년을 의미하며 1877년(고종 14)을 가리킨다. 19세기 위정척사 계열의 유생들은 여전히 '숭정'을 사용해 조선이 명을 계승한 유교국임을 나타냈다.

고종 황제

1725	1757	1798		1805	1840	1877	1896		1897
을사	정축	무오		을축	경자	정축	병신		정유
영조1	영조33	정조22		순조5	헌종6	고종14	건양1		광무1
옹정3	건륭22	가경3		가경10	도광20	광서3	광서22		

「해동삼국도」

정조 대에 만들어진 것으로 추정된다. 조선을 중심에 놓고 중국 일부, 일본, 대만, 유구에 대한 객관적 정보를 자세하고 합리적으로 배치했다.

「한양가」 일부 (1840)

凡節이 이러하니 天下 諸國 第一이라.
(대강의 규모가 이러하니 천하의
 제일가는 나라이다.)
天時 地利 얻었으며 人和조차 되었어라.
絃誦之音 不絕하니 洙泗之風 分明하고.
(음악과 시 짓기 이어지니 공맹의
 풍속 밝아졌고)
仁義之道 燦然하니 聖賢之國 되었어라.
三王 적 일월이요 五帝 적 건곤이며.
文武 적 문명이요 漢唐 적 문치로다. ……
태고 시절 못 보거든 우리 세계 자세 보소.
이런 국도 이런 세상 自古及今 또 있으랴.

환구단

대한제국의 선포와 새 연호의 시행

1896년(양력) 1월 1일에 독자 연호인 건양(建陽)을 선포했다. 이듬해 고종은 대한제국을 선포하고 새 연호를 광무(光武)로 선포했다. 사진은 천자가 하늘에 제사를 드리는 천단(天壇). 1897년 고종은 이곳에서 제사를 지내고 황제 즉위식을 거행했다.

공간 아홉 굽이에 서린 사대부의 이상 세계

곡운구곡에 펼쳐진 김수증의 은거 생활

김상헌의 손자 김수증은 갑인예송으로 서인이 정계에서 물러
나자 1675년(숙종 즉위)에 지금의 강원도 화천군 사내면 계곡
에 은거했다. 그는 주희가 지은 '운곡초당(雲谷草堂)'에서 이
름을 따 이곳을 '곡운구곡(谷雲九曲)'이라 이름짓고 조선 후기
의 대표적 은거 공간으로 만들었다. 그리고 평양 화가 조세걸
을 시켜 이곳을 아홉 폭의 「곡운구곡도」로 재현했다. 이 그림
은 진경산수의 선구적인 작품으로 평가받는다.

곡운구곡 일대 ㅡ

곡운구곡의 제1경 방화계와 곡운영당 등이 표시된 19세기 춘천부
지도

一曲 일곡(방화계)　　**二曲** 이곡(청옥협)　　**三曲** 삼곡(신녀협)　　**四曲** 사곡(백운담)　　**五曲** 오곡(명옥뢰)

사곡 백운담

일곡이라, 좁은 골짝 배도 들기 어려운데
一曲難容入洞船
복사꽃 피고지고 구름과 내 막고 있네.
桃花開落隔雲川
숲 깊고 길 끊겨 찾아오는 이 드문데
林深路絕來人少
어느 곳인가 신선 집에는 개 짖고 연기 이네.
何處仙家有吠煙　　　_ 김수증

이곡 청옥협 그림에서
김수증이 앉아 있는 모습

무이구곡 주희가 은거했던 지금의 중국 푸젠 성(福建省) 우이 산(武夷山) 계곡 아홉 굽이의 경치를 그린 산수화.

주희(朱熹)는 1184년 중국 무이산 계곡에 은거하며 강론과 저술에 몰두했다. 이곳이 '무이구곡'이라 불리며, 사대부가 정치에서 물러나 자연과 조화를 이루고 학문과 도덕을 수양하는 상징처럼 인식되었다. 조선에서는 16세기부터 '무이구곡'을 이상시하며 각종 작품이나 생활공간에 차용하는 일이 빈번했다. 이이의 『고산구곡가』, 이성길의 『무이구곡도』, 송시열의 화양구곡 경영 등이 대표적이다.

송시열의 화양구곡
송시열은 지금의 충청북도 괴산 화양천 계곡 가운데 주희의 운곡정사를 본떠 집을 짓고, 주희의 무이구곡을 본떠 아홉 골짜기를 정해 화양구곡이라 불렀다. 송시열은 이곳에서 명의 만력제를 제사했고, 그의 제자들은 만력제와 숭정제의 사당을 세워 그들의 신주를 모시고 만동묘라고 이름 지었다. 사진은 화양구곡의 제2경인 운영담.

조세걸, 「곡운구곡도」(1682)

六曲 육곡(와룡담)　　　七曲 칠곡(명월계)　　　八曲 팔곡(융의연)　　　九曲 구곡(첩석대)

농수정 명옥뢰와 와룡담은 서로 접해 있다. 버드나무 그림자 짙은 물은 맑고도 깊다. 서쪽으로 농수정이 보이는데, 은은한 그림자가 솔숲 사이로 비친다.

화음동 1689년 기사환국으로 송시열과 두 아우가 죽자 김수증은 곡운구곡보다 더 깊이 자리한 화음동으로 들어가 반쯤은 승려처럼 살면서 세상을 달관했다.

이성길, 「무이구곡도」(1592)

이 그림의 사실적 묘사는 조선의 산수화에 영향을 주고 실물을 통해 성리학을 더 가깝게 하는 기능을 했다.

'홀로 남은 유교 왕국'의 시공간 |

又西轉乎行左右
宕石爭陸坐水濱
其間稍止有小塔
春邊有路日此
向白雲頗觀止
此矣

구곡을 지나 18세기로 곡운 구곡의 제9곡 첩석대. 곡운구 곡은 여기서 끝난다. 아홉 굽이 계곡을 따라 가며 17세기의 시름을 씻어 낸 조선은 다시금 세상으로 나아가 새로운 시대를 맞이할 꿈을 꾸고 있다.

17세기를 나가며

17세기에 활약한 국가들

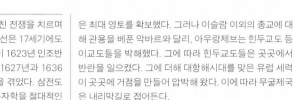

1_ 조선 | 1392~1910 | 일본과 7년에 걸친 전쟁을 치르며 큰 상처를 입은 채 16세기를 마무리한 조선은 17세기에도 외침을 당했다. 중립 외교를 펴던 광해군이 1623년 인조반정으로 쫓겨나고 서인이 권력을 잡은 후 1627년과 1636년 두 차례의 호란(정묘호란, 병자호란)을 겪었다. 삼전도의 치욕 후 한때 북벌론이 일기도 했고, 주자학을 절대적인 것으로 여기며 경직되는 분위기도 나타났다. 17세기 후반 서인과 남인이 정국 주도권을 놓고 경쟁하지만, 결국 서인이 승리한다. 일본과는 다시 국교를 맺고 통신사를 파견하는 등 평온한 관계를 유지했다.

2_ [중국] 청 | 후금 1616~1636, 청 1636~1912 | 중국의 17세기는 전환기였다. 명이 역사 속으로 사라지고, 청이 중국의 지배자로 등장했다. 16세기에 환관들이 정치를 농락하고 몽골과 왜구의 침입에 시달린 탓에 쇠약해진 명은 17세기 들어 신흥 강국 후금(훗날의 청)의 공세에 밀렸다. 환관들이 정치를 쥐락펴락하는 문제도 사라지지 않았다. 그 결과 각지에서 농민 반란이 끊이지 않았다. 1644년 명을 무너뜨린 것도 청군이 아니라 이자성이 이끄는 농민 반란군이었다. 청은 이자성을 몰아내고 북경을 장악한 데 이어 명 부활을 꿈꾸는 세력을 차례로 무너뜨렸다. 강희제는 자신들에게 항복했다가 등을 돌린 세력의 반란(삼번의 난)을 평정하고, 대만까지 점령하며 중국에 대한 지배권을 완전히 확립했다. 이어 외몽골 등을 정복하며 영토를 크게 넓히고, 러시아의 남하도 막아 내며 전성기를 구가한다.

3_ [일본] 에도 막부 | 1603~1867 | 1598년 도요토미 히데요시가 사망한 후 도쿠가와 이에야스가 일본의 패권을 장악했다. 도쿠가와 이에야스는 자신에게 대항하던 다이묘들을 1600년 세키가하라전투에서 격퇴하고, 1603년 에도에 막부를 열었다. 1615년에는 오사카 성을 장악하고 도요토미 히데요리(히데요시의 아들)를 중심으로 한 도요토미 잔존 세력을 제거하며, 도쿠가와 씨의 지배권을 완전히 확립했다. 도쿠가와 씨는 다이묘들에 대한 통제를 강화하고, 무사를 정점으로 한 엄격한 신분제 사회를 구축했다. 아울러 근거지인 에도(지금의 도쿄)를 천황이 머무는 오랜 수도인 교토를 능가하는 거대 도시로 키웠다. 또한 조선과 국교를 재개하고, 유럽 세력에 대해서는 해금(海禁)을 기본으로 하면서도 나가사키를 통해 네덜란드와는 교류했다.

4_ [인도] 무굴제국 | 1526~1858 | 악바르가 1605년 사망한 후 부침이 있긴 했지만, 17세기에 무굴제국은 대제국의 위용을 과시했다. 제6대 황제 아우랑제브 때 무굴제국은 최대 영토를 확보했다. 그러나 이슬람 이외의 종교에 대해 관용을 베푼 악바르와 달리, 아우랑제브는 힌두교도 등 이교도들을 박해했다. 그에 따라 힌두교도들은 곳곳에서 반란을 일으켰다. 그에 더해 대항해시대를 맞은 유럽 세력이 곳곳에 거점을 만들어 압박해 왔다. 이에 따라 무굴제국은 내리막길로 접어든다.

5_ [이란] 사파비왕조 | 1502~1736 | 17세기 초 사파비왕조는 전성기를 맞이했다. 제5대 왕 아바스 1세는 오스만튀르크를 몰아붙이며 위세를 떨쳤다. 영토를 넓히고 중앙집권 체제를 강화했다. 이란의 특성이 강한 이슬람 문화도 융성했고, 수도 이스파한은 '세계의 절반'으로 불렸다. 그러나 아바스 1세 사후 국정이 흔들리고 아프간족 등의 침략에 시달리며 쇠퇴했다.

6_ [터키] 오스만튀르크제국 | 1299~1922 | 17세기에 오스만튀르크는 내리막길을 걸었다. 시작은 1571년 레판토 해전에서 에스파냐에 패하면서 위상이 추락한 것이었다. 17세기 들어 유럽 국가들의 해상 무역이 활발해지면서 오스만튀르크제국의 경제적 손실도 커졌다. 17세기 중반 이후 각지에서 소수민족의 반란이 일어났고, 17세기 후반에는 러시아와 오스트리아 등에 영토를 내주는 상황에까지 이르렀다. 이 시기 오스만튀르크제국의 쇠락을 상징적으로 보여준 것이 1683년 제2차 빈 포위 공격이다. 오스만튀르크군은 두 달이나 빈을 포위했으나 오히려 오스트리아에 패해 헝가리의 대부분을 내줘야 했다. 1529년 제1차 빈 포위 공격 때와는 다른 양상이었다. 제2차 빈 포위 공격 실패 후 오스만튀르크제국은 유럽 지역의 영토를 하나씩 내주는 단계로 접어든다.

7_ [러시아] 로마노프왕조 | 1613~1917 | 1613년 모스크바대공국 시대가 막을 내리고, 미하일 로마노프가 새 왕조(로마노프왕조)를 열었다. 로마노프왕조 시기에 러시아는 강대국이 되지만, 17세기 대부분의 기간에는 그렇지 않았다. 스웨덴, 폴란드에 패해 영토를 떼어 줘야 했고 안으로는 학정에서 비롯된 봉기가 끊이지 않았다. 1648년, 1650년, 1662년에 도시 빈민과 상공인들이 모스크바를 비롯한 여러 도시에서 들고일어났다. 1667년부터 1671년까지는 스텐카

미하일 로마노프의 선출을 알리는 그림

라친이 이끈 대규모 농민반란이 러시아를 뒤흔들었다. 러시아는 17세기 말 표트르 1세(표트르 대제)의 통치를 거치며 달라진 모습을 보인다. 표트르 1세는 적극적인 서유럽화와 팽창 정책을 펴고, 스웨덴을 물리쳤다. 표트르 1세의 시대에 러시아는 열강의 일원으로 거듭난다.

8_ [독일] 신성로마제국 | 962~1806 | 17세기 독일은 삼십년전쟁(1618~1648)으로 폐허가 됐다. 신성로마제국 내 가톨릭 세력과 프로테스탄트 세력의 종교 전쟁으로 시작한 삼십년전쟁은 덴마크, 스웨덴, 프랑스 등이 프로테스탄트를 지원하며 참전하면서 국제전으로 번졌다. 1648년 베스트팔렌조약 체결로 전쟁은 마무리되었다. 전쟁 결과 가톨릭, 루터파, 칼뱅파는 독일 제후국 내에서 동등한 지위를 확보했다. 루터파를 인정한 1555년 아우크스부르크 화의를 정식으로 승인한 것에 더해, 칼뱅파도 공인한 것이다. 베스트팔렌조약은 국제 관계에도 큰 변화를 가져왔다. 에스파냐 지배하에 네덜란드와 오스트리아가 다스리던 스위스의 독립을 인정했다. 두 합스부르크 왕가의 영향력이 그만큼 약해졌다는 뜻이다. 이와 달리 프랑스와 스웨덴은 영토를 넓혔다. 또한 독일 제후국들의 주권과 외교권, 조약 체결권도 인정됐다.

삼십년전쟁의 결과, 신성로마제국은 실질적으로 붕괴했다. 황제의 권위는 크게 약해지고 제후국의 독립성은 더 커진 결과다. 신성로마제국은 1806년까지 명맥은 유지하지만,

지도로 보는 17세기의 국가들

❶조선 ❷청 ❸에도 막부 ❹무굴제국 ❺사파비왕조 ❻오스만튀르크제국
❼로마노프왕조 ❽신성로마제국 ❾네덜란드 ❿프랑스 ⓫영국

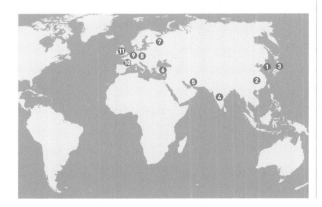

베스트팔렌조약 이후 사실상 빈껍데기로 전락했다. 가톨릭의 권위가 약해지면서 교황의 힘도 줄어들었다. 베스트팔렌조약은 세력균형을 기본으로 하는 근대 유럽의 정치 구조가 탄생하는 계기가 됐다. 이 때문에 근대 조약의 효시로 꼽힌다. 이처럼 유럽에 큰 변화를 가져왔지만, 전장이었던 독일은 황폐한 땅으로 변하고 인구가 대폭 줄어든 것은 물론 분열 상태가 더 심해졌다.

9_ 네덜란드 | 17세기는 네덜란드의 황금시대였다. 네덜란드는 1588년 독립을 선언한 후 해외로 적극 팽창했다. 북아메리카에 뉴암스테르담(지금의 뉴욕)을 건설하고, 인도네시아의 바타비아(지금의 자카르타)에 식민지를 건설했으며, 일본과도 교역했다. 당시 암스테르담은 무역의 중심지였다. 상업이 번영하면서 문화도 활짝 꽃을 피웠다. 베스트팔렌조약을 통해 독립을 인정받은 네덜란드는 영국, 포르투갈 등과 식민지 확보 및 해상 무역 주도권 문제 등을 놓고 경쟁했다. 특히 네덜란드를 겨냥해 항해조례를 발표한 영국과는 두 차례에 걸쳐 전쟁을 치렀다.

10_ [프랑스] 부르봉왕조 | 1589~1792, 1814~1830 | 루이 13세가 절대왕정의 기틀을 마련하고, 루이 14세가 절대왕정을 꽃피운 시기다. 루이 13세는 리슐리외를 중용해 대귀족을 제압하고 반란을 진압하는 한편, 삼십년전쟁에 개입해 합스부르크 왕가에 맞섰다. 루이 14세는 재위 초기 대귀족의 반란(프롱드의 난)으로 어려움을 겪었다. 마자랭의 도움으로 반란을 진압한 루이 14세는 콜베르를 등용해 중상주의 정책을 펼치고, 프랑스를 유럽 최강국의 반열에 올렸다. 그러나 거듭된 전쟁과 방탕한 궁중 문화, 낭트칙령 폐지로 인한 신교도의 해외 이주는 재정에 큰 부담을 줬다. 이는 훗날 대혁명이 일어나는 원인이 된다.

노크레, 「루이 14세의 가족」

11_ [영국] 스튜어트왕조 | 잉글랜드 1603~1714, 스코틀랜드 1371~1714 | 1603년 엘리자베스 1세가 후손 없이 세상을 떠나고, 여왕의 친척인 스코틀랜드 왕 제임스 6세가 잉글랜드 왕위에 올랐다(제임스 1세). 잉글랜드에서 튜더왕조가 막을 내리고 스튜어트왕조가 문을 연 것이다. 잉글랜드와 스코틀랜드 두 왕국을 한 명의 왕이 통치하게 되면서 그레이트브리튼으로 불리게 됐지만, 1707년까지 두 왕국은 별개의 독립국으로 존재했다.

17세기를 이끌고 간 인물들

한국

1_ 유정 | 1544~1610 | 승려. 호가 사명당이어서 사명대사로 불렸다. 임진왜란 때 스승인 휴정(서산대사)과 함께 승병을 이끌었고, 평양전투 등에서 공을 세웠다. 1604년 국왕 선조의 명에 따라 일본에 건너가 도쿠가와 이에야스를 만나고, 임진왜란 때 잡혀간 조선 사람 3000여 명을 이끌고 이듬해(1605년) 귀국했다.

2_ 강홍립 | 1560~1627 | 명의 요구로 파견된 조선군을 이끌고 1619년 후금과 싸웠으나 대패했다. 광해군의 밀명대로 조선이 원한 출병이 아님을 알리고, 후금에 항복했다. 1627년 정묘호란이 일어나자, 강홍립은 후금군과 함께 조선에 들어와 화의를 주선한 후 사망했다.

3_ 허균 | 1569~1618 | 누이 허난설헌과 함께 문장으로 이름을 드높였다. 광해군 때 대북(大北)파로서 이이첨과 함께 집권 세력을 이뤘으나, 훗날 반역 혐의로 처형된다. 최초의 한글 소설로 꼽히는 『홍길동전』을 지은 것으로 전해진다.

4_ 김상헌 | 1570~1652 | 문신. 병자호란 때 항복을 반대했고, 1641년 청에 끌려가 4년간 억류되었다. 많은 성리학자는 병자호란 때 순절한 형 김상용과 함께 김상헌을 절의를 대표하는 인물로 받아들였다. 이는 김상헌의 집안(안동 김씨)이 세도 가문으로 부상하는 기반 중 하나가 된다.

5_ 광해군 | 1575~1641 | 제15대 국왕. 선조의 둘째 아들. 장자가 아닌 데다 후궁 소생이라는 약점을 딛고 임진왜란 때 세자로 책봉되었다. 전란을 맞아 흐트러진 민심을 수습하고 각지를 돌며 군사를 모았다. 1608년 대북파의 지지를 받아 왕위에 오른 후 경기도에 대동법을 실시하고, 양전 사업 등을 펼쳤다. 명과 후금 사이에서 중립 외교를 펼쳤으며, 일본과 기유약조를 체결하고 국교를 재개했다. 1623년 서인이 주도한 인조반정으로 폐위되었다. 재위 기간에 형인 임해군과 배다른 동생 영창대군을 죽게 만들고 인목대비를 서궁에 유폐한 일 등 때문에 한때 폭군으로 불렸으나, 훗날 중립 외교 등이 재조명되면서 재평가되기도 했다.

6_ 김육 | 1580~1658 | 정치가. 대동법을 시행해 백성의 부담을 줄이고자 줄곧 노력했다. 그 과정에서 대동법에 반발하는 김집, 송시열 등 여러 세력과 갈등도 마다하지 않았다. 17세기에 대동법 실시 지역이 늘어난 데에는 김육의 공이 컸다. 그 밖에 상평통보 주조를 건의하고 수차 사용 확대를 주장하는 등 현실 감각이 뛰어난 개혁 정치가의 모습을 보였다.

7_ 최명길 | 1586~1647 | 문신. 인조반정에 가담해 공신이 되었다. 병자호란이 일어났을 때 조정에서 주전론자들의 목소리가 높았으나 거듭 강화를 주장했다.

8_ 임경업 | 1594~1646 | 장군. 인조반정 직후 이괄의 난을 진압할 때 공을 세웠고, 조선을 대표하는 명장으로 이름이 높았다. 병자호란 후 청의 요구에 따라 명 공격에 동원됐으나, 명과 은밀히 소통하며 청을 방해했다. 이어 명에 망명해 청군에 맞서다 생포되었고, 조선으로 압송된 후 친청파 김자점의 음모에 휘말려 형틀에서 맞아 죽었다.

9_ 이완 | 1602~1674 | 무장. 효종이 추진한 북벌 정책에 앞장섰다.

10_ 송시열 | 1607~1689 | 학자이자 정치가. 노론의 영수. 주자학을 절대적인 것으로 내세우고 다른 학문과 사상은 사문난적으로 배격했다. 김장생, 김집으로 이어지는 학통을 계승해 기호학파의 주류를 이뤘다.

11_ 소현세자 | 1612~1645 | 인조의 큰아들. 병자호란 후 동생(봉림대군, 훗날 효종)과 함께 청에 인질로 끌려갔다. 그곳에서 포로 속환 문제 등 조선과 청 사이의 현안을 맡아 처리했다. 1644년 청군을 따라 들어간 북경에서 선교사 아담 샬을 만나 교유했다. 1645년 귀국했으나, 얼마 후 갑자기 사망했다. 청이 중국을 장악한 현실을 인정하고 새로운 문물을 받아들이는 데 적극적인 모습을 보여 인조와 불화를 겪다 독살되었다는 설도 있다.

12_ 김만중 | 1637~1692 | 문신. 고전 소설 『구운몽』과 『사씨남정기』를 썼다.

13_ 장길산 | 생몰년 미상 | 광대 출신 도적. 홍길동, 임꺽정과 더불어 조선의 3대 도둑으로 불린다. 숙종 때 황해도에서 시작해 평안도, 함경도까지 활동 무대로 삼았다. 관군이 추격했으나 끝내 체포하지 못했다. 황석영의 소설 『장길산』은 홍명희의 『임꺽정』과 더불어 대표적인 민중 역사소설로 꼽힌다.

세계

1_ 미겔 데 세르반테스 | 1547~1616 | 에스파냐의 문학가. 풍자 소설의 백미로 꼽히는 걸작 『돈키호테』를 말년에 남겼다. 정규 교육을 거의 받지 못했고, 해적에게 납치돼 아프리카에서 5년간 노예 생활을 하는 등 파란만장한 삶을 살았다.

2_ 누르하치 | 1559~1626 | 청 태조. 여진족을 통일하고 1616년 후금을 세웠다. 그 후 명군을 연파하며 만주를 장악했다. 1626년 명군과 싸우다 후퇴한 후 병사했다.

3_ 프랜시스 베이컨 | 1561~1626 | 영국 경험론의 시조. 귀납법을 제창하고 4대 우상(종족의 우상, 동굴의 우상, 시장의 우상, 극장의 우상) 타파를 주장했다.

4_ 요하네스 케플러 | 1571~1630 | 독일의 천문학자. 행성의 운동 법칙을 새로이 발견하고 코페르니쿠스의 지동설을 수정·발전시켰다.

5_ 휘호 더 흐로티위스 | 1583~1645 | 네덜란드 출신 법학자. 1625년 『전쟁과 평화의 법』을 출간하고, 공해상에서 자유로운 항해를 주장했다. 자연법 원리에 입각해 국제법의 기초를 확립했다.

6_ 토머스 홉스 | 1588~1679 | 영국의 철학자이자 정치사상가. 대표 저서는 『리바이어던』.

7_ 르네 데카르트 | 1596~1650 | 대륙 합리론을 대표하는 프랑스의 철학자이자 수학자. 대표 저작은 "나는 생각한다. 고로 존재한다."라는 근본 원리로 널리 알려진 『방법서설』.

8_ 올리버 크롬웰 | 1599~1658 | 영국의 군인이자 정치가. 청교도 혁명에서 왕당파를 물리치는 데 큰 공을 세웠다. 그 후 호국경에 올라 독재정치를 펼쳤다.

9_ 렘브란트 판 레인 | 1606~1669 | 네덜란드의 화가. '네덜란드의 17세기는 렘브란트의 세기'라는 평가가 나올 정도로 이 시기를 대표하는 화가다.

10_ 황종희 | 1610~1695 | 고염무, 왕부지와 함께 명 말, 청 초 3대 학자의 한 사람으로 꼽힌다. 명 멸망의 원인을 전제 군주제의 문제점에서 찾고, 새로운 사회 질서를 모색했다. 고증학의 길을 열고, 경세치용의 학문으로 청 학풍에 큰 영향을 끼쳤다.

11_ 바뤼흐 스피노자 | 1632~1677 | 네덜란드의 유대계 철학자. 생전에 유대 공동체에서 파문당하고 '신을 모독하는 책을 썼다'는 비난을 받는 등 고초를 겪었지만, 후대의 철학자들에게 큰 영향을 준 인물이다. 대표 저서로는 『에티카』가 꼽힌다.

12_ 존 로크 | 1632~1704 | 영국의 철학자이자 정치사상가. 경험론을 대표하는 인물 중 하나.

13_ 루이 14세 | 1638~1715 | 절대왕정을 대표하는 프랑스 군주. 왕권신수설을 내세웠고 베르사유궁전을 증축했다. 그러나 낭트칙령을 폐지해 신교도(위그노)를 박해하고, 연이은 전쟁과 화려한 궁정 문화로 재정에 심대한 문제를 초래했다.

14_ 아이작 뉴턴 | 1642~1727 | 근대 과학의 선구자로 꼽히는 영국의 물리학자이자 수학자, 천문학자. 만유인력의 법칙을 발견했고, 파동설을 주장한 하위헌스에 맞서 빛의 입자설을 주장했다. 라이프니츠와 함께 미적분의 창시자로 거론된다.

15_ 강희제 | 1654~1722 | 청의 제4대 황제. 삼번의 난을 진압하고 대만을 평정하며 중국 전 지역에 대한 청의 군사적 지배를 완성했다. 외몽골과 티베트를 장악하며 영토를 크게 넓혔고, 러시아의 남하도 막았다. 내정을 안정시킨 것은 물론, 『고금도서집성』을 편찬하고

『강희자전』을 간행했다. 강희제와 그 뒤를 이은 옹정제, 건륭제 때 청은 전성기를 누렸다.

16_ 에드먼드 핼리 | 1656~1742 | 영국의 천문학자. 뉴턴의 만유인력 이론에 따라 혜성의 궤도를 계산해 1531년, 1607년, 1682년에 나타난 혜성의 궤도가 같다는 사실을 발견했다. 이 혜성이 1758년에 또 나타날 것이라는 핼리의 예언이 적중하면서, 그 혜성은 핼리혜성으로 불린다.

17_ 요한 제바스티안 바흐 | 1685~1750 | 독일의 음악가. 바로크음악을 집대성한 인물이라는 평가를 받고 있으며, 서양음악의 기초를 세워 '음악의 아버지'로 불린다.

17세기에 처음 나온 물건들

物

▌한국

1_ 대동법 | 공물을 쌀로 통일해 내게 한 제도. 그 전에는 각 지방에서 나는 특산물을 내게 했는데, 방납(관리나 상인이 백성을 대신해 공물을 나라에 바친 후 그 대가로 몇 배를 거두는 것) 등의 폐단이 심했다. 생산되지도 않는 특산물을 구해서 바쳐야 하는 일도 많았다. 그 때문에 백성의 부담은 커지고 재정에 문제가 생기자, 이를 해결하고자 대동법을 시행했다. 광해군 때인 1608년 경기도에 선혜법이라는 이름으로 처음 실시되었다. 기득권층의 반발이 만만치 않았으나 인조, 효종, 현종, 숙종을 거치며 점차 시행 범위가 넓어져 전국으로 확산되었다. 대동법은 상업과 수공업의 발달과 화폐 유통을 촉진하는 등 상품화폐경제 확산에도 기여했다.

2_ 『동의보감』 | 1610년 허준이 완성한 의서. 1596년 선조의 명으로 허준 등이 편찬 작업을 시작했으나, 1597년 정유재란이 터지면서 작업은 일시 중단되었다. 그 후 선조의 명에 따  라 허준이 편찬 작업을 재개해 광해군 때 완성했다. 한국과 중국에서 나온 역대 주요 의서를 대부분 망라하고 수천 년간 축적된 의학 지식을 집대성했다. 그 결과 『동의보감』은 동아시아 의학사에서 손꼽히는 역작이라는 평가를 받고 있다. 중국과 일본에서도 출간되어 널리 읽혔다.

3_ 담배 | 17세기 초 조선에 담배가 들어왔다. 원산지는 아메리카 대륙이다. 1492년 이래 아메리카를 침략한 유럽인이 원주민을 동원해 담배 플랜테이션을 운영하면서 세계 각지로 담배가 퍼졌다. 그 과정에서 일본, 필리핀 등을 거쳐 조선과 중국에도 유입되었다. 담배에 관한 최초의 기록은 1614년 이수광이 지은 『지봉유설』에 등장한다. 남령초(남쪽의 신비한 약초)라고 불린 데서도 드러나듯이, 도입 초기에는 약초로 여기는 분위기도 있었다. 17세기를 지나며 흡연이 남성은 물론 여성과 아동에게까지 급속도로 퍼졌음을 보여 주는 기록들도 있다. 흡연 인구가 늘면서 담배의 해로움을 지적하는 목소리도 점차 높아졌다.

4_ 홍이포 | 붉은 오랑캐(네덜란드인)의 대포라는 뜻. 1604년 네덜란드인과 벌인 전투에서 상대편 대포의 성능에 압도된 명이 네덜란드 대포를 모방해 만들었다. 명군의 홍이 포에 혼쭐이 난 후금(훗날의 청) 군대도 홍이포 제조법을 배워 주력 대포로 사용했다. 1631년 정두원이  명에서 돌아올 때 조선에 들여 왔다. 조선에 표착했다가 귀화 한 네덜란드인 박연(본명 벨 브레이)이 홍이포의 조작법과 제조법을 조선군에 전수하기도 했다.

5_ 상평통보 | 조선의 법정 통화. 인조 때인 1633년 김육 등의 건의로 만들었으나 널리 쓰이지 않아 유통을 중지했다. 1678년 숙종이 다시 주조해 유통한 것을 계기로 전국으로 퍼졌다. 상업적 농경 확대, 대동법 실시 및 확대 등을 배경으로 상품 교환 경제가 발달한 것과 궤를 같이해 유통 범위가 넓어졌다. 초기엔 여러 관청에서 만들어 유통했으나, 정조 때인 1785년 호조에서 주조와 발행 업무를 전담하게 된 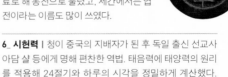 다. 그러나 세도정치가 득세한 순조 때부터 다시 관리 체계가 흐트러져 화폐 유통 질서에 혼란이 발생한다. 상평통보는 1894년에 주조 및 발행이 중단되고, 20세기 초 화폐 정리 사업 과정에서 폐기된다. 구리(銅)를 주원료로 해 동전으로 불렸고, 세간에서는 엽전이라는 이름도 많이 쓰였다.

6_ 시헌력 | 청이 중국의 지배자가 된 후 독일 출신 선교사 아담 샬 등에게 명해 편찬한 역법. 태음력에 태양력의 원리를 적용해 24절기와 하루의 시각을 정밀하게 계산했다. 1653년 조선에도 들어왔고, 1895년 태양력을 채택할 때까지 조선의 기본 역법으로 활용되었다.

7_ 『농가집성』 | 1655년 신속이 편찬한 농서. 조선 후기를 대표하는 농업 서적으로 꼽힌다. 조선 후기에 보급된 이모작을 소개하는 내용도 있다.

8_ 예송 논쟁 | 인조의 계비인 조대비가 상복을 얼마나 입어야 할 것인가를 두고 현종 때 남인과 서인이 두 차례에 걸쳐 충돌한 사건. 1차 예송은 효종이 세상을 떠난 1659년, 2차 예송은 효종의 비가 승하한 1674년 벌어졌다. 1차 예송에선 서인이, 2차 예송에선 남인이 승리했다. 논쟁의 밑바탕에는 군주와 사대부의 관계에 대한 정치적 시각차가 놓여 있었다. 서인은 효종이 차자이니 장자에 대한 예를 따라서는 안 된다고 하고, 남인은 국왕이었으니 장자에 대한 예를 따라야 한다고 맞섰다. 서인은 군주를 사대부의 대표로 보았고, 남인은 국왕의 예는 특수하다고 본 것이다.

세계

1_ 동인도회사 | 중상주의 시대를 대표하는 독점 상업 조직. 1600년 영국, 1602년 네덜란드, 1604년 프랑스가 차례로 동인도회사를 설립했다. 16세기에 포르투갈이 인도양에 진출해 후추를 비롯한 향신료 무역으로 막대한 이윤을 얻자, 영국 등은 동인도회사를 설립해 포르투갈을 밀어내고 치열한 각축전을 벌였다. 각국의 동인도회사들은 인도와 인도양의 여러 섬을 장악해 지배(직접 지배 또는 토착세력을 통한 간접 지배)하면서 특산품을 강제로 재배하게 하는 등의 방식으로 향신료 등의 무역을 독점했다. 이와 같은 독점 무역의 이윤은 유럽 국가들에서 자본을 축적하는 데 적잖은 기여를 했다. 영국의 동인도회사는 인도를 식민지로 만드는 데 첨병 역할을 하기도 했다.

2_ 증권거래소 | 1602년 네덜란드 동인도회사가 암스테르담에 세계 최초의 근대적 증권거래소를 세웠다. 주식 거래를 통해 원거리 무역에 필요한 자금을 마련하기 위해서였다. 증권거래소 설립은 유럽에서 무역과 상업의 중심지로 떠오르던 네덜란드의 경제 발전을 상징하는 사건이었다. 그러나 이러한 분위기는 도박에 가까운 무모한 투자가 횡행하는 부작용을 낳기도 했다. 1630년대를 뒤흔든 튤립 투기 거품이 네덜란드의 그러한 분위기를 잘 보여 준다.

3_ 가부키 | 음악, 무용, 기예가 어우러진 일본의 전통 연극. 16세기에 서민 예술로 시작되어 400년 넘게 이어지고 있다. 기록에 남아 있는 최초의 가부키 공연은 1603년 교토에서 열린 '오쿠니(阿國) 가부키'이다. 노, 교겐, 분라쿠와 더불어 일본의 4대 전통 무대예술로 꼽힌다.

4_ 신문 | 1605년 요한 카롤루스라는 출판업자가 《스트라스부르크 렐라티온》이라는 신문을 발행했다. 최초의 신문이 무엇인지에 대해 의견이 엇갈리긴 하지만, 《스트라스부르크 렐라티온》을 최초의 근대 신문으로 보는 설이 많다. 인쇄술 발달로 대량 인쇄가 가능해진 점, 대학과 수도원 등에서 이뤄진 교육 덕분에 문자 해독 인구가 늘어난 점, 르네상스와 종교개혁의 영향 등이 이 시기에 근대적인 의미의 신문이 등장한 배경으로 거론된다.

5_ 산 피에트로 대성당(성 베드로 대성당) | 이탈리아 로마의 바티칸에 있는 성당으로 가톨릭의 총본산이다. 그 기원은 성 베드로의 무덤 위에 세운 4세기의 성당이며, 1506년 교황 율리오 2세 때 브라만테에게 명해 재건 공사에 착수

하게 했다. 그 후 100년 넘게 공사를 진행해 1622년 헌당식을 거행했다. 미켈란젤로를 비롯해 당대를 대표하는 건축가들이 르네상스 건축 이념을 바탕으로 재건했다. 정면의 광장 공사도 1655년에 시작해 1667년 완성했다.

6_ 타지마할 | 인도 아그라 남쪽에 있는 궁전 형식의 묘지. 세계에서 가장 아름다운 건축물 중 하나로 꼽힌다. 무굴제국 5대 황제인 샤자한이 1631년 아이를 낳다가 세상을 떠난 황후를 애도하는 뜻으로 지었다. 인도는 물론 이란과 유럽의 여러 나라에서 건축가와 기술자들을 데려오고 세계 각지에서 보석 등을 수입해 지은 화려한 건축물로, 재정에 상당한 악영향을 끼친 것으로 전해진다. 22간 공사를 진행해 1653년 완공했다는 것이 정설이지만 1643년 또는 1648년에 완공했다는 설도 있다. 샤자한은 타지마할 완공 후 막내아들인 아우랑제브에게 황위를 뺏기고 탑에 갇혀 생을 마감했다.

7_ 베르사유 궁전 |
프랑스 파리 남서쪽에 있는 바로크양식의 궁전. 본래 루이 13세가 사냥용 별장으로 쓰던 곳이었으

나, 루이 14세가 1660년대부터 거대한 규모로 증축했다. 확장 공사는 18세기까지 이어졌고, 베르사유궁전은 프랑스 절대왕정을 상징하는 건축물로 자리매김했다. 1789년 프랑스대혁명이 일어날 때까지 수천 명의 귀족과 관료가 이곳에 머물기도 했다. 미국독립전쟁과 제1차 세계대전을 마무리하는 조약의 체결, 1871년 프랑스를 꺾은 독일의 제국 선언도 바로 이곳에서 이루어졌다.

8_ 그리니치천문대 | 1675년 찰스 2세의 명에 따라 영국 런던 교외 그리니치에 건설된 천문대. 태양, 달, 행성 등의 위치 관측에 많은 공적을 쌓았다. 1884년 워싱턴에서 열린 국제회의에서 이 천문대를 지나는 자오선을 본초자오선으로 지정하면서, 그리니치천문대는 세계 경도의 원점이 되었다. 런던의 공해가 심해져 관측이 곤란해지자 1945년 다른 지역으로 천문대를 이전했으나, 그리니치천문대라는 이름은 계속 쓰고 있다.

국내 저서

강재언, 『조선통신사의 일본견문록』(한길사, 2005).

구만옥, 『조선후기 과학사상사 연구』(혜안, 2004).

김대길, 『朝鮮後期 場市硏究』(國學資料院, 1997).

김대길, 『조선시대의 상인과 시장 이야기-시장을 열지
　　못하게 하라』(가람기획, 2000).

김덕진, 『대기근 조선을 뒤덮다-우리가 몰랐던 17세기의 또
　　다른 역사』(푸른역사, 2008).

김준석, 『조선후기 정치사상사 연구』(지식산업사, 2003).

배우성, 『조선후기 국토관과 천하관의 변화』(일지사, 1998).

백승철, 『朝鮮後期 商業史硏究 -商業論·商業政策』(혜안, 2000).

신병주, 『남명학파와 화담학파 연구』(일지사, 2000).

오수창, 『조선시대 정치 틀과 사람들』(한림대학교출판부,
　　2010).

우인수, 『조선후기 산림세력 연구』(일조각, 1999).

원유한, 『朝鮮後期 貨幣史硏究』(韓國硏究院, 1975).

원유한, 『조선후기 화폐사』(혜안, 2008).

윤용출, 『조선후기의 요역제와 고용노동』(서울대학교출판부,
　　1998).

이경구, 『조선후기 안동김문 연구』(일지사, 2007).

이경구, 『17세기 조선 지식인 지도』(푸른역사, 2009).

이성무·정만조 외, 『조선후기 당쟁의 종합적 검토』
　　(한국정신문화연구원, 1992).

이영학 편, 『17세기 한국지식인의 삶과 사상』(한국외대
　　역사문화연구소, 2006).

이정철, 『대동법, 조선 최고의 개혁』(역사비평사, 2010).

이태진 편, 『조선시대 정치사의 재조명』(범조사, 1986).

정만조, 『조선시대 서원 연구』(집문당, 1997).

정옥자, 『조선후기지성사』(일지사, 1991).

정옥자, 『조선후기 조선중화사상 연구』(일지사, 1998).

정호훈, 『조선후기 정치사상 연구』(혜안, 2004).

조성산, 『조선후기 낙론계 학풍의 형성과 전개』(지식산업사,
　　2007).

한국사상사연구회, 『조선유학의 개념들』(예문서원, 2002).

한국역사연구회 17세기정치사연구반, 『조선중기 정치와
　　정책』(아카넷, 2003).

한명기, 『광해군』(역사비평사, 2000).

한명기, 『병자호란』1·2(푸른역사, 2013).

한영우, 『조선후기 사학사 연구』(일지사, 1989).

한영우, 『다시찾는 우리역사』(경세원, 2005).

한일공통역사교재 제작팀, 『조선통신사』(한길사, 2005).

허태용, 『조선후기 중화론 역사인식』(아카넷, 2009).

번역서

나카오 히로시, 유종현 옮김, 『조선통신사 이야기』(한울,
　　2005).

외서

Richard Barnhart·Yang Xin et al., *Three Thousand Years
　　of Chinese Painting*(Yale University Press, 2002).

松濤園 特別展, 『朝鮮通信使の來日と文化の交流展』(松濤園,
　　2006).

辛基秀, 『朝鮮通信使往来』(労働経済社, 1999).

竹内誠, 『江戸時代館』(小学館, 2002).

논문

고석규, 「16·17세기 貢納制 개혁의 방향」, 『韓國史論』 12권
　　(1985).

김대길, 「朝鮮後期 場市의 社會的 機能」, 『國史館論叢』 37권
　　(1992).

김옥근, 「대동법 연구」, 『경영사학』 3권 (1988).

김윤곤, 「대동법의 시행을 둘러싼 찬반 양론과 그 배경」,
　　『대동문화연구』 8권 (1971).

박종수, 「16·17세기 田稅의 定額化 과정」, 『韓國史論』 30권
　　(1993).

박준성, 「17·18세기 宮房田의 확대와 所有形態의 변화」,
　　『韓國史論』 11권 (1984).

박현순, 「16~17세기 貢納制 운영의 변화」, 『韓國史論』 38권
　　(1997).

송재선, 「16세기 綿布의 貨幣機能」,
　　『변태섭박사화갑기념사학논총』 (1985).

염정섭, 「영농기술의 발달과 농촌경제의 변화」, 『조선 중기의
　　정치와 경제』 (1998).

우경섭, 「송시열의 세도정치사상 연구」, 서울대학교
　　국사학과 박사학위 논문 (2005).

이경식, 「朝鮮前期 土地의 私的 所有問題」, 『東方學志』 85권
　　(1994).

이광ធ, 「光海君代 『東國新續三綱行實圖』 편찬의 의의」,
　　『韓國史論』 53권 (2007).

이정철, 「인조 초 삼도대동법 논의와 경과」, 『한국사연구』
　　121권 (2003).

이지원, 「16·17세기 전반 貢物防納의 構造와 流通經濟的
　　性格」, 『李載襲博士還曆紀念 韓國史學論叢』 (1990).

최완기, 「대동법 실시의 영향」, 『국사관논총』 12권 (1990).

한상권, 「18세기말-19세기초의 場市發達에 대한 基礎研究」,
　　『韓國史論』 7권 (1981).

웹사이트

국립국어원 알고싶은한글 http://www.korean.go.kr/
　　hangeul/

글

일러스트레이션

김도윤

자문

사진

'민음 한국사'를
펴내며

최근 불붙은 역사 교과서 논쟁이나 동아시아 역사 전쟁을 바라보면 해묵은, 그러나 항상 새롭기만 한 질문이 떠오른다. '지금 우리에게 역사란 무엇인가?' 어느 때보다 더 엄중해진 이 화두를 안고 고민을 거듭하던 2011년, 민음사에서 함께 대형 역사 시리즈를 만들자는 제안을 해 왔다. 어려운 시기에 많은 비용과 제작 기간을 필요로 하는 출판 프로젝트에 투자를 해 보겠다는 뜻이 반갑고 고마웠다.

구상 중이던 몇 가지 기획안을 제시하고 논의한 끝에 대장정에 들어간 것이 이번에 내놓는 '민음 한국사' 시리즈였다. 이 시리즈의 프로젝트 명은 '세기의 서書'였다. 『한국생활사박물관』, 『세계사와 함께 보는 타임라인 한국사』 등 한국사를 시각적이고 입체적으로 조명한 전작의 바탕 위에서 100년 단위로 한국사를 세계사의 흐름 속에서 통찰하는 본격 통사에 도전해 보자는 취지였다.

통사를 다루면서 주제에 따른 시대구분을 하지 않고 무미건조한 100년의 시간대를 적용한 것은 기존의 역사 인식을 해체하고 새로운 것을 준비한다는 의미가 있다. 왕조사관, 민족사관, 민중사관 등 일세를 풍미한 역사관에 따른 시대구분은 과거와 같은 힘을 발휘하지 못하고 있다. 그러나 21세기에 걸맞은 새로운 사관은 아직 정립되지 않았다. '민음 한국사'는 바로 그런 시기에 누구에게나 '평등'하게 다가오는 세기 단위로 역사를 재배열하고 그동안 우리가 놓친 것은 없을까, 잘못 본 것은 없을까 들여다보고 동시대의 세계사와 비교도 하면서 한국사의 흐름을 새롭게 파악해 보자는 제안이다.

또 십진법 단위의 연대기에 익숙한 현대 한국인에게는 18세기, 19세기 등 100년 단위나 386, 7080, 8090 등 10년 단위의 시기 구분이 '제국주의 시대'나 '무슨 정부의 시대'보다 더 폭넓은 공감대를 불러일으키기도 한다. 과거의 역사를 대상으로 그런 공감대를 넓혀 가다 보면, 좀 더 열린 공간에서 한국사를 재구성할 계기가 마련될 수 있을 것이다.

15세기와 16세기를 먼저 내면서 요란한 신고식을 치른 '민음 한국사'가 17세기로 나아갈 때 나라 안팎에는 엄청난 역사적 소용돌이가 휘몰아쳤다. 청일전쟁 2주갑을 맞는 갑오년이 아니랄까 봐 2014년은 벽두부터 중국과 일본의 영토 분쟁을 기폭제로 한 동아시아의 위기로 문을 열었다. 중국이 정치·경제적으로 미국을 추월하는 것은 시간문제라는 다소 섣부른 전망까지 나오는 가운데 전개되는 G2 시대는 두 초강대국 사이에 끼인 한국에 생존과 관련된 절체절명의 질문을 던지고 있다. 명청 교체와 서세동점이라는 천하대란에 처해 생존을 모색해야 했던 조선의 17세기는 우리 편집진에게도 더 이상 역사가 아니라 눈앞의 현실로 다가왔다.

　　세계적인 대변동의 시기에 한국이 어디로 나가야 할 것인가 하는 문제를 17세기 조선에 묻고 그 대답을 모색하며 힘겨운 항해를 계속하던 '민음 한국사'호는 세월호 침몰이라는 경천동지할 비극을 맞아 거세게 흔들렸다. 영토 분쟁이니, G2 시대의 선택이니 하는 거시적 논란거리는 사치였다. 인간으로서는 도저히 맞이할 수 없는 최후에 맞닥뜨려야 했던 우리의 아들딸 앞에서 도대체 역사가 무엇을 할 수 있다는 말인가! 세계에서 몇 등을 하든 국제 관계를 어떻게 요리하든 국민의 삶을 보장하지 못하는 나라가 무슨 존재 가치가 있고 그 나라의 역사가 무슨 돌아볼 가치가 있는가!

　　결국 질문은 이렇게 집약된다. 17세기의 위기 속에서 조선은 어떤 나라를 만들려고 했는가? 어떻게 제도를 정비하고 사회를 재편해서 민이 조금이라도 안심하고 살 수 있는 나라로 재건하려 했는가? 이 근본적인 질문에 대한 답을 얻고 그것을 21세기 한국에 맞게 재해석해 내지 않는 한 17세기의 별처럼 많은 사건들은 아무 의미도 없을 것이다. 그런 뜻에서 이 책은 17세기에 대한, 나아가 우리 역사 전체에 대한 통렬한 성찰의 결론이라기보다는 신호탄이라 할 수 있다. 독자 여러분의 질정과 성원을 바란다.

민음 한국사 조선 03

17세기

대동의 길

1판 1쇄 펴냄 2014년 6월 27일
1판 2쇄 펴냄 2015년 10월 15일

집필   문중양, 염정섭, 오상학, 이경구, 한명기
편저   강웅천

발행인   박근섭, 박상준
펴낸곳   (주)민음사

출판등록   1966년 5월 19일 (제16-490호)
주소   서울특별시 강남구 신사동 506번지 강남출판문화센터 5층 (우편번호 06027)
대표전화   515-2000 | 팩시밀리 515-2007
홈페이지   www.minumsa.com

© 문사철, 2014. Printed in Seoul, Korea

978-89-374-3713-7   04910
978-89-374-3700-7   (세트)